由簡史理論至研究方法，再從自我認識到態度改變，
一本書反映當代社會心理學的輪廓

社會心理學

（總論與個體）

鍾毅平 主編　　楊碧漪，譚千保 副主編

細介紹多個經典的實證研究過程，
映當代社會心理學的輪廓與面貌！

足球賽到學術演講，每一種社會情境都含有大量資訊？
到猛獸時，人類是先做出逃跑的動作才產生出恐懼這一情緒？
吻涵義因人而異，南非的東加人初見歐洲人接吻時覺得髒死了？
於不同議題，每個人都抱持著不同的態度？這些態度來源於何處？

學術性 × 可讀性	理論性 × 應用性	繼承性 × 創新性	思想性 × 科學性

目　錄

目錄

前　言

我們三人（楊碧漪、譚千保及本人）正式接受本書的編寫任務，到今天完成編寫工作，已經過去了四年多的時間。編寫期間由於各種原因，編寫工作斷斷續續。好在編寫之初，我們三個人反覆討論，確定了基本原則和注意事項，從而保證了教材的內容與品質。

這些基本原則和注意事項包括：第一，本書內容只含基礎社會心理學部分，不包括應用社會心理學部分。第二，為呈現社會心理學的新進展，主要理論視角採用社會文化視角（sociocultural perspective）、進化論視角（evolutionary perspective）、社會學習視角（social learning perspective）和社會認知視角（social cognitive perspective），摒棄傳統的社會心理學四大理論，即行為主義理論、精神分析理論、符號互動理論和認知相符理論。為員徹這一思想，尤其要注意適當的介紹當前此領域不同文化的差異是怎樣的，以及從進化的角度看是怎樣解釋的。第三，每章開頭用一個與本章主要內容有關的案例導入。第四，概念第一次出現時須註明英文，再次出現時不再註明英文了。第五，每章以傳統的研究內容為主，適當介紹最新的理論，但不能太多，否則學生學習起來會有困難。第六，描述一種心理現象時，注意盡量從「知（冷）」「情（熱）」「意（行）」進行完整的分析。第七，引用資料時注意注釋，尊重他人工作成果。

在編寫過程中，除了遵循以上幾點外，我們還特別注意內容的更新。因此，本書大量參考了中外的同類資料，尤其是最新的國外社會心理學教材、著作與相關研究，盡量吸納社會心理學研究發展的新觀點、新內容，並在本教材中呈現出來。略舉數例，例如，在第一章中把社會心理學研究的主要內容定為「兩個基本原理、三個動機原則和三個資訊加工原則」，在「兩個基本

前言

原理」中我們總結認為社會心理學主要研究的是社會過程與認知過程這兩大過程，而在「三個動機原則和三個資訊加工原則」中同時強調了人們社會心理「熱」與「冷」的兩大方面。在第二章中，把社會心理學的歷史細分為七個時期，而不是傳統的三個階段，並以介紹近現代的歷史為主；根據社會心理學以「中型理論」見長的特點，我們主要介紹了社會心理學研究的社會學習視角、社會文化視角、進化論視角與社會認知視角，而不是傳統的社會心理學四大理論流派：行為主義理論流派、符號互動理論流派、精神分析理論流派和社會認知理論流派。在第四章的「自尊概念」部分中，重點介紹了更為複雜的低自尊者的特點，以免學習者誤認為低自尊者就是與高自尊者有著相反的表現。在第五章「社會認知」中，加入了「具身社會認知」的內容。在第七章「人際關係」中，介紹了較新的自我拓展理論。在第十一章「社會影響」裡，我們加入了源於歐洲社會心理學家研究的「眾從（即少數派對多數人的影響）」，並對其主要的依據「皈依理論」與心理機制做了比較詳細的介紹等等。另外，每一章除了展示傳統的觀點外，也不乏有新穎的內容介紹。

本書各章節編寫者情況具體如下：第一章「社會心理學簡介」（楊碧漪）。第二章「社會心理學簡史和理論」（楊碧漪）。第三章「社會心理學的研究方法」（譚千保）。第四章「自我」第一節、第二節、第三節（鐘毅平、楊碧漪），第四節（鐘毅平）。第五章「社會認知」第一節、第二節、第三節（鐘毅平、楊碧漪），第四節、第五節、第六節（楊碧漪）。第六章「態度與態度改變」（楊碧漪）。第七章「人際關係」（楊碧漪）。第八章「侵犯行為」（譚千保）。第九章「親社會行為」（譚千保）。第十章「群體行為」（楊碧漪）。第十一章「社會影響」（楊碧漪）。第十二章「偏見與歧視」（鐘毅平）。

特別感謝出版社的主管與編輯，正是由於他們的優質服務與不斷提醒，才使我們完成了這本書。如有錯誤與不當之處，是編寫者程度有限所致，歡迎讀者批評並不吝賜教。

編者

第一章
社會心理學簡介

【開篇案例】

瘋狂的傳銷

在不少地方，存在著一種名叫純資本運作、連鎖經營的以吸收資金為目的的傳銷模式。一開始，傳銷組織以旅遊觀光、專案考察、做小生意等名義騙來許多人，接著便有一套成熟的模式在此等候。首先，騙人來的「上線」會親自或者安排一個人全程陪同被騙者。然後，按照他們事先安排好的流程，被騙者跟其他被騙來的人一起，花一些小錢「買票」參加當地半日遊。從當天下午開始，每天到 4 個以上的「朋友」家裡串門子，聽他們介紹「資本運作專案」。他們介紹的內容、表達的方式基本一致，在層次上則是步步深入，一開始是口頭講解，後面輔之以圖書、影片等，形式豐富。

從資金流的角度看，原理不複雜：你繳出的錢，分給了你的上線、上上線、上上上線，而你再去賺取你的下線、下下線們的錢。

但傳銷的危害已經「名滿天下」，不少人談之色變，為了抵消這種負面影響，傳銷組織設計了一整套「免疫」措施。

首先，他們反覆強調堅決反對傳銷，並且煞有介事的分析「資本運作專案」跟傳銷的多項區別。例如，傳銷必然銷售某種產品，資本運作專案只是融資，不銷售任何產品（畢竟，很少有人了解國家法律對於什麼是傳銷有明確規定）。

此外，出於對「行業」的「自我保護」，這個傳銷網路裡還有一個「行規」，就是「五類人不得進入」，這五類人是：公務員、現役軍人、學生、教師和在地人。

媒體對「純資本運作」已經予以曝光，傳銷者卻有自己的解釋：「所有負面報導都是國家安排的，是一種調整的方式，目的是『既要有人來 xx，又不要太多人來 xx』。人來多了不好，會亂套，所以，政府經常做一些負面報導，把膽小的、低素養的人嚇跑，讓聰明的人進來，這也是國家為這裡開發選拔人才的機制。」

「就算你是記者，也不能隨便對這裡進行報導。」傳銷組織的一名大叔說得很鄭重，聽口氣儼然像高層主管──他不知道坐在對面的就是一名記者，比他更了解新聞媒體的運作方式。

在他們的說辭之中，國家對資本運作專案的真正態度是「宏觀調整，微觀支持」。

怎麼支持？因為是國家祕密專案，不可能讓你看到文件，你要透過在當地大街上觀察到的各種現象和各種細節去「感悟」。而且，他們很有耐心，你如果想急著加入，他們不會同意，一定要讓你確認了是「國家在做這個事情」之後，才同意你加入。

他們安排的當地半日遊當中，所有的建築設計含義，都被故意解讀為資本運作專案的暗示。

XX廣場是必須去的地方，按此地傳銷組織的人們說，XX廣場是最有說服力的一個實證。每一個圖案，每一件裝飾，每一層階梯，每一款燈飾……都是此地傳銷合法性的有力實證。例如：門旁有21棵大樹，為21份之意；三道臺階數相加為29階，有29個人就可以成功上平臺之意；最上面為5個臺階，地面有3個平臺代表連鎖銷售模式為五級三階制。

又如，當地的活動中心後面放有一口鼎，這口鼎為什麼要放在後門而不是正門？這是代表國家在「背後」支持當地的資本運作事業。

還有更厲害的，他們有能力建構一整套理論、說法，甚至捏造歷史事實，把「資本運作模式」不但說成是美國西部開發的關鍵、日本崛起的法寶，還說成是中國參與大國競爭的利器。這套理論旨在令人「頓悟」：原來國家在下一盤好大的棋，而我堅持來XX，終於捅破窗戶紙看到真相，有幸加入其中了。

雖然大力打擊傳銷的行動每年都會進行，但是傳銷組織並沒有偃旗息鼓，反而不斷翻新花樣、巧妙包裝，吸引新人源源不斷的加入其中。讓人難以理解的是，警方解救傳銷人員時，有的人見到親人，不僅不願跟其回家，還勸說親人留下一起「發財」。

第一章　社會心理學簡介

　　上述的傳銷活動幾乎在各地都有，而且存在了很長時間，當我們看到傳銷人員的表現時，會感到不可思議，大多數人的反應是傳銷組織者「卑鄙、可恨」；傳銷人員「素養低、愚不可及、荒唐、可憐、可恥」；如果自己在場，絕不會相信傳銷說教者的說辭。真的是這樣嗎？到底如何解釋此種現象？傳銷組織者在向傳銷人員洗腦時使用了哪些心理學的技巧與方法？傳銷人員身上有哪些具體的內部因素和外部力量致使他參與了傳銷活動，並且越陷越深？如果我們自己被他們洗腦，我們會不會被他們勸服，也變成一名傳銷人員？

　　對傳銷現象進行深入的分析和解釋，需要多學科、多層次、多領域知識的綜合運用。社會心理學可以提供一個獨有的、深入的視角來解讀。不僅如此，社會心理學還可以幫助人們了解其個人的生活與日常的社會互動狀況——你的友誼情形、你的愛情關係、你的工作交流、你的學校表現等。例如，社會心理學能夠讓你洞悉為什麼你最近的戀愛失敗了，為什麼有人對你稱兄道弟而有人卻對你冷若冰霜；社會心理學也可以幫助你弄懂為什麼一對情侶看上去那麼般配卻衝突不斷，同學中最想不到會在一起的兩個人卻最終走進了婚姻的殿堂而且很幸福；社會心理學還會告訴你同一家公司的銷售員中，有的銷售成績比別人多了十倍，公告要如何寫才能達到其目的等等。

　　心理學已經有 100 多個分支學科，而社會心理學可以說是其中最引人入勝的了。社會心理學的吸引力之一是它幾乎對所有正常人行為領域的東西持開放態度。很多心理學的分支學科都是依據一個具體側重點來定義的：精神疾病、兒童心理，或者大腦活動過程。社會心理學沒有這樣的側重點。任何東西，只要能增進對人們如何思考、感受及行動的理解，都受其歡迎。這樣看來，新想法、新方法、新方向似乎無窮無盡了。很多領域的學者只會在意他們自己的學科上的事物，而社會心理學家對任何關於認識人性的東西，都會非常樂意去傾聽和解讀。

第一節　社會心理學的研究對象

一、社會心理學的定義爭議

　　一般而言，在新接觸一門學科時，學習者會想要知道這門學科的定義是什麼。也許對於其他的學科而言，這不是一件難事，但對社會心理學來說，恐怕沒有哪位學者敢說自己可以下一個人人都認同的關於社會心理學的定義。對此，莫頓‧亨特（Morton Hunt）在他所著的《心理學的故事》中論及社會心理學部分時，開篇就是下列的對話，由此可見一斑：

　　問：現代心理學中什麼領域極為忙碌和高產量而又沒有明確的身分，甚至沒有一個普遍接受的定義？

　　答：社會心理學。[1]

　　類似的，艾略特‧阿隆森（Elliot Aronson）在談到什麼是社會心理學時說：「幾乎有多少位社會心理學家，就有多少種關於社會心理學的定義。」[2]

　　為什麼替社會心理學下個定義如此之難呢？主要有兩個方面的原因。

　　第一，社會心理學到現在為止仍然是一門新興的科學。無論是從有記載的第一個社會心理學實驗（特里普萊特〔Triplett〕，西元 1897 年），還是從第一本社會心理學著作的出版發行（麥獨孤〔McDougall〕和羅斯〔Ross〕，1908 年）來看，社會心理學才經歷了 100 餘年的時間，在研究的深度和廣度上還有很大的不足，何況它研究的是人的心理現象，恐怕是這個世界上最為複雜、深奧的現象。因此，對於什麼是社會心理學，就難免眾說紛紜。

　　第二，社會心理學在西方成立之初，就深受它的兩門母體學科——社會學與心理學的影響，對於什麼是社會心理學，社會學和心理學會從不同的學科角度來進行詮釋。對此，莫頓‧亨特說：「自從社會心理學誕生之後，它的實踐者們就開始對『它究竟是什麼』產生意見分歧。心理學家以一種方式為

它定義，社會學家以另一種方式為它定義，而大多數教科書編者都提出一些模糊的定義，他們什麼都說，什麼也沒說，希望把兩種意見都綜合進來，並涵蓋這個領域整個的雜湊課題。舉個例子，『（社會心理學是）對影響一個人的社會行為的個人和情境因素進行的科學研究。』」[3]

對比東西方（主要是美國）的社會心理學教材，我們會發現，在談到社會心理學的定義時，東方的教材基本都是盡量詳細的去對社會心理學的各種定義進行分析，並試圖提出一個盡量完美的定義。而西方教材的作者一般不去分析各種不同的定義，只提出自己認可的定義。阿隆森最近表達了大部分社會心理學家對他們自己的研究領域的看法：

「（這）是我的想法，即社會心理學是極為重要的，社會心理學家可以產生很大的作用，可以讓這個世界成為一個更好的地方。的確，我更誇張一些的時候，還在心裡暗想，社會心理學家處於一個獨特的位置，可以對我們的生活產生深刻而有益的影響，他們可以為理解像順從、說服、偏見、愛和進攻性這類的重要現象提供更多的解釋。

如果說它沒有合適的界限，沒有一致統一的定義，也沒有統一的理論，那又有什麼關係呢？」

在這裡，我們也不試圖替社會心理學下一個完整、全面、人人滿意的定義，不過我們有必要對社會心理學定義的主要爭議做一個簡要的回顧。在此，我們根據大致時間的先後，對早期和近期的社會心理學定義做一個簡單的回顧分析。而且，我們只對西方學者下的社會心理學定義進行分析，原因是中國學者對社會心理學下的定義，基本上都是從這些西方的學者的定義出發，提出一個自己對社會心理學定義的看法。

（一）早期的社會心理學定義

這裡所指早期是指 1980 年代以前，這個時期的社會心理學定義帶有比較

明顯的不同母體學科的色彩，即社會學家和心理學家對什麼是社會心理學的看法差異較大。

首先我們看看心理學家對社會心理學的看法。相對於社會學家，心理學家更喜歡從微觀的角度去研究社會心理學，其在社會心理學的定義中的呈現，就是把個體當作是社會心理學分析的單位。在西方的社會心理學界，被引用得最多、影響最大的定義是奧爾波特（G. W. Allport，1968 年）提出來的，他認為社會心理學「是了解和解釋個人的思想、情感、行為怎樣受到他人存在的影響，包括實際存在、想像中的存在或隱含的存在的影響」的一門科學。就連 2015 年出版的《美國心理學會心理學詞典》（第二版）在解釋社會心理學時，用的還是這個定義。

即使是到了 1980 年代左右，大部分心理學家依然持有這樣的觀點，如霍蘭德（Holland）認為：「社會心理學研究在社會中的個體的心理活動。」[4]

但是，社會學家卻更喜歡從宏觀的角度，強調社會心理學要研究社會互動（即人與人之間的相互作用）及群體的心理與行為。第一本社會心理學著作的作者，美國的社會學家羅斯（1908 年）認為，社會心理學研究「因人們交流而產生的，存在於人們之間的心理面和心理流」。所謂「心理面」，就是人們之間一致的靜態心理現象，如語言、信仰、文化中所包含的共同心理；而「心理流」則指人與人之間動態的心理現象，如軍隊潰敗時的恐慌、工潮中的憤慨，以及宗教信仰狂熱時的心理表現等。早期的社會學家埃爾伍德（Elwood）認為，社會心理學是「關於社會互動的研究」，它所關心的「是人類群體行為的心理學解釋」。這就明顯帶有社會學的學科色彩，只見群體不見個體。

到了 1980 年代，社會學家雖然不會極端的認為社會心理學只研究群體的心理與行為現象，但是對社會互動依然重視。例如，貝克（Kurt W. Back）認為：「社會心理學家卻要進行一種更精確的研究，他要考察一個人對另一個人的知覺。對某一個人，其他人會做出一定反應，此人對這些反應一定會有所知覺，這種知覺最終會影響到知覺者看待自己的方式。因此，社會心理學家必

須研究這種知覺影響知覺者看待自己的方式的過程。總而言之，社會心理學家要研究一個並非單一和自由的個體被他周圍的人塑造和影響的方式。」[5]

（二）近期的社會心理學定義

1980 年代以後，尤其是進入 1990 年代，社會學角度的社會心理學教材越來越難以見到，現在幾乎是清一色的心理學家寫的社會心理學教材。我們先就心理學內部關於社會心理學的定義作一分析。

許多美國的社會心理學家，如艾略特・阿隆森（Elliot Aronson）、麥可・霍格（Michael A. Hogg）等直接在教材中就引用了上述奧爾波特的定義，可見奧爾波特為社會心理學下的定義影響之大。

美國的社會心理學家戴維・邁爾斯（David G. Myers）認為：「社會心理學是一門研究我們周圍情境影響力的科學，尤其關注我們如何看待他人，如何影響他人。更確切的說，社會心理學是一門研究人們如何看待他人，如何互相影響，以及如何與他人互相連結的科學。」[6]

在這個定義裡，戴維・邁爾斯強調了社會心理學應該重點研究社會情境對人的心理與行為的影響，而不是放在人與人不同的個性差異上，即使人的內在態度與性格也能夠影響行為；其次，社會心理學要研究人們是如何對社會情境進行認識理解的，戴維・邁爾斯尤其看重社會認知在人的心理與行為中發揮的作用。持有類似觀點的學者還有美國的肯瑞克（Kenrick）、紐伯格（Neuberg）和查迪尼（Cialdini），他們認為：「社會心理學是以科學的方法研究人們的思想、情感和行為是如何受到他人影響的一門學科。」[7]

索爾・凱辛（Saul Kassin）、史蒂文・費恩（Steven Fein）和黑茲爾・羅斯・馬庫斯（Hazel Rose Markus）認為：社會心理學是「對個體如何在社會情境中思考、情感和行為進行科學研究」的一門學問。[8] 這個定義依然強調社會心理學要研究的主體是個體（individuals），另外就是很廣泛的認為社會心理學研究的是個體的社會心理與社會行為。湯瑪斯・吉洛維奇（Thomas Gilovich）等也完全是持這個觀點的，他們認為：「社會心理學可

被定義為是對個體在社會情境中的情感、思想和行為進行的科學研究」。[9]
類似的還有凱瑟琳‧山德森（Catherine A. Sanderson），認為社會心理學
是「對人們的思想、態度和行為如何被社會性世界的因素影響的科學研究」。
[10] 這個定義與之前的定義稍微不同的是，認為社會心理學研究的主體是人們
（people），而不是個體。

　　德拉馬特（John D. DeLamater）認為：社會心理學「是對人類社會行
為的本質和成因進行系統研究的科學」，並對這個定義做出了解釋：第一，社
會心理學主要關注的是人的社會行為，這有許多內容，比如因他人存在而引
發的個體的活動，兩人或多人之間的社會互動過程，個體和他們所屬群體之
間的關係等。第二，社會心理學不僅要研究人的社會行為的本質，還要研究
引起此種社會行為的原因。變量間的因果關係對於建構社會心理學的理論十
分重要，而理論又是預測和控制社會行為的關鍵。第三，社會心理學家是以
系統化的方式來研究社會行為的，他們依靠嚴謹的研究方法論來進行，其中
包括實驗法、結構性觀察法和樣本調查法等。[11]

　　那麼，當代的社會學到底是如何看待、定義社會心理學的呢？為此，
筆者查閱了 2000 年出版的《社會學百科全書》與 2007 年出版的《布萊克
威爾社會學百科全書》關於社會心理學的條目，前者中由霍華德‧卡普蘭
（Howard B. Kaplan）撰寫的條目是這樣定義社會心理學的：「社會心理學研
究的是個體的行為與心理結構，以及人際關係的結果和影響的過程，群體和
其他集體形式的運行，以及文化層面上的宏觀社會結構及其過程。」[12] 後者
中由安妮‧艾森貝格（Anne F. Eisenberg）撰寫的條目對社會心理學的定義
是：「社會心理學是一種了解人與社會關係的途徑，它關注的是個體如何與社
會組織、社會體系的互動。」[13] 可見，這兩個現代社會學對於社會心理學的
定義都關注了個體的心理與行為，但依然強調社會的宏觀面及社會互動本身
及其影響。

　　大衛‧羅等（David E. Rohall et al.）在 2011 年出版了一本教材——
《社會心理學：社會學的視角》（*Social Psychology： Sociological Per-*

spectives），他們給出的社會心理學定義是：社會心理學是一門對社會環境中人們的思想、感情和行為進行系統研究的科學。從表面上看，這個定義與心理學家下的定義非常接近了。但他們對這個定義進行解釋時是這樣說的：「一些社會心理學家聚焦於即時的社會環境對我們的思想、感情和行為的影響，但他們很快就會發現即使是這些即時的社會環境也受更大的社會力量和社會條件影響。」因此，社會學家始終把宏觀的社會層面當作是影響人們心理和行為的重點。

二、社會心理學的定義及其分析

根據前面我們對社會心理學定義爭議的分析，我們在此也提出了一個關於社會心理學的定義：社會心理學是從社會互動的觀點出發，對人的社會心理和社會行為規律進行系統研究的科學。這裡所說的人，既包括個體也包括群體，而人的社會心理和社會行為是指個體或群體在特定的社會文化環境中對於來自社會規範、群體壓力、自我暗示、他人要求等社會影響所作出的內隱的和外顯的反應。

（一）社會心理和社會行為

心理與行為都是人腦對客觀現實（即刺激）進行的反應，只是心理是內隱的反應，而行為是外顯的反應。內隱反應是指人們不能直接觀察到的反應，外顯反應是指人們可以直接觀察到的反應。社會心理和社會行為是指人對社會性刺激進行的反應。

那麼，人的社會心理和社會行為是怎麼產生的，它們的關係又是怎樣的呢？對此，著名的社會心理學家勒溫（Kurt Lewin，1936 年）提出了一個經典的公式加以說明：

$$B = f(P，E)$$

公式中的 B 是人的行為（behavior），具體指的是人的社會行為；f 是函數（function）；P 指的是人（person），其具體的含義是人的個性特徵

(individual characteristics)；而 E 是環境（environment），環境包含了自然環境和社會情境（social situation）兩個部分，一般指的是社會情境。這個公式的意思是，人每天的社會行為，如果分開單獨來看，第一，主要是由人自身決定的；第二，主要是人們身處的環境決定的。如果全面的看，從理論上講，人的社會行為是由人自身和環境共同作用而引起的。

1. 環境因素

這裡的環境，是指存在於個體自身之外的那些能對其社會行為產生影響的所有因素。如前文所述，環境包含了自然環境和社會情境。

首先是自然環境，它可能是吵鬧的或是安靜的，溫暖的或是寒冷的，狹小的或是寬敞的，醜陋的或是美觀的。這些特徵會影響到人們的感受。比如，噪音會給人壓力感。長期處於噪音之下（這些噪音可能來自機動車輛、飛過頭頂的飛機及設計不科學的建築等）會損害人的健康，抑制人的閱讀能力，使人無法在困難任務上持之以恆。

以前的社會心理學很少研究自然環境對人的社會行為的影響，認為社會心理學只研究人們在社會情境下的心理與行為。但是，現代學者越來越意識到這一部分不可或缺，進化社會心理學和具身認知對此有比較深入的研究。例如，威廉斯（Williams）和巴夫（Bargh）（2008 年）安排實驗輔助人員與被試者在電梯裡見面，途中要求被試者暫時幫忙端著咖啡（熱咖啡或冰咖啡），之後實驗者讓被試者就那名輔助人員的熱情等特質進行評價。結果顯示，端熱咖啡的被試者把輔助者評價為熱情的、友好的、親切的、善意的，而端冷咖啡被試者的評價相對來說比較消極或中性。2009 年的另一個心理學家進一步證實了上述結論，同時，還發現適當提高室內溫度會增加人際親密度。換言之，周圍環境溫度高時，個體傾向於認為他人是熱情的、友善的、和睦的，並且與他人心理距離小。可見，物理性的冷熱儘管是自然刺激，卻能對人的社會判斷產生影響。

其次，由人與人之間的相互作用形成的社會性世界，即社會情境更能影響我們的社會行為。很多時候人們的行為並非出自於他們自身的心願，而是

由於受到了周圍的人的影響，正所謂是「人在江湖，身不由己」。當然，不同的個體會對同樣的社會情境有著不同的反應。

　　有時候情境的因素會以一種相當微妙的方式對人們的行為產生影響，即使他人並沒有施加壓力，人們也會修正自己的行為。因為人們會想像或者相信在那樣的情境中，他人期望我們以某種特定的方式去行動，而這種信念會與情境一樣強有力。例如，你是大學生，和幾位關係好的同學一起去餐廳裡吃蓋飯，你在決定吃哪一種蓋飯，看了菜單後你覺得豬肉蓋飯最合自己的胃口，酸辣魷魚蓋飯也不錯。當服務生過來時，你準備點豬肉蓋飯。然而，當前面的幾位同學點的都是酸辣魷魚蓋飯時，最後你也點了酸辣魷魚蓋飯。此時，你根據同學們的行為修改了自己的行為，因為你不想讓自己成為一個異類。在吃什麼的問題上，你的同學們沒必要強迫你，實際上也沒有任何強迫你的意思，如果說你感覺到了什麼壓力，並且由於這個壓力而改變了自己的行為，那也是你自己造成的壓力。

　　情境因素或行為的社會決定因素會同時有若干個層面。有時社會環境會促使人們的行為暫時發生改變，就像上面所述情形，當時你點了酸辣魷魚蓋飯，以後你也許再沒有點過酸辣魷魚蓋飯了。在其他的情況下，社會情境則是一個更具有普遍性的影響因素，對人們的行為發揮著持久的作用。文化就是這樣，它非常深刻、廣泛而持久的影響著人們的行為。例如，文化影響人們對飲食的偏好，湖南人無辣不歡，而上海人就喜歡偏甜的食物；文化也會影響人們與異性的關係，很多國家實行的是一夫一妻制，而中東等一些國家的一個男人卻可以娶好幾個女人；文化還會影響人們在人際互動中所需要的空間距離，阿拉伯人傾向於在交流中緊貼對方，而歐美人在互動中則需要保持適當的距離，所以，假如一位阿拉伯人與一位歐美人士進行面對面的交談，則會出現這樣戲劇性的一幕：阿拉伯人步步緊逼，歐美人則不斷後退，等他們把事情談好，會發現他們已經遠離最初的地方了！此外，文化還會影響人們的生活目標及其他許多行為。

2. 個性特徵因素

個性特徵包含了對個體的社會行為有影響的各種內部因素，如性別、年齡、種族、人格特徵、態度、自我概念、思考方式等。在各種個性特徵中，其中的生理特徵對人的社會行為的影響是比較持久且明顯的。人格特徵對人的社會行為影響也比較持久，但卻不那麼明顯，即不容易讓人覺察得到。其他的內部特徵，比如態度、觀念、自我概念等對人的社會行為的影響，相對而言容易隨著時間的流逝而發生改變。

個性特徵，是每個人對自己身處社會性世界的特定思考方式。社會認知是指對社會性事件進行了解的過程。社會心理學關心的主要不是客觀的社會環境，而是人們如何受他們對社會環境的解讀或建構的影響。換句話說，對於了解社會環境如何影響人們本身，社會心理學家勒溫認為，了解人們如何知覺、理解或解釋社會環境，比了解客觀的社會環境更為重要（1943 年）。例如，看到一些屢教不改、痴迷於傳銷的人，人們可能會對這件事有自己的解釋，試圖給這些傳銷人員的行為一個合理化的理由。也許會認為這些人囿於自己知識經驗的限制，沒有認清傳銷的本質而上當受騙了，可憐可悲！或者是認為這些人明明知道傳銷就是一場騙局，然後抱著暴富、撈一把就走的心理而捲入其中，可鄙可恨！

社會認知非常重要，當身處一個特定的社會情境中時，人們會如何反應取決於自身對這個情境的解釋，解讀影響著每個人的日常生活。想像李磊是個害羞的大學生，他已經偷偷愛慕韓梅很久了，你現在的任務是預測李磊會不會邀請韓梅參加週末舞會。一種做法是從李磊的角度來看韓梅的行為，即李磊會如何理解韓梅的行為。如果韓梅對李磊微笑，李磊是把她的微笑理解成一種禮貌，即那種她也會對班中任何討厭的人和失敗者給予的微笑，還是一種鼓勵的信號，激勵他鼓足勇氣約她出來？另一方面，如果她忽視了他，李磊會認為她是在玩「欲擒故縱」的遊戲，還是對和他約會不感興趣？想要預測李磊的行為，僅僅知道韓梅的行為是不夠的，還必須知道李磊如何理解韓梅的行為。每個人對同樣社會情境的解釋都會有些許或者很大的不同，因

為每個人都有自己獨特的人格特質和生活經歷，而每個人會主動、主觀的解釋社會性資訊，最後形成對社會性世界的認知結果。

3. 拓展勒溫公式的模型

勒溫的公式告訴我們，社會情境（物理環境、他人存在，包括實際的或想像的）和個性特徵（生理特質、人格特質、態度、習慣性思考方式、認知過程、需要和工作任務等）這兩者都會影響人的社會行為。但是勒溫的公式並沒有詳細的說明這兩者是如何共同對社會行為發生影響的，我們需要對勒溫的公式進行拓展，以便更好的理解這個形塑社會行為的力量，如圖 1-1 所示。

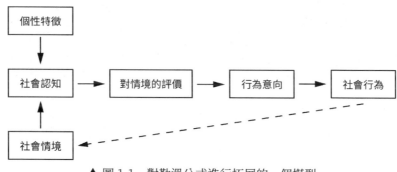

▲ 圖 1-1　對勒溫公式進行拓展的一個模型

如圖 1-1 所示，社會情境和個性特徵並沒有直接影響社會行為，而是先一起決定了人們是如何透過社會認知的機制來加工社會性資訊的，而對社會性資訊的加工方式導致了對社會情境的特定評價。例如，面對街頭流浪者或乞討者，有人（個性特徵）認為流浪者或乞討者好吃懶做（社會認知），他們淪為此種境地是活該，不值得同情（評價）；而另一個人卻覺得流浪者或乞討者有自己的難處，對他們的處境深表同情。

我們對社會情境的評價並不會馬上轉化為外顯的社會行為，而是基於這個評價形成行為意向。同樣是覺得流浪者可憐的人，在寒流即將來襲時，有的會將其遇見的流浪者的位置報告給政府部門，請政府部門收容流浪者；也有的會回家後把家裡的衣服或棉被帶過來，送給流浪者禦寒。可見，同樣的

事件卻產生了不同的行為意向。行為意向可謂是導致社會行為的最密切原因。

　　需要注意的是，有了行為意向並不意味著人們必定會按照意向去行動。比如，你已經打算送流浪者棉被了，但最終還是沒有去送。也許你覺得送棉被給流浪者會有損於他的自尊；還有可能是等你回到家，已經大雪紛飛，這阻止了你的行為。

　　這個關於社會行為的觀點顯示了人的心理與行為是一個動態的過程。人們對社會情境的監控並不會隨著自己有了對情境的評價，或形成了行為意向，或做出了社會行為而終止。相反，人們會不斷的監控著社會情境（自己和他人的行為），及時修正自己對社會情境的評估，微調自己的行為意向。因此，雖然圖1-1中的一系列分離的組塊呈現了導致社會行為的過程，但是這些組塊並不是必然和固定的，而是隨著人們對情境的評價不斷更新的。

　　對這個拓展的模型還需要強調的一點是，社會行為和社會情境間有一條虛線連接著，意思是人們的社會行為雖然會受到社會情境的影響，但是一旦人們做出了社會行為，就會對其身處的社會情境有一個反作用，社會情境會由於人們的行為出現了新的變化，繼而會引起他人行為的改變。例如，想像一下你在與新認識的人交談，剛聽她說了幾句，你就認為她不好惹，因此，你就會做出防禦的態勢（你雙臂交叉抱在胸前，斜身對著她），冷淡的敷衍著她。她感受到了你的冷淡，結果她變得更加冷淡了。這樣耗了幾個來回，終於你們其中之一設法結束了交談。如果你將她最初的行為解釋成她並沒有什麼惡意，然後用積極的方式對待她，情況又會怎樣呢？你很可能結交了一位新朋友。因此，你自己的解釋和行為將會對情境產生意義深刻的作用。

（二）個體心理與群體心理

　　被譽為「實驗社會心理學之父」的奧爾波特在其極具影響的《社會心理學》教材中，將社會心理學定義為是「對個體的社會行為和社會意識的研究」。奧爾波特對任何形式的群體或集體意識都嚴加指責，認為根本不存在任何群體精神，說組成群體的所有個體面臨滅頂之災，群體意識也將煙消雲

散。因此，在他的結論性分析中，群體和社會心理就被縮簡為個體心理，群體成了芸芸個體的次現象。受奧爾波特的影響，現代社會心理學界，尤其是美國的社會心理學界，自此之後長期秉持這個傳統，幾乎只對個體的社會心理與行為加以研究。

個體具有心理與行為是容易理解的，那麼，到底有沒有屬於群體的心理與行為呢？如果在過去這是一個問題的話，現在則根本不是一個問題了。可以明確的說，群體具有不同於個體時態的心理與行為。

其實，在比奧爾波特更早的年代裡，具體來說在 19 世紀末、20 世紀初，以德、法學者為代表的早期歐洲大陸的社會心理學，都在一定程度上具有關注民族、階級、群眾這樣的大群體研究的特點，尤其是以法國社會學家為代表的社會心理學研究更是如此，此時的社會心理學研究群體心理是司空見慣的。

西元 1807 年，黑格爾在《精神現象學》一書中就曾論及了不同於個體精神的絕對精神。絕對精神是在歷史的進程之外獨立存在著的，而作為個體的人們只是它的代理人。黑格爾認為，個人是微不足道的，「單個的個人只有作為某種普遍物的成員才能表現自己」。西元 1859 年，德國哲學家拉扎魯斯（Lazarus）和語言學家史坦塔爾（Steinthal）合創《民族心理學和語言學》雜誌。在德國出現的民族心理學是社會心理學的一種早期形態，其所要研究的是一種與社會群體中個人所有的社會心理不同的、作為民族成員的心理共有物的社會心理。隨後馮特（Wundt）歷時 20 年（1900～1920 年）寫出了十卷本的《民族心理學》。馮特認為，民族心理學的較為合適的研究領域涉及「由共同的人類生活所創造的那些精神產品，因此，僅憑個體意識是無法對它加以說明的」。民族心理學處理的合適對象是民族精神，以及作為民族精神之表現的語言、習俗和神話。因此，他進一步提出，新的心理科學應分為實驗的和社會的兩個部分：前者是研究個人意識過程的個體心理學，即實驗心理學；後者是以人類共同生活方面的複雜精神過程為研究對象的民族心理學，即社會心理學。

　　法國是社會學的發端之地，法國社會學家塔爾德（Tarde）認為，一切社會現象都是個人行為相互影響、相互作用的結果，個人行為受以信念和願望為基本因素的心理活動所支配。因此，社會學只有以社會的心理分析為前提，才能對社會現象做出科學、合理的解釋。塔爾德的推理是：「社會學就是單純的群體心理學。」但是，在具體研究的過程中，他主要是透過模仿去說明群體心理與行為的，這實際上是將群體的心理與行為還原到了個體的水準去了。

　　艾彌爾・涂爾幹（Émile Durkheim）也是法國的社會學家，他認為有兩類表象：個體表象和集體表象，個體表象以個體的感覺為基礎，而集體表象（集體意識和社會心理）以個體表象為基礎，但是每一種新的、更高一階的綜合從個體生活或個體表象（高一階的綜合來源於此）的角度是無法解釋清楚的。集體表象這種新的現象產生於聯合之中，聯合創造了一個具有新質的整體，而這一整體並不等同於各部分之和。這不僅明確了群體心理的存在，而且涂爾幹認為個體的心理與行為深受群體、社會的影響。他在《自殺論》一書中把個體自殺行為的原因歸咎於社會現象，而不是個人的原因。

　　法國的社會學家古斯塔夫・勒龐（Gustave Le Bon）更進了一步，他在其西元 1895 年出版的《烏合之眾：大眾心理研究》一書中說，「群體」一詞是指聚集在一起的個人，無論他們屬於什麼民族、職業或性別，也不管是什麼事情讓他們走到了一起。但是從心理學的角度看，「群體」一詞卻有著完全不同的重要含義。在某些既定的條件下，並且只有在這些條件下，一群人會表現出一些新的特點，它非常不同於組成這一群體的個人所具有的特點。聚集成群的人，他們的感情和思想全都轉到同一個方向，他們自覺的個性消失了，形成了一種集體心理。它無疑是暫時的，然而它確實表現出了一些非常明確的特點。這些聚集成群的人進入一種狀態，因為沒有更好的說法，我姑且把它稱為一個組織化的群體，或換個也許更為可取的說法，一個心理群體。它形成了一種獨特的存在，受群體精神統一律的支配。[14]

　　在神祕力量的指引下，群眾表現出某種十分低劣的心理，並對某些不可

預測的催眠力量做出無意識的反應。一旦個體聚集成眾，新的心理特徵便會顯露出來。只要群眾心理統一律發揮作用，那麼「構成這個群體的個人不管是誰，他們的生活方式、職業、性格或智力不管相同還是不同，他們變成了一個群體這個事實，便使他們獲得了一種集體心理，這使他們的感情、思想和行為變得與他們單獨一人時的感情、思想和行為頗為不同。若不是形成了一個群體，有些閃念或感情在個人身上根本就不會產生，或不可能變成行動。心理群體是一個由異質成分組成的暫時現象，當它們結合在一起時，就像因為結合成一種新的存在而構成一個生命體的細胞一樣，會表現出一些特點，它們與單個細胞所具有的特點大不相同」[15]。

　　總之，勒龐認為不同於個體心理的群體心理肯定是存在的，而且群體心理一旦形成，其主要的特點是去個性化、感情作用大於理智作用和失去個人責任感。奧爾波特（Gordon W. Allport）對勒龐有著極高的評價，這位美國社會心理學領域的泰斗說：「在社會心理學這個領域已有的著作當中，最有影響者，也許非勒龐的《烏合之眾》莫屬。」無論如何，勒龐對群體心理特徵的總結，我們從現在的社會心理學教材中關於群體心理的部分中仍然可以直接看到。

　　可是，過了這個時段，如前所述，隨著社會心理學在 20 世紀第二個十年研究的重心由歐洲轉向美國，特別是奧爾波特的倡導，社會心理學中個體主義盛行，群體心理的研究難覓蹤跡，此種狀況一直延續了幾十年的時間。慢慢的，自 1960 年代起，主要在歐洲當時一些「非主流」學者如泰菲爾（Henri Taifel）和莫斯科維奇（Serge Moscowici）的努力下，群體心理與行為的研究又得以重燃，泰菲爾基於群際過程的研究所提出的「社會認同理論（Social Identity Theory，SIT）」以及莫斯科維奇別出心裁的對群體內「少數派影響（Minority Influence）」的研究，影響日盛。泰菲爾原本在牛津大學當講師，之後去了布里斯托爾大學（The University of Bristol，UK）擔任社會心理學的講席教授，一時間布里斯托爾大學成了社會認同研究的「重鎮」。隨著泰菲爾的部分學生（Hogg，Turner，伍錫雄等）移居澳洲，社會認同

研究在澳洲也發展起來。到了 1990 年代,隨著研究人才的交流(Giles 及 Hogg 等社會認同論大師先後赴美,其中介紹社會認同理論的主要著作《社會認同過程》排名第一的作者邁克爾‧ A‧豪格(Michael A. Hauge),目前就任教於美國的克萊蒙研究大學),社會認同研究在美國本土生根,並迅速發展。短短十幾年間,美國成為了社會認同研究的重要國家,而社會認同論也成為美國社會心理學主流理論之一。如果說在如今的社會心理學中,研究個體心理最具影響的中型理論是認知失調理論的話,那研究群體心理最具影響的中型理論,就是社會認同理論了。

因此,在過去考慮社會心理學到底要不要研究群體的心理與行為是情有可原的話,現在還糾結這個問題顯然是過時了。總之,社會心理學既要研究個體的心理與行為,也要研究群體的心理與行為。

(三)社會互動

在前述勒溫的公式中,提到了人的社會行為是由個人與情境決定的。但是,需要注意的是,個人和情境本身都不足以決定社會行為。實際上,個人與情境的特徵會結合在一起,以生動複雜的方式影響人們對所處的社會性世界的反應,具體表現在以下六個方面。

1. 不同的人會對相同的情境做出不同的反應

例如,一些學生認為大學生活精彩紛呈,另一些學生卻認為大學生活沉悶而單調。這是因為,其一,如前所述,不同的人具有不同的個性特徵,即使面對的情境完全一樣,所做出的反應也是不同的。其二,情境是複雜、多面的,而個人的心理資源是有限的,不可能顧及情境中的所有方面,這就意味著個體其實是對情境中的不同側面進行反應。也就是說,大家貌似是身處相同的情境中,實際上卻是對不同的刺激進行反應。比如兩個人同樣在看新聞,一個人在看新聞內容時,卻評論道:「某某夫人的包包是紫色的,好漂亮啊!」、「這人長得真有福氣!」沒有這樣的提醒,可能另一個人不會注意到這些細節,要麼注意到了,也不會有如此大的反應。

　　這就引申出一個重要的問題，即個人與情境的適配性問題。既然不同的人具有不同的個性特徵，情境又是複雜多樣的，這兩者配對得適當，才能使人產生良好的反應。例如，深圳市大疆創新科技有限公司生產的無人機，其創始人汪滔從小就對飛行器，尤其是直升機極感興趣。他在杭州讀完高中後考入華東師範大學電子系，儘管學校盡力幫助他，但他覺得這裡並不適合自己追尋夢想，讀到大三時轉到香港科技大學繼續攻讀電子。2005 年，汪滔開始準備畢業專題，說服老師同意他自己決定畢業專題的方向——研究遙控直升機的飛行控制系統，研究的核心在於使航空模型能夠自動懸停。這一研究，便確定了汪滔今後的事業道路。2006 年，汪滔繼續在香港科技大學攻讀碩士學位，與此同時，他和一起做畢業專題的兩位同學正式創立大疆公司，汪滔將他在大學獲得的獎學金的剩餘部分全部拿出來研發生產直升機飛行控制系統。2008 年他研發的第一款較為成熟的直升機飛行控制系統 XP3.1 面市。2010 年，大疆每月的銷售額達到人民幣幾十萬元，也正是在這一年，香港科技大學向汪滔團隊投資了人民幣 200 萬元。原本汪滔只希望能養活一個 10 ～ 20 人的團隊，漸漸的他發現這個行業市場前景很寬闊……目前，在商用無人機市場中，大疆獨領風騷，已成為無人機領域的領軍者。雖然大疆的成功還得益於其他因素，但是汪滔求學的這段經歷，還是能夠說明個人與情境適配的作用。

2. 情境選擇個人

　　具體而言，情境是由一些個人與群體組成的，無論是個人還是群體，凡事都有各自的規範或標準，都會有一個進入的最低門檻，只接受達到標準的人和事。所以，對個體來說，在社會互動的過程當中，你想與某個人或某個群體打交道，但是沒有達到他們的進入門檻，你是不會如願的。例如，股神巴菲特（Buffett）有著很多成功的投資訣竅和極強的個人魅力，想當面向他討教的人成千上萬，巴菲特不可能一一滿足。但是，自 2000 年開始，對那些仰慕巴菲特的人來說，有了一個平等的機會。巴菲特每年拍賣一次與他共進午餐的機會，把拍賣收入捐給位於舊金山的慈善機構葛萊德基金會，用於幫

助當地的窮人和無家可歸者。拍賣規則自然是價高者得，那麼，想與巴菲特共進午餐需要多少錢呢？以 2015 年為例，2015 年 6 月，中國大連天神娛樂公司董事長朱曄花了 234.5678 萬美元在巴菲特午餐競拍中勝出，這個價格對於一般人而言自然是可望而不可及。

個人會設立門檻，群體也不例外。例如，對莘莘學子來說，名校是他們夢寐以求的目標，不過如果考試分數不夠，也不能如願以償。

3. 個人選擇情境

個人也會選擇情境。每個人的能力、需求、興趣、目標等都各不一樣，在一定範圍內，個人會選擇不同的、他們想要的情境。接著上述的例子，名校會挑選學生，但是對那些能力強、成績極其優秀，考了高分的學生來說，卻有著幸福的煩惱。他們不僅要面對來自於各大名校招生老師反覆的登門遊說，還得考慮來自海外的著名大學。在日常生活中，個人挑選情境的情形就更普遍了。例如，大學生到了週末，會根據自己的需求、興趣、愛好，有的看電影，有的繼續去圖書館，有的好好的聚一次餐，有的去唱歌。

4. 不同的情境會啟動個人的不同方面

人有不同的側面，具備一定的靈活性，按照角色理論，在不同的社會情境中，人能以不同的角色去應對，在什麼山上就唱什麼歌。很多大學生在老師、同學面前是彬彬有禮的，具體表現為耐心說話、謙虛、講理、容忍等，可是一回到家中就變得粗暴了，表現為任性、苛刻、不耐煩、說話粗聲粗氣。

其實不同情境對人的影響十分微妙，它可以在不知不覺中對人的反應產生作用。「啟動效應（priming effects）」指的就是僅僅暴露在情境中的某個線索，就能促使、觸發或啟動人的某種印象、判斷、行為目標或行動，而且經常是超出了人的意圖或意識之外的。比如，用老年人的刻板印象去啟動年輕人，這些年輕人會覺得自己更老，繼而會行走更緩慢，記憶力也變差了（Wyer，Neilens，Perfect and Mazzoni，2011 年）。

現實中的社會情境要遠比實驗室的刺激豐富得多，佩皮斯和他的同事（Papies，E. K. et al.，2013 年）就做了一個現場實驗。在一家食品商店裡，

研究者塞給一組體重超重的顧客每人一份健康節食的食譜傳單，而給另一組體重超重的顧客每人一份普通的廣告傳單。結帳後發現，第一組顧客比第二組顧客購買的零食少了 75%。當顧客離開商店後，研究者上前對他們進行了詢問，當問到他們在購物過程中是否考慮到食譜傳單時，絕大部分顧客回答在購物時並沒怎麼想到那份食譜傳單，只有極少數顧客能夠回憶起那份傳單含有低卡路里或節食的字樣，而且沒有顧客意識到研究者的研究假設。於是，研究者得出的結論是「健康啟動對購買行為的影響與顧客在購物時是否意識到這個啟動無關」。由此可見，我們所處情境中的微小特徵都會啟動我們的目標、信念、情感及行為，而且是不知不覺的。因此，我們可能在一種情境下是一個樣子，而在另一種情境下卻是另一副模樣。

5. 個人改變情境

社會情境是由人構成的，具體來講是由人的行為造成的。所以，身處情境中的每一個人做出的行為，都會使情境發生改變。當然，影響力大的人，能更有效的改變情境。比如，一個精力旺盛、博學多才的老師能將安靜、被動的課堂轉變成一個活躍、投入的課堂。

人們也可能在不經意間改變自己所處的情境。在家裡受了氣的主管到了公司，他並不想責罵下屬，但他無意中這樣做了，員工們就會對他敬而遠之，噤若寒蟬。

6. 情境改變個人

從宏觀的角度來看，情境的力量極為強大。進化論告訴我們，人類變成現在這個樣子，包括人們的生理結構和心理與行為的反應傾向，從根本上說，就是適應環境的結果，是身處的環境改造了人類。

從微觀的角度來看，情境影響、改變個人的情況也是無處不在的。比如，一個青少年經常看暴力影片或玩暴力遊戲，那麼他的攻擊性就會增強；如果一個大學生進入了特殊班，與之相似的一個朋友進入了普通班，四年後他們的相似性應該會減少。

三、社會心理學與常識

社會中的每一個人都是樸素的社會心理學家。我們很難想像，一個人在社會中生存與發展，卻可以不去思索自己和他人的心理與行為。如果你說的是「量子力學」、「黑洞」、「基因改造」、「哥德巴赫猜想」之類的概念，別人會覺得這確實是在研究一門高深的學問。但是，如果你說自己研究的是人的心理與行為，別人都覺得自己至少是半個專家，其中一個普遍現象是，別人在看了社會心理學的理論或研究發現後可能會想，這些東西了無新意，社會心理學家只不過是對常識炒炒冷飯而已。比如，你說社會心理學研究發現相似性會導致人際吸引，別人的反應是：「這有什麼奇怪的啊，老鄉見老鄉，兩眼淚汪汪嘛！」

但是且慢！如果你繼續陳述下去，比如：

如果一個人在做了 1 個小時枯燥單調的事情之後獲得了 20 美元的報酬，要比只獲得 1 美元報酬的人更有可能撒謊說這工作是有趣的。

常言道：「四肢發達，頭腦簡單。」美貌與智慧不可兼得，貌美的人不如貌醜的人聰明。

當你遇到困境需要別人幫忙時，你周圍的人越多，你就越有可能獲得幫助。

觀看暴力影片或玩暴力遊戲會讓人發洩掉很多攻擊性能量，從而使他們在生活中的攻擊性變小。

很多人會覺得以上陳述是有道理的，並且還能夠聯想到自己身邊不少人就是這樣的。然而，社會心理學的研究顯示以上的說法全是錯誤的。也就是說，常識畢竟是常識，常識不是科學，常識不一定正確。如果我們進一步整理這些常識，就會發現很多常識相互之間在打架，彼此是矛盾的，比如：「血濃於水」與「親兄弟，明算帳」，「機不可失，時不再來」與「三思而後行」，

「有備無患」與「船到橋頭自然直」等等。那麼，面對這些相互矛盾的常識，我們應該相信哪一邊呢？

與常識不一樣，社會心理學是一門科學，它會透過科學的方法對理論進行驗證，這些科學方法後面有專門的章節介紹。因此，社會心理學一方面會確認我們生活當中的某些常識，另一方面卻對這些常識發起了挑戰，進而告訴人們什麼才是正確的知識。

第二節　社會心理學的研究範圍與主要內容

一、社會心理學的研究範圍

社會心理學研究的範圍極廣，下面列舉其中一些重要的研究主題：從眾、勸說、權力、影響、服從、偏見、歧視、刻板印象、談判、小群體、社會類別、群際關係、集群行為、社會衝突與和諧、過度擁擠、應激、決策、領導行為、溝通、演講、印象形成、印象管理、自我呈現、認同、自我、文化、情緒、人際吸引、友誼、家庭、愛、浪漫、性行為、暴力、攻擊、利他主義與親社會行為等等。

如果僅僅根據研究主題確定社會心理學的研究範圍，那就太隨意了，這並不能讓我們知道社會心理學與其他學科的區別。比如，「群際關係」不僅屬於社會心理學研究範疇，政治學與社會學也會對其進行研究；「家庭」也是一樣，社會心理學家和臨床心理學家都會去研究它。社會心理學的研究特色主要表現在它把研究的內容、研究的方法和解釋的級別結合在一起，從而形成了自己獨有的比較完整的體系。可以從以下幾點分析社會心理學的研究範圍。

（一）社會心理學的歷史

社會心理學是從哪裡來的？迄今為止研究得怎麼樣了？在此過程中有哪些經驗和教訓？未來的社會心理學又將往何處去？透過爬梳社會心理學的發展歷史，我們可以對社會心理學有更加全面和完整的認識。後面將在第二章

第一節介紹本部分內容，在此從略。

（二）社會心理學的方法

透過上述的「社會心理學與常識」部分，我們知道了生活中的每個人都是「社會心理學家」，都對社會心理現象有著自己的一些觀察與思考，並得出一些結論。那麼，這些結論中哪些是有道理的？哪些又是錯誤的呢？怎麼去判定這些內容的對與錯？社會心理學是一門科學，它的科學性主要是透過其與眾不同的研究方法來呈現的。後面也有專門章節介紹本部分內容。

（三）基礎社會心理學

所謂基礎社會心理學，也就是社會心理學的解釋級別，即如何解釋人們紛繁複雜的社會心理與行為。在此，我們引用杜瓦斯（Doise，1986 年）的觀點，將社會心理學的解釋級別概括為以下四種。

1. 個體層次（intrapersonal or intra-individual level）

它是最為微觀也是最為心理學化的解釋級別。個體層次的分析，主要關注個體在社會情境中組織其社會認知、社會情感和社會經驗的機制，並不直接處理個體和社會環境之間的互動。

以個體層次為核心的個體內過程，包含以下基本研究主題：具體化（embodiment）、自我、社會知覺和歸因、社會認知和文化認知、社會情感、社會態度等。

在這一解釋級別上，社會心理學者投入的精力最多，獲得的研究成果也最為顯著。屬於這一層面的經典理論主要有：費斯廷格（Festinger）的認知失調論、態度形成和改變的雙過程模型［如推敲可能性模型（elaboration likelihood model，ELM）與捷徑 — 系統模型（heuristic-systematic model，HSM）］和希金斯（Higgins，1997 年）的知識啟動和刺激活化模型。

2. 人際和情景層次（interpersonal and situational level）

它主要關注在給定的情景中所發生的人際過程，而不考慮在這特定的情

景之外個體所占據的不同的社會位置（social positions）。具體來說，就是不考慮雙方的角色是什麼，只研究純粹的個體之間相互作用的過程。

以人際層次為核心的人際過程，其基本的研究主題有：親社會行為、攻擊行為、親和與親密關係、競爭與合作等。其典範理論模型是費斯廷格的社會比較論。

3. 社會位置層次（social positional level）或群體內層次

它關注社會行動者在社會位置中的跨情景差異（inter-situational differences），如社會互動中的參與者特定的群體資格或類別資格（different group or categorical membership）。

以群體層次為核心的群體過程，包含基本研究主題：大眾心理、群體形成、多數人的影響和少數人的影響、權威服從、群體績效，主管—部屬關係等。

其典範理論模型是莫斯科維奇（Moscovici，2000 年）關於少數人影響的轉化理論（Conversion Theory），多數人和少數人影響的雙過程模型、社會作用力理論（social impact theory）和社會表徵論。

4. 意識形態層次（ideological level）或群際層次

它是最為宏觀也最為社會學化的解釋級別。它在實驗或其他研究情景中，關注或考慮研究參與者所攜帶的信念、表徵、評價和規範系統。

以群際層次為核心的群際過程，包含以下基本研究主題：群際認知如刻板印象、群際情感如偏見、群際行為歧視及其應對。

在過去的 30 年中，群際層次的研究有突破性的進展。主宰性的理論典範由泰菲爾的社會認同論啟動，並深化到文化認同的文化動態建構論（dynamic constructivism）（Chiu and Hong，2006 年； Hong et al.，2000 年； Wyer et al.，2009 年）和偏差地圖模型（bias map）（Cuddy et al.，2007 年； Fiske et al.，2002 年）中。

（四）應用社會心理學

　　社會心理學研究發展到現在，不僅獲得了崇高的學科地位，深受人們的喜愛，也能夠與社會實際密切結合，在應用中大放異彩。應用社會心理學，就是把獲取的社會心理學知識理論運用到社會實踐中去的研究。應用社會心理學又可以分為兩類：一類是邊緣性的應用社會心理學，它和其他一些學科相互滲透而形成新的體系，比如社會心理學與教育學的相互滲透形成了教育社會心理學；另一類是專業社會心理學，即社會心理學與具體社會領域結合而產生的新的分支學科，如把社會心理學應用到廣告領域產生的廣告心理學，應用到司法領域產生的司法心理學等。

二、社會心理學研究的主要內容

　　社會心理學研究的邊界很廣泛，很難輕鬆獲知其全部內容。社會心理學的具體內容也是紛繁複雜，很多人在學習它們時往往也會沉浸在一些細節中，而不能跳出來對其進行整合，從更宏觀的角度來總覽。我們在此概括出社會心理學最核心的三個方面內容，它們分別是社會心理學的兩個基本原理、三個動機原則和三個資訊加工原則。

（一）社會心理學的兩個基本原理

　　前面我們在對社會心理學的定義進行分析時，引用了勒溫提出的關於人們社會行為的公式。從這個公式中，可以分析出社會心理學需要研究的兩個主要過程：社會過程（social processes）與認知過程（cognitive processes）。社會過程是指人們的思想、情感和行為受到周圍的人、所屬的群體、人際關係、父母的教育及從他人那裡體驗到的壓力的影響；認知過程指的是人們的記憶、知覺、思維、情緒與動機會引導著人們對所處世界的理解，引導著人們的行為。此處採用的是一個寬泛的認知概念，把情緒和動機也當作是與記憶和思維一樣的屬於認知過程的固有部分。現代社會心理學

需要糾正一個源自古希臘的誤解，即認為純粹、「理性」的思維與「非理性」的情緒是水火不相容的對立體。其實，無論是思維還是情緒，它們都是人們對所處世界的反應，都是人們對這個世界進行理解的方式。由此，能夠引申出社會心理學的兩個最重要的原則，即社會心理學的兩個基本原理（two fundamental axioms of social psychology），第一個原理是人們會建構（construct）他們的現實，第二個原理是遍及所有社會生活的社會影響。

1. 建構現實（Construction of Reality）

研究社會行為看似是一件容易的事情。當考察人們的日常生活時，人們會認為自己所看見的世界就是它真正的樣子。也就是說，有一個對所有人而言都一樣的客觀現實就在那裡存在著。比如，當我們與朋友一起去看球賽，或一起去餐廳用餐，我們會認為大家看到的是同樣的比賽，聽到的是一樣有趣的餐間談話；當遇到一位新人，我們會迅速形成同樣的印象；或者當看見有人舉起拳頭、皺眉，我們會自然的知道這些行為的意義。因為假定我們形成的印象是準確、真實的，所以我們通常也期望別人遇到同樣的人，進行同樣的約會，看見同樣的行為。

果真是這樣嗎？我們先看一項研究。

1951 年的秋季，主場不敗的普林斯頓大學足球隊迎來了與達特茅斯學院足球隊的一場硬戰。這兩支球隊長期以來旗鼓相當，這場比賽也是火花四起，雙方頻繁犯規、衝撞，兩邊都有不少球員受傷，最後普林斯頓大學足球隊險勝。一個月之後，兩名社會心理學家（Hastorf and Cantril，1954 年）讓普林斯頓大學和達特茅斯學院的大學生觀看這場比賽的錄影，結果大學生們的反應讓人驚奇。兩所大學的大學生們看完比賽後的報告會讓人懷疑他們看的是不同的比賽，普林斯頓大學的學生看完比賽後認為達特茅斯隊的隊員在比賽中有太多的暴力行為，缺乏體育道德，普林斯頓大學的運動員們只是出於自我防衛才偶爾的回應對手一下。而達特茅斯學院的大學生們則認為兩隊有同樣多的侵犯行為，認為面對普林斯頓大學運動員們的野蠻進攻，達特茅斯隊隊員的反擊是情有可原的。甚至有個達特茅斯學院的男生說，他看完

錄影後發現達特茅斯隊的隊員們犯規是如此之少，懷疑給他看的是經過剪輯的錄影。

可見，面對同樣的事件，人們理解到的意義是不一樣的。舉起拳頭可能有威脅的意思，也可能有勝利的意思；皺眉可能有憂鬱的意思，也可能有全神貫注的意思。這取決於是誰的體驗。實際上我們會對現實進行建構，建構的結果一部分取決於認知過程（我們心理工作的方式）；另一部分則取決於社會過程（他人對我們的影響，這個他人可以是實際存在的，也可以是我們想像的）。

認知過程使人們把蒐集到的片段資訊拼接在一起，從中推導出一個整體性的結論。人們會聽到他人呈現的一系列論據，注意到聽眾的反應，推論出他人的感受，決定何種資訊是有價值的，值得我們進一步考慮。從這個意義上說，一個人的所見、所聞、所感可以決定他對這個世界的理解。

社會過程則使人們在理解現實的意義時可以影響他人的觀點，也可以被他人的觀點所影響。比如，群體內的文化對人們來說非常重要，它是人們對事件進行反應和解釋的標準。舉例來說，大多數西方社會的成員都認可接吻，不過接吻的含義會因人們吻誰及如何接吻而有所差異。但當南非的東加人（Tonga）第一次看見歐洲人接吻時，他們會覺得很噁心。他們認為接吻是在吃對方的唾液，髒死了（Hyde，1979 年）。如果我們是東加的牧人，或是德國的大學生，我們應該多多少少會因對方關於接吻的觀點而進行一些調整。東加人也許慢慢的覺得接吻是一件有意義的事情，而德國大學生則會理解到接吻時需要注意衛生。因此，一個人對這個世界的理解總會帶有一些他人的看法。

2. 社會影響的普遍性（pervasiveness of social influence）

他人會影響人們的行為，而人們的行為反過來也會影響到他人的言行。比如，有人在背後支持我們的話，我們就會勇氣大增，暢所欲言；當有批評者與我們抗辯，則有可能讓我們感到害怕，進而沉默寡言。

前面提到，即使我們是獨自一人，他人依然會影響到我們。所謂社會影

響的普遍性，是指他人實際上可以影響到我們所有的思想、感受和行為，無論他人在場與否。我們對他人反應的思考，以及我們對社會群體的認同，形塑了我們內心最深處的知覺、思維、感受、動機，甚至是自我。當你是一名金州勇士隊的球迷、一個志工協會的會員、一位公民的時候，你會為自己感到自豪嗎？我們效忠的群體可能是小範圍的，例如一個家庭、團隊或委員會；也有可能是大規模的，例如某個種族、宗教、性別，或社會與文化。無論這些群體是大是小，群體成員身分為我們提供了觀察社會性事件的框架和過濾器。故前述普林斯頓大學與達特茅斯學院的大學生對同樣的比賽過程做出了不同的判斷，就不難理解了。

　　有時我們體驗到的社會影響是社會壓力，例如當我們面對一位咄咄逼人的售貨員、受到了冷暴力，或持有不同於我們的政治觀點而受到嘲笑時就是如此。但是，當社會影響不明顯時，更能彰顯出它的深遠意義來。換言之，你實際上受到了他人的影響而不自知，誤認為自己所做出的反應只是基於自己內部的認知過程而已，此時的社會影響更是意義重大。普林斯頓和達特茅斯的大學生們之所以判斷不同，是因為他們屬於不同的大學，但他們意識到了這一點嗎？可能沒有。因為從嬰兒時起社會影響就包圍了我們，所以我們通常不會意識到社會影響的存在。有時當人們轉換了角色，就能夠意識到社會影響的作用了，比如當叛逆的青少年自己成為父母後，也會對自己的青少年子女實行宵禁，擔心不良的生活習慣或交友不慎會毀了孩子，而自己在青少年時期卻沒有意識到這些，反而嫌父母管得太嚴。一些外國人在亞洲生活久了，等回到自己的國家，卻為吃不下原本習慣的麵包和薯條而發愁。即使如此，這樣的變化還是會讓人們覺得這是自然而然的事情，不會把它歸因為是社會影響的作用，而是認為現實就是如此。比如，外國人會覺得中式料理本身就是好吃，他們已經忘記以前的自己覺得麵包和薯條就是人間美味。社會影響具有強大威力，它會形塑人們對現實的建構，它能夠改變人們的思維、感受和行為。無論是與他人相處，還是獨自一人思考，社會影響都在人們身邊。

（二）三個動機原則

那麼，人們在建構現實與受到別人影響和影響他人時，會朝著哪個方向行進？換言之，其背後的動機是什麼？社會心理學家認為，這主要會牽涉到三個方面的動機：掌控感的動機（to strive for mastery）、與他人連結的動機（to seek connectedness with others）、看重自己及與自己有關的人和物的動機（to value themselves and others connected to them）。

1. 掌控感的動機

掌控是指人們需要對自己所生活的世界進行了解，進而幫助自己在生活中獲取想要的結果與獎賞。無論是面對自然性世界還是社會性世界，人們都需要先對其了解、熟悉，才能適應我們身處的這個世界。比如，農作的時候，我們需要了解當地四季的變換，土壤、日照、溫度與雨水的狀況等；求職的時候，必須對公司和職位的性質進行了解。能否做出正確的決定，取決於人們是否能夠收集到可靠與精確的資訊。

2. 與他人連結的動機

早在兩千多年前，古希臘的亞里斯多德（Aristotle）就認為，人是「社會性動物」。人作為一個物種，在長期進化的過程中，必須與他人緊密連結，這樣才能存活、發展下去。因此，我們生活中的每個人都想與自己關心和重視的人建立並維持相互之間的支持、喜愛與接納。研究顯示，當人們與他人發生嚴重衝突時，這種動機就會更加強烈，原因是人們需要從自己熟悉的人那裡尋求支持與安慰。即使是在平和的生活狀態下，他人的支持依然很重要，這展現在人們心理與行為的性質與意義，都是在與他人連結和比較的過程中衍生出來的。

3. 看重自己及與自己有關的人和物的動機

這種動機指的是人們會激發起以一種積極的眼光來看待自己及任何與自己有關的人和物，比如家庭、團隊、國家，甚至自己的擁有物。一個人即使病入膏肓了，還會認為自己的這點病並不算什麼事，還有比自己病情更重的

人。每個人都會高看與自己有關的他人或群體，這就不難解釋人們對同樣的事件會有不同的解釋了。前述的普林斯頓大學的學生和達特茅斯學院的學生多多少少會偏袒各自學校的球隊，指責對方球隊隊員犯規太多，己方隊員是迫不得已才進行防禦。這些大學生是在不知不覺中做出這樣判斷的，這樣的判斷會讓他們感覺良好。

（三）三個資訊加工原則

　　無論人們是要尋求獎賞、連結他人還是要看重自己或與自己有關的人和事，人們都需要在自己生活的世界中收集、加工相關的資訊。在對這些資訊進行加工的過程中，人們會遵循以下三個原則。

　　1. 保守主義原則：已有的觀點難以改變（Conservatism: Established Views are Slow to Change）

　　保守主義原則是指個體或群體一旦對這個世界形成了某種觀點，這種觀點就難以改變，會持續很長的時間，甚至會永久的保持這種觀點。普林斯頓球隊的支持者們，堅信他們的球隊是最棒的，他們就透過這種信念的過濾來解釋自己所看到的東西——符合這種信念的資訊就用來證實、加強自己的信念，不符合這種信念的資訊則有意無意的視而不見。保守主義的例子可謂比比皆是。筆者於 2016 年買了一輛吉利博越的汽車，一些同事表示不解：「怎麼買吉利車呢？怎麼不買大眾、豐田、本田或雪鐵龍的車呢？」筆者知道他們對吉利的印象還停留在過去生產十分粗糙的時代，筆者也並不看好那個時代的吉利汽車。但同事們或許不知道，從吉利的博瑞、博越品牌開始，吉利製造已進入了 3.0 時代，其設計、製造和品質與以前不可同日而語。例如在 2018 年，吉利汽車在中國的銷量排在第四位，把一眾合資品牌，如賓士、BMW、豐田、本田、現代、雪鐵龍等，遠遠的拋在了後面。當情況發生變化時，筆者在資訊加工時願意改變過去舊有的觀點，不受保守主義原則的制約。你會這麼做嗎？（有趣的是，吉利博越汽車是筆者的擁有物，筆者對自己的汽車的辯護含有前述的看重自己擁有物動機的意思。）

2. 易得性原則：容易獲取的資訊影響大（Accessibility: Accessible Information has the Most Impact）

從一場足球賽，到一場學術演講，每一種社會情境都含有大量資訊，以至於人們根本無法詳細的處理其中每一種資訊。其結果是，人們很可能只考慮、記憶和使用其中的一部分資訊來形成判斷和做出決策。易得性原則是指哪一種資訊更容易被人們獲取，那這些資訊就會對人們的思想、感受和行為產生更重要的影響。在大多數情況下，最先進入人們頭腦中的就是過去已經思考過的那些東西。因此，前面提及的足球賽，達特茅斯隊的支持者就是在利用「他們的足球隊是很棒的」這一信念來做出許多判斷。在另一些情景中，人們經常會利用那些容易被注意和解釋的資訊來做出判斷。比如，你去聽一場關於廢止死刑的演講，而你平常對此沒有什麼思考。那麼，如果在演講的過程中聽到較多鼓掌聲，你就有可能對廢止死刑形成積極的態度；而如果聽到比較多的噓聲，你更有可能對廢止死刑形成消極的態度。

3. 膚淺或深入的原則：人們可以膚淺的加工資訊，也可以深入的加工資訊（Superficiality Versus Depth: People can Process Superficially or in Depth）

多數時候，人們就好像是一架安裝了自動導航儀的飛機，不用費什麼勁，就能對現實形成一些粗淺的印象，此時人們在資訊加工中非常依賴上述那些唾手可得的資訊。但當人們注意到事情發展與自己的期望不相符合，或者是想要達成的重要目標受到威脅的時候，人們就會願意花時間精力去深入的處理資訊。這就是資訊加工的膚淺或深入原則。拿上述那個去聽關於廢止死刑主題的演講的例子來說，假如你有親朋好友犯下了極為嚴重的罪行，很有可能被判處死刑，你就不會太在乎其他觀眾的掌聲或噓聲，而是仔細收集演講中正反兩方面的論據，並進行仔細的邏輯分析，最終得出關於廢止死刑的結論。

第三節　社會心理學的研究取向

很多學者認同 1908 年是社會心理學誕生的年分，原因是在這一年，世界上終於有冠以「社會心理學」名稱的教科書出版了，而且還是兩本，分別是英國心理學家麥獨孤的著作《社會心理學導論》和美國社會學家羅斯的著作《社會心理學：大綱與資料集》。可是，這兩本書除了書名都寫有「社會心理學」之外，內容卻相去甚遠。「羅斯的著作顯示他是集群行為研究的先驅，而且他並不強調社會背景中的個人，相反，麥獨孤則強調個人行為，他研究了行為的機制和先天傾向。」[16] 可以說，社會心理學的誕生與分化是同時進行的。它不是誕生於同一門學科，只有一個母體，而是誕生於兩門學科，有著兩個母體。社會心理學與其母體學科的親緣關係，決定了它有兩個截然不同的發展方向，我們將不同學科的學者發展出的具有本學科特點的社會心理學稱為社會心理學的研究取向。從一開始，就存在著兩種社會心理學的研究取向，即心理學的社會心理學（psychological social psychology，PSP）和社會學的社會心理學（sociological social psychology，SSP），而且學者們廣泛認為這兩種社會心理學在各自的核心問題、理論和研究方法上有相對的差異（House，1977 年）。

後來，隨著不斷有其他的學科對人的行為感興趣，並獲得了顯著的成果和影響，社會心理學的研究取向也隨之擴增。到目前為止，主要有以下四種社會心理學的研究取向。

一、心理學的社會心理學

心理學的社會心理學是目前最主要的一種研究取向，顧名思義是心理學家對社會心理學的研究。它帶有心理學的學科色彩。心理學家在研究社會心理學時，喜歡從具體微觀的角度入手，關注的核心是個體，以及個體如何對社會刺激進行反應，強調的是發生在個體內部的那些過程。行為的變異被認為是人們根據自己的人格和氣質對社會刺激或差異的解釋。儘管心理學的社

會心理學家也研究群體動力，但他們傾向於在個體的層次上對這些過程進行解釋。由於其研究主要強調的是內部的心理過程，可以稱之為認知與內心社會心理學（cognitive and intrapersonal social psychology），它源起於 19 世紀中葉德國的實驗心理學家如馮特（Wilhelm Wundt）等的工作，這些工作致力於了解人的內部過程是如何影響人與他人互動的能力的，這些內部過程包括認知（記憶、知覺、決策）與生理（化學與神經活動）方面。心理學的社會心理學的代表性理論主要是社會學習理論（social learning theory），這一理論強調個體在各種社會情境中是如何學到適當的反應的，認為社會學習的主要過程包括強化，即個體特定行為的產生是與某種獎賞或懲罰相連在一起的；還有模仿，即個體透過觀察另一個人行為而產生的強化過程。

此外，認知與內心社會心理學的一個具體根基是個體如何在頭腦中以基模（schemas）的形式儲存資訊。基模是指人們對環境中的客體進行標定的方式，對客體進行分類。使用了基模，就能夠讓個體加工環境中數十億位元的資訊，進而輕鬆的參與社會互動。

認知與內心社會心理學努力探索基模對社會互動影響的不同側面。

首先，在認知方面，心理學家主要研究大腦活動是如何特定的與記憶、知覺與決策過程連結在一起，這些過程影響了個體成功的進行社會互動了解資訊的能力。此外，心理學家還探索認知過程的變量是如何造成了個體互動能力的差異的。其中記憶的研究審查了人們是如何對先前遇到的事件、情景與他人進行分類的，以幫助研究者了解基模結構的類型，並運用到特定的群體、文化和情景中去。對記憶的研究使得研究者可以直接探索人們的互動及對其進行標籤之間的關聯。例如，一位女士進入一個房間，觀察到了一男一女之間的互動。如果她把這兩人的互動標籤，歸類為是戀人之間的浪漫插曲，而不是同事間的交談，她就不太可能去打斷他們。如果她進入房間後認出並認為其中一人是她的親密朋友，其與這兩人的互動就和認為這兩人僅是普通同事時的互動不一樣。與了解基模和記憶有關的理論概念還有刻板印象

（stereotypes）、自我實現的預言（self fulfilling prophecy）等。

在研究知覺時，研究者對人們是如何解讀環境中的資訊，而這解讀又是如何影響人們與他人的互動深感興趣。對知覺的研究考查了個體與事件、情境及人的類別相關聯的意義。從認知社會心理學的角度看，這一領域關鍵的理論概念有歸因及歸因偏向。歸因是指個體如何對自己與他人的行為原因進行歸結。歸因偏向的研究發現，人們進行歸因時，很難做到完全客觀、全面與準確，而是會進行有傾向性的歸因。

對決策的研究揭示了記憶、基模與知覺是如何影響人們的諸多行為，從早上要穿什麼衣服，到在某一環境中人們願意冒風險的程度等。而人們做出的決策直接影響到了個體與他人的互動的意願，以及互動的品質。

其次，對內部過程的生理方面的研究，則探索了特定的生物與化學過程影響個體創建適當與有用基模、使用記憶及精確知覺事物的能力，進而影響個體做出相關的決策。初看上去這一塊似乎並不與人們的社會互動直接相關，但是最近的發展顯示人的生化過程是和人的認知緊密相連的。認知和行為心理學家，與神經科學家一道，精確的揭示了特定的生化過程是如何直接影響了人的認知功能的，現在發展出來的技術可以使生理學方面的研究者在心理學、神經科學及社會學去測量、檢查這些生化過程與人們相應的行為及社會互動之間的關係。這些技術包括有腦電波紀錄技術（EEG）、功能性磁振造影技術（fMRI）等，它們可以使研究者研究對個體行為和社會互動的神經與化學反應，這就意味著社會心理學家可以更精確、更直接的去測量人的社會互動過程。

二、社會學的社會心理學

雖然大多數的社會心理學家是在心理學領域研究的心理學家，但也不能忽視另一小部分重要的社會心理學家是在社會學領域研究的社會學家。這兩組學者對同樣的研究問題感興趣，但他們的取向卻不相同。心理學的社會心理學家傾向於關注個體，重點放在個體對社會情境的知覺是如何影響了他在

那種社會情境中的思考、情感和行為的。而社會學的社會心理學家卻傾向於關注個體與社會的互動及其關係，以及較大的群體或社會變量在決定社會行為的過程中所發揮出來的作用。這些社會群體包括家庭、組織、社區和社會機構等。可以說，他們的研究並不遜於心理學的社會心理學家，其主要的理論有符號互動理論、社會交換理論、參照群體理論、社會角色理論等，下面我們透過其中有代表性的部分來了解社會學的社會心理學的具體內容。

（一）符號互動理論

符號互動理論（symbolic interactionism）是社會心理學中一個重要的理論。1980 年，當代認同理論的大家謝爾登‧斯特雷克（Sheldon Stryker）提出，社會心理學具有三個面（three faces）：心理學的社會心理學、社會學的社會心理學和符號互動理論。符號互動理論是 20 世紀初期美國社會學的產物，其核心人物是喬治‧賀伯特‧米德（George Herbert Mead）。米德一直執迷於自我—社會之間的關係，米德理論的要點是社會產生、發展出了人的自我，人的自我繼而影響了人的行為，人的行為反過來維持了社會的形成。

20 世紀中期，符號互動理論分裂成了兩派：芝加哥學派和愛荷華學派。雖然這兩派都聲稱自己是源於米德的自我與社會的理論，但是在關於人的本質、互動的本質和社會的本質假設上是完全不同的。

我們先看看芝加哥學派。米德是芝加哥大學社會學系的教授，他 1931 年去世後，他的學生布魯默（Herbert Blumer）把米德講課的筆記進行了整理，出版成書，這就是被奉為「符號互動理論聖經」的《心靈，自我與社會》。在這本書裡，符號互動理論（symbolic interactionism）這一術語才正式出現。布魯默的互動論強調人自我的本質是變動不定的，猶如變色龍一般在社會互動中隨著社會情境的變化而變化。布魯默認為社會互動在很大程度上是不可預知的，社會是搖擺不定的，充滿了變化的可能性。既然如此，布魯默主張用探索性的方法論和歸納法去了解社會生活。

　　再看看愛荷華學派。曼福德・昆恩（Manford Kuhn）從 1946 年開始，一直到他 1963 年去世，都在愛荷華州立大學任教，愛荷華學派由此得名。昆恩就米德的互動論發展出了另一種觀點。與布魯默關於自我變動不居的觀點相比，昆恩認為自我其實穩定得多，他主張人有一個核心的自我，它源於人們的社會角色。按照昆恩的觀點，核心自我對人是有限制的：每個人經歷了社會現實之後所選擇的行為要和其核心自我保持一致，而無論是在什麼樣的社會情境中。昆恩認為社會互動是高度模式化、可預測的，社會則是相對穩定的。昆恩主張用演繹的理論方法去預測和測量人的行為。1950 年，昆恩發展出了著名的「自我概念 20 問」的方法，用以評估人的核心自我。這個測試要求受試者用 20 個陳述句來回答「我是誰」這個問題。

　　最後來了解一下符號互動理論的新進展。現代符號互動理論的主要發展表現在將米德的開創性的但卻相當模糊的關於自我與社會的學說轉譯成更具實驗性的主張，其中最值得注意的是關於認同（identity）的研究。認同是指自我成分中人所承擔的社會角色為個體帶來的特別的意義。當代認同理論又有兩種不同的觀點。

　　第一種是由謝爾登・斯特雷克及其同事提出的結構的觀點，他們主要關注社會結構是如何形塑人的認同，繼而影響其社會行為的。

　　第二種是認知的觀點，代表性的研究是彼得・伯克（Peter Burke）的認同控制理論（identity control theory）和大衛・海斯（David Heise）的情感控制理論（affect control theory），他們關注的是影響個體在社會互動過程中如何表達其認同的心理機制。伯克和海斯理論的一個共同之處是他們都提到了在認同與行為的關係中「控制系統」的觀點，意思是認同的意義就像是恆溫器那樣進行工作，當房間的溫度偏冷，恆溫器就要打開火爐，把房間的溫度加熱到設定的度數。類似的，如果一個人從環境當中得到了與其自我認同意義不一致的反饋，那麼此人將會改變其行為以求與認同相一致。伯克和海斯理論的重要區別，是關於「人們努力控制的到底是什麼」的假設不同。伯克的觀點是偏向個人主義的：人們是以想要證明其自我意義的方式去行動

的。例如，一位學生認為自己是積極的，那麼其行為就會以積極的方式去進行，比如努力學習，爭取優秀的學習成績，經常參加活動等，以從他人（父母、老師、同學）那裡獲取證實其自我觀點的社會反饋。相反，海斯主張人們是以創建情境的方式去行動的，既要證明自身的自我意義，還要力證情境中其他客體，包括他人的意義。當一位積極的學生與一位努力工作的老師在教室裡進行互動的話，他們之間會相互激勵，彼此認同，並希望以如此適宜的社會情境的方式去行動。在這一點上，海斯的理論與布魯默的自我僅是影響社會行為的一個客體的觀點相一致，與布魯默不一樣的是，海斯認為即使是在極其複雜的社會情境中，人的行為也是可以預測的。

（二）社會結構與人格

　　社會結構與人格（social structure and personality）和符號互動理論的整體思想是一脈相承的，強調社會特徵是如何影響個體生活的諸多方面。從這個角度上看，個體在社會中占據著不同的位置，個體在社會位置中的關係則展現了系統的社會結構，社會結構的位置將個體置於不同的社會網路之中（包括家庭、友誼、同事網路等），個體在這些網路中承載著行為的特別的期望，表達出權力和聲望的不同層次，繼而這些社會結構的特徵以眾多的方式影響人們，豪斯（James S. House）曾將這方面的研究稱之為「心理社會學（psychological sociology）」。社會結構與人格的研究顯示，這些在社會中所處的位置（例如身分、性別、種族、地位等）是如何決定了人們大量的行為結果的，包括生理與心理健康、與犯罪行為的牽連、個人的價值觀、所獲取的成就。德州大學人口中心的馬克・海沃德（Mark Hayward）的研究顯示，童年時期的社會條件（例如社會經濟地位，這些兒童是與親生父母生活還是在別的家庭生活，孩子的母親是否在外地工作等）會影響到其在成人時死亡的年齡。近些年來，社會結構與人格的研究把重點放在了個人是如何影響社會的模式與趨勢方面，弱勢族群成員的行為有時也能促使權力、聲望、特權等社會標準發生變革，一個經典的例子就是非裔美國人羅莎・帕克

斯（Rosa Louise McCauley Parks）的故事：

羅莎‧帕克斯是蒙哥馬利的女裁縫。自 1930 年代至 1955 年，她一直從事縫紉工作。後來，她成為數百萬計非裔美國人爭取自由的代表人物。

在 1950 年代美國南部的許多地方，法律明確規定黑人與白人在公車、餐廳等公共場所內須分隔，且黑人必須讓座給白人。巴士前端的座位僅限於白種人使用，黑人只能坐在車的後端，中間的區域兩類人都可以使用。然而，如果某個白人想要坐上某個黑人的座位，那個黑人只能離開。在北方，法律認可的種族歧視也使黑人被許多行業和社區拒之門外。

1955 年 12 月 1 日，時年 42 歲的羅莎‧帕克斯和其他三位黑人坐在一輛巴士的中間區域，一位白人上了巴士，並示意想要座位時，司機要求這四位黑人離開自己的座位，這樣子這位白人就不會與他們當中的任何一位鄰座了。其他三個黑人起身讓座，但羅莎拒絕了司機的要求。當年早些時候，蒙哥馬利就有兩名黑人婦女因拒絕讓座而被捕。這次也不例外，羅莎遭到監禁，並被罰款 10 美元。

她的被捕引發了蒙哥馬利市長達 381 天的黑人抵制公車運動，組織者是當時還名不見經傳的一名浸禮教牧師──馬丁‧路德‧金恩（Martin Luther King Jr.），後來馬丁‧路德‧金恩獲得反種族隔離鬥士的稱號和諾貝爾和平獎得主的榮譽。這場運動的結果，是 1956 年最高法院裁決禁止公車上的「黑白隔離」；1964 年發表的民權法案禁止在公共場所實行種族隔離和種族歧視政策。30 年後，羅莎‧帕克斯追憶道：「我被捕的時候沒想到會變成這樣。那只是很平常的一天，只是由於廣大民眾的加入，才使它意義非凡。」

羅莎‧帕克斯因她為公民權利積極實踐而獲得兩項國家級最高榮譽。1996 年，柯林頓（Clinton）總統授予她總統自由勳章；1999 年，她得到國會頒發的金質獎章，並被美國國會命名為「民權之母」。

羅莎‧帕克斯於 2005 年 10 月 24 日去世，享年 92 歲，她的遺體榮譽的安放在華盛頓美國國會大廈，她是美國首位獲此殊榮的女性。3 萬人靜默的走

過了她的遺體，向她表示他們的尊敬。

眾議員柯尼爾斯（Conyers）提到這位以沉默和力量著稱的女士對國家而言的重要性，他說：「有極少數人可以說他們的行動和品行改變了國家的面貌，羅莎‧帕克斯就是其中一位。」

早些時候，在華盛頓的追思會上，美國參議院的宗教官員談起羅莎‧帕克斯時說，她的勇敢擔當是小行動引發大力量的示例。傑西‧傑克遜（Jesse Louis Jackson）牧師在一個聲明評論說，羅莎‧帕克斯小小的勇敢舉動，對於非裔美國人意義重大。他說，在 1955 年的巴士上，「她照舊坐著，但我們可能會站起來，是她打開了通向自由之旅的大門。」

（三）群體過程

社會學的社會心理學的第三個主要方向是群體過程，研究在群體情境中基本的社會過程是如何進行的。群體是社會重要的組成部分，也是社會心理學的重點研究區域。因為只要有三個人就能組成群體了，也因為人們本質上是社會性的，所以人們會花大量的時間生活在群體情境裡，包括家庭、朋友和同事等，群體過程研究在群體中人們的互動情況及在群體中的位置是如何影響人們的心理與行為的。

例如，馬克思（Marx）就認為社會結構中的經濟系統會影響我們的社會關係與個人的思考過程（衝突理論）。他認為資本主義的經濟系統會使個體產生與他們的工作或與其他工人異化或隔離的感覺。現在有句網路流行語：「貧窮限制了人的想像。」這是有道理的。社會心理學家布魯納（Bruner）做了一個實驗，讓孩子們看一個 50 美分的硬幣，然後讓他們在紙上畫出來。結果發現，富裕家庭的孩子畫出來的硬幣比貧窮家庭的孩子畫出來的硬幣小一些。

研究群體過程的學者特別對群體形成時出現的一些過程和現象感興趣，比如地位。當你新進入一個班級，你會注意到有些人更善於言辭，他們的意見要比別人的意見更容易貫徹下去。這種差異是如何形成的？再比如權力。當你與賣方討價還價時，當時情景的一些特定特徵會給予你或對方更多權力

來確定最終的價格。那麼，是什麼樣的情景特徵會賦予一個人更多的權力？再比如說公平公正。當你考慮自己的薪資是否合適時，你會與別人的薪資進行比較，比較的結果會影響你在職場中的行為，比如是否會跳槽，或就是為了洩憤而辭職等。那麼，我們會與哪個群體的人進行比較呢？我們是如何判斷事情的公平與否呢？簡而言之，這些學者是透過研究如地位、權力及公正等形成的過程來回答這些問題的。

總之，社會學取向強調透過社會地位、社會角色、社會化等社會結構層面的因素來研究人們的社會互動，並達到對人類行為本質的理解，其基本的方法是問卷法和訪談法。

三、文化人類學的社會心理學

從 1920 年代開始，美國成為了全世界心理學（包括社會心理學）的研究中心，絕大多數關於社會心理學的理論、概念和知識，都來源於美國的研究者。但是長期以來，美國學者在研究心理學的過程中，忽視了文化差異對人們心理與行為的影響。比如，有很多學者發出了這樣的抱怨，「文化……被認為是同質性的，也就是說，主要是基於白人中產階層的那套價值觀和期望來進行研究的……例如，在發展心理學中，所謂的兒童實際上是白人兒童（McLoyd，1990 年）；在女性心理學中，女性通常指的是白人女性（Reid，1988 年）」。著名的文化心理學家馬庫斯和北山志乃（Markus and Kitayama，2003 年）認為：「我們所知的心理學還不是一個綜合性的心理學；它像是美國本土心理學，或更確切的說，是世俗的、中產階級盎格魯美國人的心理學。」

意識到問題後，不少學者致力於研究跨文化心理學，試圖證明文化在一個民族的人格與社會行為形塑中的重要作用，以及能動的人格與社會行為又是在何種程度上建構文化的。

其實心理學家對文化因素影響人們心理與行為的探索由來已久，實驗心理學的創建者馮特，在其十卷本的《民族心理學》中就主張文化民族的研究；

被譽為「現代社會心理學之父」的勒溫則對德國和美國的國民性進行過重要的研究；一些俄羅斯學派的學者，如李夫‧維高斯基（Lev Vygotsky）和亞歷山大‧魯利亞（Alexander Luria），以及 1950 年代的一些社會心理學家們，從社會文化出發進行研究。不過，作為一種社會心理學研究取向的正式建立，是由美國夏威夷東西文化研究中心的泰安迪斯（Trandis）和朗伯特（Lambert）主編的《跨文化心理學大全》中的第五卷《跨文化社會心理學》宣告的。

在跨文化心理學的研究進展方面，最具影響力的單項研究首推荷蘭社會心理學家霍夫斯塔德（Hofstede）展開的一項研究。自 1960 年代晚期至 1970 年代早期，霍夫斯塔德是美國 IBM 公司研究團隊中的一員。該團隊在其公司 70 多個國家的雇員中進行了一項全球性的士氣調查，最終累積成擁有 116,000 名被試者的龐大的資料庫。霍夫斯塔德對這些資料進行了大量的分析，在此基礎上，於 1980 年出版了他的經典著作——《文化的結果》（*Culture's Consequences*）。霍夫斯塔德在研究中透過對特定項目得分進行比較，以及對問卷項目中一些經標準化的國家均值進行因素分析，成功找出了國家差異的四個方面，並把它們分別命名為：權力距離、不確定性規避、個人主義對集體主義、男性氣質對女性氣質。研究發現，價值觀對人的行為有很大的影響。尤其是強調個人主義和集體主義〔Individualism-Collectivism（IC），Hofstede，1980 年；Triandis，1972 年，1980 年，1988 年〕的不同價值觀，可以用來預測不同文化中的人的社會行為、經濟行為和領導行為等具體行為。由此，個人主義和集體主義成了最重要的文化面向。

個人主義和集體主義的差異，主要表現在以下四個方面：①對自我的定義。個人主義把自我視為是獨立的，集體主義則把自我視為是相互依賴的。②目標的結構。個人主義把個人的目標置於優先的地位，而集體主義則會把內群體的目標置於優先地位。③內群體規範的重要性，社會行為被內群體規範決定的程度。集體主義把內群體的規範和對內群體的態度都當作是社會行

為重要的決定因素,而個人主義則把對自身的態度當作是其行為極其重要的決定因素,把內群體的規範當作是行為次要的決定因素。④對關係和理性的強調。集體主義在處理社會關係時對獎賞和成本的計算會把內群體置於優先的地位,個人主義在做相應思考時,則主要根據與自己的關係來進行計算。假如成本太高的話,個體會降溫甚至結束這段關係,哪怕這段關係對內群體的相關成員十分重要(比如婚姻)。

　　個人主義的典型代表是美、德、英等西方已開發國家的人們,集體主義的典型代表是中、日、韓等亞洲地區的人們。關於個人主義和集體主義的具體差異,著名的跨文化社會心理學家理查・尼斯貝特(Richard E. Nisbett)認為:「東亞人群體與歐洲人群體之間存在顯著的社會心理差異。東亞人生活在相互依賴的世界中,自我是整體的一部分;西方人生活在自我是單一自由行動的人的世界中。東方人重視成功和成就,原因是這會為他們所屬的群體帶來益處;西方人重視這些東西,原因是這些是個人價值的勳章。東方人重視和睦相處,並進行自我批評以確保做到這一點;西方人重視個性,他們力求自我完美。東方人十分在意他人的情感,他們力求人際間的和諧;西方人更在意了解自己,他們犧牲和諧來換得公平。東方人可以接受等級制度和群體控制;西方人則喜歡平等和個人行動的空間。亞洲人迴避爭議和辯論;西方人則對從法律到政治到科學各個領域的論辯修辭充滿了信心。」[17]

　　文化議題真正被社會心理學認真看待,始自瓊・米勒(Joan Miller,1984 年)的歸因研究。社會心理學此前的歸因研究有一個非常著名的結論,叫作「基本歸因錯誤(Fundamental Attribution Error)」,意思是人們在歸因過程中,會自發的把他人行為的原因歸結為行為者的內部特徵而不是外部情境因素的強烈傾向,並且認為此種傾向是放之四海而皆準的,具有跨文化性。然而米勒卻發現,不同文化中的人出現這種錯誤的情況是不一樣的,印度人的情境歸因比美國人多兩倍,而美國人的個性歸因比印度人多兩倍。他認為歸因中的這種文化差異取向是透過社會化過程漸漸發展起來的。

　　自此之後,關於跨文化社會心理學的具體實證研究層出不窮,對人們的

社會心理與行為進行文化解釋已經成為不容忽視的一個視角。

四、進化視角的社會心理學

跨文化社會心理學的研究認為，生活在不同社會文化中的人們的心理與行為有著很大的差異。但是，我們也應注意到，古今中外的任何人，無論是在生理上還是在心理與行為上，人們的相似性都遠超他們的差異性。例如，人都要睡眠，都會感到飢渴，並能夠透過相同的機制習得語言。人們都偏愛甜味而不是酸苦，對顏色的分辨也很類似。人們都可以理解他人的皺眉和微笑。所有人都是社會性動物。人們會加入團體組織，服從並認可社會地位的差異。人們知恩圖報，懲罰冒犯行為，並且會因為孩子的夭亡而悲傷。嬰幼兒在 8 個月左右就表現出對陌生人的恐懼。而長大後，他們會偏愛自己所屬團體的成員。他們會以戒備或消極的態度對待那些持有不同態度和特性的個體等等。強調人類共同屬性的觀點就是進化論，自 1990 年代起，從進化論觀點去研究人們的心理與行為的取向就是進化心理學。進化心理學強調用進化理論來預測在假定的祖先生存環境中，哪些行為會被選擇出來。

進化（evolution）是指隨著時間而發生變化的過程。進化論中最為人知的是達爾文（Darwin）的進化論，達爾文進化論的核心思想是自然選擇（natural selection）和適者生存（survival of the fittest）。自然選擇的觀點可以概括為：

（1）生物體有許多不同的後代。
（2）這些後代在環境中互相競爭以求生存。
（3）某些特定的生理和行為變異會提高他們在相應環境中繁殖和存活的機率。
（4）存活下來的後代更有可能將他們的基因傳遞給下一代。
（5）隨著時間的推移，族群特徵可能會發生變化。

最適應環境的物種或個體能夠生存下來，也就是適者生存。另外一個相關的概念是適應性（adaptive），能適應環境的動植物才能存留下來。例如，長頸鹿為什麼會有那麼長的脖子。在一個食物稀缺的環境中，碰巧擁有稍長一點脖子的長頸鹿可以吃到別的動物搆不到的葉子，這些長頸鹿就比別的長頸鹿更容易存活下來並留下後代。這樣的狀況屢次發生，「長脖子基因」因此成了長頸鹿後代的普遍擁有的基因。

進化論進一步認為，自然選擇不僅是動物和人類形態與生理的基礎，而且也是動物和人類行為的基礎，人的生理和心理機制都受進化規律制約。進化心理學認為，在進化歷史的指導下可以更好的研究人類的認知和行為。進化心理學的基本理論是：人的心理包括成千上萬個進化的模組，這些模組是心理適應，它們是在自然選擇中被設計出來滿足特殊的資訊—加工的功能，它們要解決更新世（Pleistocene）狩獵—採集（hunter-gatherer）的祖先面對的生存和繁衍問題。自然選擇通常在物種中產生了複雜的適應，人類心理也是進化形成的，這是人性。進化心理學試圖用符合自然選擇規律的基因來解釋社會行為，其核心思想是進化總是發生得非常緩慢。在今天看來顯而易見的社會行為至少部分源於對遠古環境的適應。換言之，現代人的頭骨裡裝著一副石器時代的大腦。這是因為，人類祖先在採集和游獵狀態下已經生活了數百萬年；而我們的農業文明，才不過 10,000 年；而工業文明，才僅僅500 年。人類的進化速度遠遠沒趕上文明的發展速度。

從進化心理學的角度進行解釋的一個著名例子是：當我們看見一輛汽車和一條蛇時，我們會害怕哪一個？相信絕大多數人害怕的是蛇，而不是汽車。請注意一下，現在汽車的危險性毫無疑問要大於蛇的危險性，據世界衛生組織統計，2015 年，全球每年因道路交通事故死亡者超過 125 萬人，每年被蛇咬死的人數是 10 萬人。也就是說，每年全球死於車禍的人數大約是死於被蛇咬人數的 13 倍之多！按道理說，我們應該害怕更具危險性的東西（汽車）才對呀，但是為什麼我們看見蛇會不由自主的害怕，而看見汽車卻不害怕，甚至絕大多數人還很欣賞汽車呢？這是因為數百萬年前的地球上到處都

是蛇，蛇是會咬死人的，人如果不進化出對蛇防禦機制，人是不可能存活到現在的。而汽車的出現僅僅才 100 多年的時間，100 多年的時間對進化來說太短，遠遠不足以讓人產生對汽車害怕的適應性。因此，通常我們所害怕的恰是遠古祖先所面臨的危險。我們害怕敵人、陌生面孔和極高的位置，可能的恐怖主義者、其他種族的人和飛行都會讓我們感到害怕。我們更害怕突然出現的直接威脅，而容易忽視諸如吸菸和氣候變化等一些新出現的威脅，後者的危害較緩慢但更嚴重。同樣，我們對現代其他那些殺傷力、危險性大的東西都是這樣反應的，如對槍枝、延長線等總是害怕不起來，而對很多遠古就存在且具危險性的東西如黑暗的環境、蜘蛛等會下意識的、莫名其妙的感到緊張、害怕。

再看看進化心理學在人類行為其他方面的解釋。巴斯（David Buss）是當代進化心理學的創始人之一，他發現配偶選擇過程中男女有不同的偏好，男性偏愛漂亮、溫柔的女性，而女性偏愛擁有財富和權力的男性。這種心理機制之所以存在，是因為在人類進化的遠古環境中，漂亮是女性健康的象徵，更具生殖力，而擁有財富和權力的男性能保證女性在懷孕和養育後代過程中所需的投入，具有這些機制的人比沒有這些機制的人更容易獲得生存和生殖方面的成功。

儘管目前對進化心理學還存在諸多的爭議，但進化心理學還是成為了社會心理學研究中一種重要的取向。在本書中，只要有相應的研究，我們會盡量對人們的心理與行為做出進化心理學的介紹與解釋。

那麼，如何看待這些不同取向的社會心理學呢？是不是覺得這樣的社會心理學還很幼稚，不夠科學甚至於不太讓人信服？關於這個問題，謝爾登·斯特雷克（Sheldon Stryker）說道：「我的意思很簡單，有兩種社會心理學並不必然是件壞事。」他進一步分析道：「第一，確實存在兩種社會心理學，雖然這兩種社會心理學並非完全不一樣，但確實有著重要的區別。第二，人們普遍對社會心理學的這種狀態有著負面的評價，認為兩種不同社會心理學的存在是有害的，因為造成了社會心理學的分離，所以不能使社會心理學成為一門理想的

單一學科。第三，這種對社會心理學的典型評價忽略了伴隨著兩種社會心理學鴻溝導致的消極後果而來的真實可能性，而且忽略了這個鴻溝其實也有許多積極的東西，這些積極的結果不僅對統一的還是分離的社會心理學都同樣適用。第四，要獲得這樣的積極結果，需要在把兩種社會心理學連結起來和分開之間的體制機制上持續不斷的創新努力。」[18] 著名社會心理學家周曉虹也認為，從社會心理學以往的發展和現狀來看，現在既不可能也沒有必要完全消除在社會心理學內部不同取向相互並存的現象，以求得純粹的統一或綜合。他還生動的比喻道，人的大腦不是一整塊而是由左右兩半球構成的，人的視覺器官也不是一個而是一雙。大腦的左右兩半球不僅大大增加了據說是由腦細胞構成的皮質的面積，而且保證了對左右肢體相對獨立的支配；而一雙眼睛則是立體視覺形成的前提。我們可以認為，正是社會心理學內部兩種或兩種以上取向的同時存在，才極大的豐富了我們對個人、對社會及對個人與社會的互動關係的認知。[19]

第四節　社會心理學的學科性質

從前述關於社會心理學的研究取向中我們可知，人類行為受到社會、環境、文化、人格與生物等因素的制約，這就決定了社會心理學「邊緣學科」的性質。一方面，社會心理學與其母學科——心理學、社會學等有著千絲萬縷的關聯；另一方面，社會心理學不僅從母學科中吸收了大量營養，而且還從其他學科中不斷汲取養分，不斷促進自身的成長與發展，最終成為一門獨立的學科。

一、社會心理學與鄰近學科的關係

社會心理學與許多學科都有著緊密的關聯，在此我們重點闡述它與社會學、人格心理學這兩個學科的關係。

（一）社會心理學與社會學

　　社會心理學與社會學都研究社會行為。由於社會是由個體彙集組成，因此社會學和社會心理學不免有重疊的研究領域，比如，它們都研究下列的問題：暴力、偏見、文化差異、婚姻等。二者主要的差異在於，社會學的焦點不是個體的心理，而是整個宏觀社會。社會學的分析級別是團體或情境。而社會心理學以對個體的研究為根基，並強調內部心理過程，對社會心理學家而言，分析的層次是社會情境下的個體。

　　比如，為了了解人們為什麼會故意去傷害別人，社會心理學就會去重點研究，在特定情形下引發攻擊行為的心理過程。比如攻擊前，挫折感的強度應達到什麼程度？受挫是不是必要條件？如果人們有挫折感，那麼在什麼條件下會以攻擊行為來宣洩情緒？又有哪些行為可能導致一個受挫個體出現攻擊反應？

　　社會學家對於攻擊行為雖然也可能有興趣，但是他們會關注在一個社會內部不同的社團或團體的成員之間為何會產生不同程度和不同類型的攻擊行為。例如，美國的謀殺案發生率為什麼遠遠高於加拿大？在美國，為什麼某些社會階層中的謀殺案發生率比較高？社會變遷和攻擊行為的改變之間有何關聯？

　　此外，社會心理學與社會學在研究方法上也有差異。社會心理學更多的採用實驗法，透過精確、量化的操縱相關變量，以確定變量間的因果關係。社會學主要的研究方法是調查法，以獲取一些現象的狀況。

（二）社會心理學與人格心理學

　　在 20 世紀上半葉，作為心理學領域的標準學科，社會心理學是一個小的，很少受關注的領域，而人格心理學是一個強盛王國。人格理論家，如佛洛伊德（Freud）、榮格（Jung）、阿德勒（Adler）、艾瑞克森（Erikson）和馬斯洛（Maslow），發展了大量的理論，影響了許多學科思想家的思想。

此時的社會心理學家則在努力探索如何模仿人格心理學的套路。由於一些錯綜複雜的原因，在 1960、1970 年代，情況發生了變化，社會心理學成為一個龐大的、蓬勃發展的領域，而人格心理學失去了許多的影響力。這兩個領域也開始出現緊密的結合，其象徵是對兩個領域都是首要的雜誌，《人格與社會心理學雜誌》（*Journal of Personality and Social Psychology*），它逐漸成為美國心理學會（APA）出版的最大雜誌。從雜誌的名稱就可以看出它們之間的關係，它們的研究內容是交織在一起發表出來的，人格心理學可謂是社會心理學的近親。

但是，現今的這兩門學科強調的重點迥然不同，有點水火不相容的味道。人格心理學更加關注個體的差異，也就是研究人們為什麼會有差異，其邏輯是人們不同的人格導致了其行為的差異，而且不管是在什麼樣的社會情境中都會有這種個體差異。社會心理學的研究認為，人們的社會行為主要是由社會情境的影響而產生的，個體的人格在社會情境下勢單力薄，不同的個體（意味著不同的人格）在相同的社會情境下表現出來的行為是相似的。大量社會心理學的經典研究顯示了這一點，個體和人際層面如津巴多（Zimbardo）的「史丹佛監獄模擬研究」和拉塔內（Latané）的「旁觀者效應」。前者的研究顯示，讓不同的參與者模擬警察，這些參與者最後就會越來越像警察；而讓其他不同的參與者模擬罪犯，參與者最後也就會越來越像罪犯。後者的研究顯示，如果旁觀者眾多，會抑制人們的助人行為，無論什麼人都是如此。在這裡，人格都去哪裡了呢？群體層面也是如此，如最早的社會心理學實驗「社會促進」研究顯示，在群體中，簡單、熟練的動作會使其行為效率得以提高，而不管是什麼樣的個體。社會心理學的這種認為幾乎所有的人都一樣的觀點可以稱為「無差異個體（the Nondifferent Individual）」。選擇這個術語是為了與在人格心理學中所強調的個體差異形成對比。其基本理論是行為主要是對情境的一種反應，故也稱之為「情境反應者（the Situational Responder）」。人們的思考、感受和行為是情境壓力和影響的直接結果。與許多人格理論認為的自我內部有大量深奧的東西不

同，這種觀點認為人的內部除了有使人們對當下的情境做出反應的機制外，並沒有什麼東西。當然，無差異個體理論的倡導者可能認為，人確實有個性特徵和差異。他們只是認為，這些特性不是非常重要或沒有多大影響力。

　　總而言之，社會心理學是介於兩個與它關係最密切的學科（社會學與人格心理學）之間。它和社會學一樣重視情境和整個社會影響行為的方式，但更重視使人們易受社會影響的個體心理成分。它和人格心理學一樣強調個體的心理，但強調的不是個體差異，而是使大多數人都會受社會影響的心理過程。

二、社會心理學的學科性質

（一）社會心理學是一門邊緣學科

　　社會心理學是在社會學和心理學的共同孕育下產生的，社會學和心理學是社會心理學的兩門母體學科。在隨後社會心理學發展的過程中，其他學科如文化人類學、進化心理學等又對社會心理學產生了深遠的影響。今後的社會心理學還會從更多的學科中汲取營養，以進一步發展和壯大自己，社會心理學是一門邊緣學科。

　　之所以成為一門邊緣學科，與社會心理學的研究對象是息息相關的。人類社會心理和行為產生的原因極為複雜，從宏觀上看，有自然的環境地理因素，也有社會的文化歷史因素；從中觀的角度看，則有生物生理的因素；從微觀的角度看，有群體個體及其交互的因素，和人際群際的因素等等。其中每個方面的因素都有眾多的學科去研究，而社會心理學則需要從所有的這些學科中汲取營養，並把它們有系統的結合起來。

（二）社會心理學是一門獨立的學科

　　長期以來，社會學把社會心理學當作是自己的一門分支學科，而心理學也把社會心理學當作是自己的分支學科。我們可以從大學的科系和課程設置

中看出：社會學系有社會心理學的專業和課程，心理學系也有社會心理學的專業與課程。而且，社會心理學在這兩個系中似乎都是「二等公民」，因為社會學家覺得社會心理學不夠「結構完整」，不夠「宏觀」，理論性不夠；心理學家認為社會心理學不夠「基本」，不夠「微觀具體」，實證性不夠。

那麼，到底應該如何看待社會心理學呢？我們認為，社會心理學是一門獨立的學科。它是社會學、心理學、文化人類學、進化心理學等學科的綜合。從它最早的兩門母體學科來講，社會心理學對於人的社會行為的研究，既不像社會學那樣，只重視外在社會因素的作用，也不像心理學那樣，只重視內在人格因素的作用，而是既重視外在，又重視內在。把人的社會行為看作是外在環境和內在人格相互作用的產物。它的研究主題，既不是抽象的社會，也不是孤立的個人，而是社會和個人的互動關係。因此，把它簡單的看作是社會學的分支學科或心理學的分支學科都是不恰當的。社會心理學發展到現在，已經是一門獨立出來的學科了，準確的說，社會心理學是一門具有邊緣性質的獨立學科。

關於這點，引用中國著名學者的觀點，周曉虹先生（1997 年）說：「社會心理學雖然是在社會學、心理學和文化人類學等母體學科的基礎上形成的，但它既不是某一學科的附屬物，又不是上述學科的簡單的拼湊和混合，形成後的社會心理學具有社會學、心理學和文化人類學等學科所不具備的全新的性質和特點。」方文教授（2011 年）也說道：「社會心理學絕不是哪個學科的附屬亞學科，它以從容開放的胸懷，持續融會心理學、社會學、人類學、進化生物學和認知神經科學的智慧，逐漸建構和重構自主獨立的學科認同和概念框架，岸然成為人文社會科學的一門基礎學問。」

---

[1]　莫頓‧亨特‧心理學的故事［M］‧李斯，譯‧海口：海南出版社，1999：516.
[2]　E‧阿隆森‧社會性動物（第九版）［M］‧邢占軍，譯‧上海：華東師範大學出版社，2007：5.
[3]　莫頓‧亨特‧心理學的故事［M］‧李斯，譯‧海口：海南出版社，1999：516.

[4] 霍蘭德‧社會心理學原理和方法（第四版）[M]‧馮文侶，等譯，吳江霖，審校‧廣州：廣東高等教育出版社，1988：2.

[5] 貝克‧社會心理學 [M]‧南開大學社會學系，譯‧天津：南開大學出版社，1984：5.

[6] David G. Myers, Jean Twenge. Social Psychology [M]. 12th ed. New York: McGraw-Hill, 2016: 2.

[7] 肯瑞克，紐伯格，查迪尼‧自我‧群體‧社會：進入查迪尼的社會心理學課堂（第5版）[M]‧謝曉非，等譯‧北京：中國人民大學出版社，2011：3.

[8] Saul Kassin, Steven Fein, and Hazel Rose Markus. Social Psychology [M]. 9th Edition. Belmont: Wadsworth, Cengage Learning, 2014: 6.

[9] Thomas Gilovich, Dacher Keltner, Serena Chen, Richard E. Nisbett. Social Psychology [M]. 4th ed. New York: W. W. Norton & Company, Inc., 2016: 5.

[10] Catherine A. Sanderson. Social Psychology [M]. Hoboken: John Wiley & Sons, Inc., 2010: 4.

[11] John D. DeLamater, Daniel J. Myers. Social Psychology [M]. Seventh Edition. Belmont: Wadsworth, Cengage Learning, 2011: 3.

[12] Edgar F. Borgatta, Rhonda J. V. Encyclopedia of Sociology [M]. Second Edition. New York: Macmillan Reference USA, 2000: 2766.

[13] George Ritzer. Blackwell Encyclopedia of Sociology [M]. Malden: Blackwell Publishing Ltd., 2007: 4516.

[14] 古斯塔夫‧勒龐‧烏合之眾：大眾心理研究 [M]‧馮克利，譯‧北京：中央編譯出版社，2000：15-16.

[15] 古斯塔夫‧勒龐‧烏合之眾：大眾心理研究 [M]‧馮克利，譯‧北京：中央編譯出版社，2000：18.

[16] 周曉虹‧現代社會心理學史 [M]‧北京：中國人民大學出版社，1993：82.

[17] Richard E. Nisbett. The Geography of Thought: How Asians and Westerners Think Differently... and Why [M]. New York: The Free Press, 2003: 76-77.

[18] Cookie White Stephan, Walter O. Stephan, Thomas F. Pettigrew. The Future of Social Psychology: Defining the Relationship Between Sociology and Psychology [M]. New York: Springer-Verlag, 1991: 83.

[19] 周曉虹‧現代社會心理學——多維視野中的社會行為研究 [M]‧上海：上海人民出版社，1997：27.

第二章
社會心理學簡史和理論

第一節　社會心理學簡史

作為社會心理學兩門母體學科之一的心理學被公認是西元 1879 年成立的，其代表是德國的心理學家馮特這一年在萊比錫大學成立了第一個心理學的實驗室。另一門社會心理學的母體學科社會學則公認是西元 1838 年成立的，其代表則是法國的哲學家孔德（Comte）在這一年出版的著作《實證哲學教程》中的第四卷正式提出了「社會學」這一名稱，並建立起社會學的框架和構想。那麼，人們自然要問，作為它們產物的社會心理學是哪一年成立的呢？其代表性的事件又是什麼？

這個問題不那麼容易回答，社會心理學有其複雜和特殊的地方。首先，有兩種社會心理學：心理學的社會心理學和社會學的社會心理學。儘管有人試圖把這兩種社會心理學整合成單一的社會心理學，但並沒有成功。因此，我們這裡所說的社會心理學歷史，主要指的是偏向心理學的社會心理學歷史。其次，世界有兩種主要的文化取向，即個人主義文化和集體主義文化，儘管有大約 70% 的人口是生活在集體主義文化取向的社會裡，但是社會心理學卻主要是在個人主義文化取向的社會裡發展起來的。因此，社會心理學具有顯著的個人主義文化取向的特點，社會心理學的歷史也不例外。故本書所說的社會心理學，實際上指的是個人主義文化取向的、心理學的社會心理學。

如果要說社會心理學成立的具體年分，也有三個不同的年分被不同的社會心理學家提出來，認為是社會心理學的成立之年。第一個年分是西元 1897 年，這一年的代表性事件是美國的特里普萊特（Norman Triplett）做了世界上第一個有記載的社會心理學實驗，這和確定心理學成立之年的理由一樣。第二個年分是 1908 年，這一年的代表性事件是英國心理學家麥獨孤（W. McDougall）和美國社會學家羅斯（E. Ross）同時出版了專著，分別為《社會心理學導論》和《社會心理學：大綱與資料集》，這和確定社會學成立之年的理由相似，而且巧合的是，這兩本專著中一本是心理學家寫的，一本是社會學家寫的，正好暗合了社會心理學的來源，這一年被最多的學者認同為社

會心理學的成立之年。還有第三個年分，1924 年，這一年的代表性事件是奧爾波特（F. Allport）於 1916 至 1919 年間進行了一系列關於「社會促進」的實驗，並在總結了自己的研究結果之後，於 1924 年發表了《社會心理學》一書，該書「使這些實驗方法及其成果第一次可以普遍的為人利用……並迅速統治了美國社會心理學」（Murphy，1972 年），被人們公認是實驗社會心理學誕生的象徵。確定這一年的理由與心理學和社會學都有相似之處，最重要的是，奧爾波特在此書中規定了社會心理學研究要遵循的典範，即實證主義和個體主義，廣泛深入的影響了自此之後的社會心理學。

可見，上述三個年分對於社會心理學而言都十分重要，也有充分的理由來把其中任何一個年分當作是社會心理學的成立之年。因為這並沒有定論，所以我們認為，在談及社會心理學的歷史時，最好避免說社會心理學具體是哪一年成立的。因此，在論及社會心理學的歷史時，美國社會心理學家霍蘭德自 1970 年代起就在其多次再版的《社會心理學原理和方法》一書中智慧的提出了一個觀點，他把社會心理學的歷史劃分為三個階段：第一個階段是古代的階段，他稱之為是社會哲學階段，此階段社會心理學的特點是著重推想；第二個階段是 19 世紀的近代，他稱之為社會經驗主義階段，此階段社會心理學的特點是著重描述；第三個階段就是現代，他稱之為是社會分析階段，霍蘭德說，所謂「分析」，它有幾種意義，這裡指的是運用得自系統研究的資料而進行的關於因果關係的研究。這種研究途徑的主要特徵是，不只是做簡單的描述，而且要確定各種變量之間的關係。這種做法可能既包括實驗，也包括調查。[1] 因此，此階段社會心理學的特點是著重因果關係。霍蘭德的這個觀點一經推出，就受到了眾多社會心理學家的推崇，在提及社會心理學的發展歷史時紛紛採用這個觀點。但是，霍蘭德的學說畢竟是 1970 年代提出來的，許多基於此學說的教科書對較早和歐洲的社會心理學歷史著墨較多，對於之後異彩紛呈的社會心理學發展狀況則沒能論及，我們考慮到現今美國社會心理學在全世界霸主的地位以及現代社會心理學的快速發展，加上篇幅有限，我們會把前面社會心理學的歷史劃分粗略一些，而把現代的、美國的社

會心理學發展歷史當作重點劃分細膩一點，不求面面俱到。讀者想要比較全面學習社會心理學歷史，還請參考其他資料。

一、前社會心理學時期

艾賓浩斯（Ebbinghaus）在談到心理學的歷史時說過一句名言：「心理學有一個長久的過去，卻只有一段短暫的歷史。」社會心理學也是如此。社會心理學長久的過去，具體而言就是這裡所說的前社會心理學時期，也是霍蘭德所說的哲學思辨階段。這一階段時間大約是從西元前的古希臘起，止於 19 世紀中葉。霍蘭德之所以把這一階段稱之為「哲學思辨階段」，「哲學」的意思是指從內容上看，社會心理學的主要思想其實是被包裹在一些哲學思想裡面的。換句話說，這一階段並沒有真正的社會心理學家，只有哲學家，此階段的社會心理學只是哲學家們研究哲學問題時出現的副產品。因此，這一階段也是社會心理學孕育的階段。而「思辨」指的是研究方法，是說這一階段的社會心理學內容主要是這些哲學家們推想出來的，可見其主觀性是很強的，當然我們也不能就此否認這些思想的價值。

這一階段有眾多的哲學家論及社會心理學，在很多不同的社會都湧現出了社會心理學的思想。例如，已知的最早的法典，古巴比倫的《漢摩拉比法典》，包含了 282 條法則，規定了社會群體中相互依存的準則、責任和權利要如何與社會地位相適配，分配和程序正義的規則以及判罪的規則等。「以牙還牙」的原則（即今天的互惠規範）首次出現在這裡。印度的「聖經」之一《薄伽梵歌》，提供了眾多的有寓意學說，用以描述說明動機和行為之間的關聯、自我、社會以及神靈的影響。在西元 6 世紀，努西亞的本篤（Benedict of Nursia），西方基督教修道的創立者，編輯了 73 條規則來描述一個修道院應該如何運行以及僧侶該如何過精神生活。這些規則包括許多社會心理學的思想，例如，規範個人的責任和僧人活動的相互依存。在猶太基督教的聖經中可以發現無數的社會心理原則，內容包括自由意志、親社會與反社會行為、以自我為中心或以其他為中心的動機、與他人關係中的自我、因果歸因、人

的需求和動機的本質（及如何在社會生活中處理這些需求和動機）、寬恕和內疚、自我調節、社會認知、公正的動機等。一些社會心理的效應甚至依據聖經的章節內容來命名（例如，慈善的撒馬利亞人實驗）。但是限於篇幅，在此只重點介紹柏拉圖和亞里斯多德的社會心理學思想。

（一）柏拉圖的社會心理學思想

柏拉圖（Plato，西元前 427～前 347 年），一個非常有影響力的古典希臘哲學家，受教於蘇格拉底（Socrates），並教導了亞里斯多德。他最著名的作品《理想國》（*The Republic*）描繪了他幻想的「完美」國家。

正義是柏拉圖理想國的主題。柏拉圖首先論述了國家的正義。柏拉圖在他的《理想國》中，認為正義是理想城邦的原則。這條正義原則是「每個人必須在國家裡執行一種最適合他天性的職務」，或「每個人都作為一個人，做他自己分內的事而不干涉別人分內的事」，也就是各守本分、各司其職等。

柏拉圖指出，這個「正義」國家應該具有智慧、意志和節制三個條件，而表現這三個條件的就是不同的人。理想國的公民被分為三類：賦有最高理性的人是神用金子作成的，他們的本性決定了其在國家中處於統治地位，他們是理想國的立法者和監護者，這些人是哲學家、統治者，屬於第一等人物。賦有意志的本性、勇敢善戰的人是神用銀子作成的，他們是國家的守衛，這些人是軍人、武士，屬於第二等人物。只有情慾本性的人是神用銅和鐵作成的，他們安分守己，節制情慾，忍受勞苦，他們處於最下層，為統治者及其輔助者服務，這些人是農業勞動者和手工勞動者，為第三等人物。一個國家有這三種人，而這三種人被安排在力所能及的職位上，各安其位，各得其所，從而使社會井然有序。一個國家做到了這一點，就算是具備了「正義」的美德。

柏拉圖繼而從城邦的正義類比的推出個人的正義，認為那是「大」與「小」，或「外」與「內」的關係——個人是縮小的城邦，城邦是擴大的個人。既然個人與城邦只是擴大與縮小的關係，那麼，城邦的制度也必然與個人的

靈魂存在著同構關係。因此，柏拉圖認為，人的生物本性有三重——頭、心和胃，與之相應的三種心理成分是理智、意志和欲望。如果這三種心理成分都能得到恰當的發展，達到傑出的境界，那麼，隨之又會出現三種相應的美德：理智具有智慧，意志發展為勇敢，欲望應受節制。在三者中理智最高，意志其次，欲望最低。他認為個人的正義也就是「正義的人不許可自己靈魂裡的各個部分互相干涉，產生別的部分的作用。他應當安排好真正自己的事情，首先達到自己主宰自己，內在秩序井然，對自己友善」。同時，「在賺錢、照料身體方面」或「在某種政治事務或私人事務方面」，保持和符合協調的和諧狀態的行為，就是正義的好的行為。否則，是不正義的行為。而且柏拉圖認為，正義的人又聰明又好，不正義的人又笨又壞。正義是心靈的德性，不正義是心靈的邪惡。正義的人生活得好，不正義的人生活得壞。正義的人是快樂的，不正義的人是痛苦的。

在柏拉圖看來，政治社會——政體形式或政府結構——是由生活在這一社會中的個體的心理特徵決定的。一種心理類型產生一種相應的政治結構。「國家和人一樣，產生於人的性格。那麼，如果有五種政治制度，就應有五種個人心靈。」因此，當人潛在的動物本性占支配地位時，社會的政體形態便呈現僭主政體的特徵；當財富欲與控制力共同滋長時，社會就實行寡頭統治；當個體企望「隨心所欲的活著」時，民主政體便蔚然成風；當對於真理的熱愛成為首要的促動因素時，貴族政體便會盛行起來；而當理性失去支配的優勢，聽命於精神（榮譽）的擺布時，榮譽政體又會應運而生。理想國（貴族政體）會因腐化的激增而衰退。由此，貴族政體淪為榮譽政體，榮譽政體淪為寡頭政體，寡頭政體淪為民主政體，民主政體淪為僭主政體。而僭主政體則是一種典型的以動物欲望作為主導動力的政體。在柏拉圖的理想國中，人的各種可能的邪惡行徑都被揭露了出來。

因此，為了達到他理想的境地，柏拉圖非常重視教育問題，他為理想國設定的很多規矩、禮儀、道德，都沒制定成法律，而是寄希望於透過從小時候開始的教育來引導人的行為和方向。正如書中所說：「一個人從小所受的教

育把他往哪裡引導，能決定他後來往哪裡走。」柏拉圖認為，理想國的教育應從兒童開始，包括質樸的音樂教育和體育教育。「樸質的音樂文藝教育能產生心靈方面的節制，樸質的體育鍛鍊產生身體的健康。」他希望監督詩人，強迫他們在詩篇裡培植良好的形象，同時監督其他的藝術家，禁止他們描繪邪惡、卑鄙的精神。他希望透過這樣的方式，讓城邦的護衛者遠離罪惡的形象，潛移默化、耳濡目染，受到薰陶，從童年時，就和優美、理智融合為一。如此的話，從一個人的童年就開始施加影響，將服從統治的信念根植於他的心中，必然是最徹底、最有效、最穩定的統治方法。

（二）亞里斯多德的社會心理學思想

亞里斯多德（Aristotle，西元前 384～前 322 年），古希臘斯塔基拉人，世界古代史上最偉大的哲學家、科學家和教育家之一。亞里斯多德是柏拉圖的學生、亞歷山大大帝的老師。他的著作涉及許多學科，包括物理學、形上學、詩歌（包括戲劇）、生物學、邏輯學、政治學以及倫理學。亞里斯多德和蘇格拉底、柏拉圖被譽為西方哲學的奠基者。亞里斯多德的著作是西方哲學的第一個廣泛系統，包含道德、美學、邏輯、科學、政治和玄學。

對於社會心理學而言，亞里斯多德有一個著名的命題：「人天生是一種政治動物。」他認為：「在本性上而非偶然的脫離城邦的人，他要麼是一位超人，要麼是一個鄙夫。就像荷馬（Homer）所指責的那種人：無族、無法、無家之人。這種人是卑賤的，具有這種本性的人乃是好戰之人，這種人就彷彿棋盤中的孤子。」[2] 亞里斯多德所說的政治是廣義的政治，呈現著人與人之間的關係，說的是人的本質是社會性的。亞里斯多德認為，人類不同於其他動物的特性，就在於他的合群性（即社會性），在於他對善惡、正義及其他類似觀念的認知，而這種認知以人類所獨有的言語機能為基礎，人類一般都能擇善而從。因此，很多人也把亞里斯多德的這句話演繹為「人是社會性動物」。

柏拉圖以其「知識即美德」的命題作為出發點，以正義作為一條基本的

主線，描述了他的「理想國」。他希望用正義作為一個理想政治生活的靈魂，透過良好的教育來改造並抑制人的不良本性，構築一個以正義為軸心的理想社會。亞里斯多德則使用了另一個相似的概念：善。在他看來，國家是由人所組成的。人的本性是合群的，要求結成國家。只有到國家階段，他們才能獲得最高的「善業」，過美好的生活，實現自己的本性。因此，透過個人之善，可以推及國家之善，國家的根本宗旨就是維持社會之善，國家是「最高的善業」。為此，亞里斯多德力主透過良好的政治制度，來推進國家的善業。

柏拉圖和亞里斯多德都認為社會分層是必然的，前者將社會一分為三，有統治者、武士和勞動者三個等級（個體合適的等級成員資格是根據作為他的人格特徵的、獨特的心理成分或德性來確定的），而後者則將社會一分為二——一個人要麼是貴族（領導者），要麼是庶民（追隨者或奴隸），人的社會等級是由人內在的心理氣質決定的。當一個人以非常適合他的自然氣質的那種角色發揮作用時，他就能達到自我滿足、自我實現、幸福或自身目的現實化的境界。而理想的社會正是這種能夠為人的心理屬性帶來極大滿足的社會。

亞里斯多德不僅將人分為奴隸或主人，還將社會區分為三種階級：上層階級或曰富有階級，下層階級或曰貧窮階級，以及居於中間的中等階級。他認為，中等階級最可取，因為它不受另外兩個階級所具有的重重障礙的影響。不僅如此，它還是富有和貧窮兩個極端階級間矛盾的仲裁者。「仲裁者總是受人信賴的，只有中等階級中的人才能成為仲裁者。」亞里斯多德的社會政治形態是隨著生活在該社會中的人的天性和需求的不同而變化的，而柏拉圖認為他的理想國是絕對的，即對於任何人而言，在任何情況下都將行之有效。

亞里斯多德認為，德性也即人的本性，德性產生、養成、毀滅並實現於同一活動，而我們是怎樣的，又取決於自身實現活動的性質。亞里斯多德認為，有這樣三種品格：「兩種惡——其中一種是過度，一種是不及——和一種作為它們中間的適度的德性。」過度和不及這兩個極端彼此相反，適度和二者也完全相悖。如果我們稱在怒氣上適度的人是溫和的人，在怒氣上過度的

人是慍怒的人，在怒氣上不及的人是麻木的人，那麼，對於慍怒的人來說，溫和的人是麻木的；對於麻木的人來說，溫和的人又是慍怒的。由此可知，適度對於過度來說是不及，對於不及來說又是過度。而過度和不及都會阻礙實現活動的完滿形成。但德性作為一種值得稱讚的品格，「既使得它是其德性的那事物的狀態好，又使得那事物的活動完成得好」，「是既使得一個人好又使得他出色的完成他的活動的品格」。因而，德性便是一種適度。「德性是一種選擇的品格，存在於相對於我們的適度之中……德性是兩種惡即過度與不及的中間。在感情與實踐中，惡要麼達不到正確，要麼超過正確。德性則找到並且選擇哪個正確。所以雖然從其本質或概念來說德性是適度，但是從最高善的角度來說，它是一個極端。」亞里斯多德把德性看作是兩種惡的中間即適度，這便是他的「中道」思想，他將中道看作最高善的極端的美。在亞里斯多德看來，理想的集群行為往往擇取中道。當形態、大小、數量、能力等都為適中時，以過度為特徵的過失行為就會消失。和平也是人的一種基本性質，戰爭則是過失行為。

柏拉圖和亞里斯多德這兩位思想家都是先天論者。他們深信，人生來就具有特殊的或固有的能力，它們在人的一生中都將得到發展。有些人才智出眾生來就是貴族，而另一些人因天資不足，只能步入社會的低層階級。

此外，我們還可以把亞里斯多德當作是社會心理學態度研究的創始人。現代社會心理學許多關於態度或勸導的研究與亞里斯多德有直接關聯。亞里斯多德將這些內容歸入修辭學的範疇。亞里斯多德提出了三種基本說服方式——人格訴求、情感訴求和理性訴求。

人格訴求是指修辭者的道德品格、人格威信，亞里斯多德稱人格訴求是「最有效的說服方式」，所以演講者必須具備聰慧、美德、善意等能夠使聽眾覺得可信的特質，因為「人格對於說服幾乎可以說是產生支配作用的因素」。「當演說者的話令人相信的時候，他是憑他的性格來說服人，因為我們在任何事情上一般都更相信好人。」人格訴求不僅是演講者與聽眾建立可信性的橋梁，同時也是對雅典人所認為的可信人群品格的研究。

情感訴求是指透過對聽眾心理的了解來訴諸他們的感情，用言辭去打動聽眾，即我們通常所說的「動之以情」。它是透過帶動聽眾情感以產生說服的效力，或者說是一種「情緒論證」，主要依靠使聽眾處於某種心情而產生。演講者透過帶有傾向性或暗示性的語句，向聽眾施加某種信仰和情感來激起感情並最終促使他們產生行動。亞里斯多德在《修辭學》中討論了諸如喜怒哀樂、憂慮、嫉妒、羞愧等人類幾乎所有的情感，在他看來，情感不是影響人們做決定的非理性障礙，而是對不同情境和論辯模式的理性回應。

理性訴求是指言語本身所包括的事據與或然式推理證明，即「邏輯論證」。因此，理性訴求既是對理性推論的研究，也是對言語邏輯的研究。亞里斯多德將理性訴求分成「修辭三段論」、「例證法」。嚴格邏輯意義上的三段論是基於必然性而且由大前提、小前提和結論三部分組成，而亞里斯多德的修辭三段論叫作省略推理法，它的前提是屬於人類行動範圍內的或然的事，然後根據這種前提得出或然式證明的修辭式推論，這在本質上就是一種演繹論證法，是一種不完整的三段論。修辭三段論用在演講藝術中主要是勸說聽眾，演講者只給出大前提，聽眾在猜測小前提的基礎上推斷出結論，透過讓聽眾去猜測演講者不直接說明的或故意省略的內容來激發起他們的參與意識。

所以，亞里斯多德認為，要達到勸導的目的，勸導者必須具備：邏輯推理能力，對於人的各種形式的性格和善行的理解能力，以及對於人類情感的理解能力。至於論據，至關重要的是能否對表面的論據和真正的論據加以鑑別。

二、社會心理學的黎明時期（西元 1862 ～ 1895 年）

對於社會心理學而言，上一個階段延續了 2,000 多年的時間，顯得非常漫長，不過人類社會的歷史就是這樣走過來的。無論是西方的古希臘還是東方中國的先秦時代，都創造過璀璨的文明。但是自此之後，西方經歷了黑暗而漫長的中世紀階段，文明似乎停滯了，直到文藝復興開始，社會又向前發展，才有了近代的文明與科學。先是數學、物理學、化學、生物學等自然科

學的發展，後有心理學、社會學等社會科學的創立，這才有可能催生社會心理學。

　　社會心理學的出現，與其母體學科心理學和社會學的創立、發展有關。隨著這兩門學科研究的範圍不斷擴大，就會產生交集，由此催生了社會心理學。社會心理學的黎明階段，是指人們看到了社會心理學出現的曙光，這一階段的具體時間大概是西元 1862 年至西元 1895 年。

　　20 世紀，現代意義的社會心理學誕生。在此之前的 19 世紀後半段，有兩門學科促使心理學朝向了社會的方面：民族心理學和群眾心理學。

　　民族心理學，德文是 Völkerpsychologie，很不好翻譯，以至於有些英語國家的學者使用原文，但我們又不得不翻譯，按照約定俗成的方式，翻譯成了「民族心理學」。其實這樣翻譯不容易明白它主要的含義，原因是我們很容易望文生義，以為民族心理學研究的是不同民族心理差異的一門學問。實際上它是文化心理學的意思，或者廣義上就把它理解為社會心理學。按照民族心理學的一位領軍人物馮特的話來講，民族心理學研究的是「由共同的人類生活所創造的那些精神產品，因此，僅憑個體意識是無法對它加以解釋的，因為這是以許多相互的行為為先決條件的」。由人們的相互作用所帶來的主要社會文化產品包括語言、神話和習俗等，並認為其中的語言特別值得心理學家的關注，因為是語言才形成了「更高的精神功能」，即認知。

　　心理學裡最早對社會文化方面感興趣，要歸功於西元 1860 年德國的拉扎魯斯（M. Lazarus）和史坦塔爾（H. Steinthal）合創的首份專業雜誌《民族心理學和語言學》，他們的雜誌旨在運用「直接觀察」方法來「揭示那些無論在哪裡，只要那裡的眾人能像一個個體那樣生活和行動，就能發揮作用的各種規律」。它要研究「社會人或人類社會的心理學」。西元 1860 年至西元 1890 年，這兩位合作者在柏林共出版了 20 卷該雜誌。然而，這個歷史上的社會心理學並沒有像他們所說的那樣堅持下來，至少在心理學的意義上是如此。雜誌的內容更多的是人類學和語言學，有點關係的是跨文化心理學和語言心理學，但沒有達成在社會心理學上的連貫性，頗為可惜。

德國心理學家馮特（Wilhelm Wundt）不僅是心理學的奠基人，也對日後即將到來的社會心理學的發展做出了貢獻。西元 1870 年代，歐洲及北美的一些學者和學生來到萊比錫大學，學習馮特關於心理成分的研究，這些人當中有涂爾幹（Émile Durkheim）、賈德（Charles Judd）、黑爾帕赫（Willy Hellpach）和米德（George Herbert Mead）等。米德後來提出的符號互動理論是社會心理學的一個基礎理論。

在馮特職業生涯的早期，他就預測過心理學有兩個分支：生理心理學（physiological psychology）和社會或民族心理學（social or folk psychology）。他認為，由生理心理學家在實驗室裡進行研究的個人心理學（individual psychology）這種類型，並不能很好的解釋在社會互動過程中呈現出來的高階心理過程。儘管社會行為具有顯著的個體性，但是社會互動所造成的結果卻要大於個體心理活動的總和。由於這個差異，馮特認為，與生理學一樣，生理心理學是自然科學的一部分；而社會心理學則和其母體學科哲學一樣，是社會科學。馮特進一步指出，生理心理學家應該去做實驗來研究它們的問題；而社會心理學家則要採取非實驗的方法，這樣才能夠更好的攫取那些社會互動的複雜問題。這一點讓人感到頗為奇怪和不解，因為馮特被廣泛認為是現代實驗心理學之父，而他卻認為實驗的方法對他的《民族心理學》並無益處，這可以幫助解釋為什麼在馮特的一些概念裡面沒有包含那個時代的實驗社會心理學的內容。馮特把自己職業生涯的前一半奉獻給了生理心理學，後一半則給了社會心理學。

馮特寫了十卷本的《民族心理學》，對歐洲的學者影響很大，但是由於當時沒有及時翻譯成英語，美國的社會科學家們對此並不熟悉。部分原因是「一戰」前後馮特對德國民族主義令人不快的支持讓他失去了與眾多以前美國學生的聯絡，更深層次的原因則是年輕的美國學者們更喜歡自然科學的東西，而不是那些總與哲學相連在一起的古董。馮特關於心理學是自然科學，而社會心理學是社會科學的觀點在歐洲頗有市場，但在 20 世紀初的美國卻因為行為主義的興起而乏人問津。

　　行為主義的哲學是邏輯實證主義，透過可以經驗證實或直接觀察的方式來表達知識。這種行為的新科學對馮特關於社會心理學的觀點及他警告說社會科學家要依靠非實驗的方法論而言沒有多少用。行為主義對美國心理學的社會心理學影響極大，而對美國社會學的社會心理學卻影響甚微。心理學的社會心理學，是擺脫了馮特的影響發展起來的，日後成為了美國社會心理學的核心。相反的是，美國社會學的社會心理學卻間接的受到了馮特著作的影響，因為這一塊的一個奠基者米德，對馮特的民族心理學傾注了大量的精力，直到今天，符號互動理論依然是美國社會學理論與研究的焦點。

　　另外一門具有社會意味的心理學是法國的群眾心理學（crowd psychology），它原本是研究相對於個體「正常」的意識而言「非正常」的群眾心理的，其主要的研究課題——集群行為、從眾、去個性化、聚集的效應、社會條件、暴力的形式等，這些內容同時被社會學和社會心理學研究。這些現象從心理學的角度解釋是只有在形成群體的條件下才會出現的，具體的機制有暗示、模仿、高度的從眾、去個性化等。加布里埃爾·塔爾德（Gabriel Tarde）（西元 1843 ～ 1904 年）是其最具影響者，他不僅是法蘭西學院的現代哲學教授，而且還是一位犯罪學家、預審推事和統計學家。塔爾德用模仿來對集群現象做出社會心理學的解釋，他認為最根本的社會事實就是模仿，並宣稱模仿作為一種活動模式可比作對於自然法則的無休止的重複。塔爾德當預審推事的經歷使他相信，犯罪是透過暗示、模仿和欲望等社會原因產生的。結果，他認為罪犯就是由罪犯撫養的人，「社會就是模仿，而模仿乃是一種夢遊症」。

　　塔爾德從由模仿的擴散所形成的發明中來探討社會心理學的基本原理並注重於個體因素，而艾彌爾·涂爾幹（西元 1858 ～ 1917 年）在研究中則強調社會群體或集體因素。他認為社會的事情是無法還原到個人級別的。群體是一種結構形式，一種能夠以不同於組成它的個人的方式進行思考、感受、行動的整體，整體並不等同於各部分之和。他在其著作《自殺論》中充分說明了他的觀點。

　　涂爾幹認為自殺率與個人自殺事件分屬於社會與個人兩個不同的層次。社會學對個人自殺事件並不感興趣，它無意於探求導致個人自殺的各種具體原因。在涂爾幹看來這是心理學的研究課題。社會學感興趣的只是自殺者在某一群體或某一社會中所占的比例，即自殺率。自殺率是一種只能以群體為其基本單位的社會事實。

　　涂爾幹駁斥了當時流行的各種關於自殺的自然主義和生物學主義的論點，提出自己的研究假設：造成歐洲各國、各地區及各個時期不同自殺率的原因是非物質性的社會事實——社會潮流。涂爾幹根據社會潮流的不同，劃分了四種自殺類型：利己主義自殺、利他主義自殺、失範性自殺及宿命性自殺，並從統計資料的比較中尋找影響自殺的社會因素。

　　第一種是利己性自殺（Egoistics suicide）。整合性強的社會群體透過共同的規範和強有力的權威控制著成員的思想行為，使成員完全歸屬於群體。在個人遇到挫折時，可以得到群體的保護和支持。因此群體的整合是遏制成員自殺傾向的社會因素。相反，個人主義的興起增強了個人的獨立性，削弱了群體對個人的約束和控制，降低了成員對群體的歸屬感，鬆弛了成員之間的相互關聯。在這種情況下，那些遭遇不幸的人很容易陷入沮喪、絕望而難以自拔，進而採取自殺以求解脫。

　　第二種是利他性自殺（Altruistics suicide）。高度的社會整合使得個性受到相當程度的壓抑，個人的權利被認為是微不足道的，他們被期待完全服從群體的需求和利益。利他型自殺的兩種表現形式：第一種義務性自殺，群體強加給個人的義務。第二種表現是負疚性自殺。執行者對群體和任務的認同十分強烈，完全獻身於群體，服從群體，為了群體利益即使付出生命的代價也在所不惜。如果說利己型自殺的原因是社會整合程度不足，那麼利他型自殺的原因是社會過度整合。

　　第三種是失範性自殺，或稱為「異常性自殺」（Anomic suicide）。在過去慣於某種生活規範與習慣時，突然因喪失規範與認同下，造成認知錯亂造成的自殺狀況，諸如突然經濟恐慌的自殺者。

　　第四種是宿命性自殺（Fatalistic suicide）。其常發生在過度壓迫的社會，並且導致人們會有想要死亡的欲念。這是一個很奇怪的自殺理由，但是對於監獄來說卻是一個非常好的例子，如果當他們受到虐待時，這些獄中人會選擇死亡，也不想繼續被刑囚。

　　因此，涂爾幹得山結論：社會整合程度影響社會的自殺率。

　　古斯塔夫・勒龐（Gustave Le Bon）在其《烏合之眾：大眾心理研究》一書中所提出的理論被認為是法國社會心理學思想中關於群體意識理論發展的頂峰。勒龐認為群眾是「一群人的聚集」並具有「完全不同於組成它的個體特徵的新特徵……集體心理得以形成……集體心理成為一種獨立的存在，服從於群眾心理統一律」。勒龐的理論是對當時各家學說的折中。一方面，勒龐接受了塔爾德的觀點，以具有催眠性質的暗示感受性來解釋人的社會行為，尤其是個人聚集而成的「群眾」行為。他認為，群眾具有神經質的感染因素，去個性化、感情作用大於理智作用、失去個人責任感是群眾的三大特徵。另一方面，勒龐也接受了涂爾幹的觀點，認為群體意識是不同於個體意識的一種獨立的存在，因為群體本身就具有「與作為構成群體的各個體完全不同的特徵……群體意識……服從於群體心理統一律」。

　　在神祕力量的指引下，群眾表現出某種十分低劣的心理，並對某些不可預測的催眠力量做出無意識的反應。一旦個體聚集成眾，新的心理特徵便會顯露出來：他的個性便會被湮沒，群體的思想便會占據絕對的統治地位。與此同時，群體的行為也會表現出排斥異議、極端化、情緒化及低智商化等特點，進而對社會產生破壞性的影響。

　　在這一階段社會心理學術語開始出現了。雅赫達（Jahoda，2007年）認為可能開始於一個不起眼的義大利哲學家卡洛・卡塔內奧（Carlo Cattaneo），卡洛・卡塔內奧西元1864年提出「psicologia sociale」的術語，用來描述「交往心理」的心理現象，即如何從個體心理的交互作用中產生新的思想。該術語的一個更有影響力的早期使用者是林德納（Lindner），一位奧地利／捷克的心理學家，西元1871年他寫了一本教科書《論作為一門社會

科學的社會心理學》，其中詳細討論了許多關於「源自共同影響⋯⋯個體在社會中的現象，社會生活中的法律」的內容。林德納的書中包括題為「社會心理學基本原理」的章節，因為這本書被廣泛閱讀，所以它比卡塔內奧的文章更像是今天社會心理學的源頭。

　　幾乎在同一時間，德國的阿爾伯特・捨弗勒（Albert Schaffle）出版了其四卷本的著作——《社會軀體的結構及生活》（西元 1875 ～ 1878 年），在這部著作中，捨弗勒用了整整 300 頁的篇幅來談論「就一般意義而言的社會生活中的心理狀況或民族意識的一般現象」。在這一著作的標題下，還有一個副標題——社會心理學大綱。捨弗勒試圖運用不同於民族心理學家所採用的方法（雖然方法見效甚微）來研究社會心理學。他所使用的「社會心理學」一詞與林德納在西元 1871 年所寫《論作為一門社會科學的社會心理學》中的「社會心理學」一詞意義相同。雖然在德國捨弗勒的觀點被認為已經過時了，但是在美國，這些觀點卻在斯莫爾（Small）和文森特（Vincent）在西元 1894 年出版的、首次使用「社會心理學」一詞的《社會研究導論》一書中出現過。這部著作將「社會心理學」列為該書的主要章節之一。自此之後，社會心理學這術語才被廣泛的採用了。

三、社會心理學的早期（西元 1895 ～ 1935 年）

　　特里普萊特（Norman Triplett）是美國印第安納大學的一名心理學家，他於西元 1895 年進行了世界上第一項社會心理學的實證研究。特里普萊特既是一名心理學家，又是一名自行車運動的愛好者，他在參加自行車運動後查閱成績時發現了一個現象，如果是一群自行車運動員一起從起點騎行到終點，要比一名運動員從起點騎行到終點的比賽成績好。當時對此現象進行解釋的主流聲音是從物理學發出的，用的是「氣流」的概念，認為好像大雁在空中要排列成雁陣一樣，領頭大雁拍出的氣流可以讓隨後的大雁節省力氣，從而可以飛得更遠。同樣，只有一群運動員在一起比賽才會產生這種氣流，達成省力快速的結果，一名運動員的形式競速則不會有此效果。特里普

萊特卻對此深表懷疑，認為不是什麼物理原因的結果，而是心理原因導致
的。為了驗證自己的假設，他做了一個實驗。把 40 名兒童參與者請來實驗
室，要他們儘快的捲魚線。一部分兒童是獨自一人在實驗室裡捲魚線，另一
部分兒童是有五、六個一組同時進行這一活動，或者是有別人在場時才捲魚
線。結果正如他預料的那樣，後一種情形下兒童捲得更快。特里普萊特的研
究成果於西元 1897 年出版，正式宣告了可以將實驗方法運用到社會科學的研
究中去。

　　還有一個人在此階段做了一個現在仍被引用的社會心理學實驗，而且
做實驗的時間比特里普萊特還早，他就是法國的農業工程師林格曼（Max
Ringelmann）。他在西元 1880 年代做了一個實驗：把參與者叫來拔河，分
為兩種不同的情況，一種是一個人單獨的拔河，另一種是一組人一起拔河，
然後測量計算每個參與者所付出的力量。他發現隨著群體的規模增加，個體
所付出的力量會變少，一個人單獨拔河時是最賣力的，這與特里普萊特實驗
的結論正好相反。儘管林格曼做的實驗更早，但其研究報告到了 1913 年才出
版。因此，第一個社會心理學實驗被認為是特里普萊特所做的。

　　把社會心理學建成一門科學學科的榮譽，傳統上要歸功於以「社會心
理學」為名出版著作的作者，即英國的心理學家威廉・麥獨孤（William
McDougall）和美國的社會學家愛德華・羅斯（Edward Ross），他們於
1908 年分別出版了自己的著作。麥獨孤契合了當代心理學的社會心理學取
向，把個體當作分析的基本單位；而羅斯則與當代社會學的社會心理學取向
一致，強調的是群體與社會結構。羅斯所強調的正是法國社會學家古斯塔夫
・勒龐在其群眾心理學研究中的觀點，但麥獨孤的社會行為是源於本能和達
爾文學說關於進化過程的招牌觀點，不久就遭到了強調在行為塑造過程中學
習和環境重要性的新興的行為主義學家的反對，因此麥獨孤的社會心理學在
美國的心理學家中並沒有立足之地。事實上，對社會行為的進化視角解釋在
接下來的 80 年間都被排斥在社會心理學的主流理論之外。

　　作為心理學家的麥獨孤，儘管於 1908 年就出版了世界上第一本社會心理

學的專著，但對於美國的心理學界來講，他的非主流的觀點實在是沒有什麼市場，他的著作也被認為是徒有其表，其象徵意義大過實際意義。因此，雅赫達認為 1908 年是社會心理學的早期時代的結束，而不是新一時期的開始（儘管這兩本著作的影響把社會心理學這個術語推向新的學術地位）。那麼，真正使社會心理學這門新興學科在美國產生影響的人是誰呢？他就是奧爾波特（Floyd Allport）。1924 年，奧爾波特出版了第三本社會心理學的教科書，才使心理學的社會心理學在美國有了一個明確的身分。現在看他書中所說的話，那鮮明的個體主義特色依舊躍然紙上：

　　我相信，只有在個體的框架之內，我們才能夠發現行為的機制和意識，行為和意識是個體之間的互動產生的，這是一個基本原理……本質上並沒有什麼群體心理學，實質上只有個體心理學……心理學從根本上是關於個體的科學。

　　奧爾波特的社會心理學概念是在華生（John Watson）開闢了美國心理學行為主義紀元 11 年後才提出的，他強調社會心理學要研究人在社會情境中是如何對刺激進行反應的，而群體只不過是這眾多刺激中的一種。除去他鮮明的個體主義和行為主義標籤，奧爾波特還透過大力讚美採用實驗方法去研究諸如從眾、非語言溝通和社會促進這樣的內容的方式，進一步塑造了美國社會心理學的身分。奧爾波特號召大家用仔細控制的實驗方法去獲取社會心理學的知識，而不是像 16 年前的麥獨孤和羅斯那樣用哲學的方式去創建社會心理學。

　　採用實驗法研究社會心理學的優點，是可以使研究者在保持其他變量恆定的情況下，系統性的考察某些變量的效應，這些變量可以是單個的或者是幾個變量的組合。但奧爾波特的過於依賴實驗法的缺點是容易忽視現實生活中歷史和文化層面因素的作用，而只強調了個體是如何對社會刺激的呈現進行反應的，對於生動複雜的社會和文化過程是怎樣影響人的心理和行為卻沒

辦法進行研究。在同一時期，甚少實驗聚焦的美國社會學的社會心理學則更多的去考慮了社會行為中的文化和歷史背景。

　　1920 年代，社會心理學在眾多質詢的目光下，能在心理學領域中進一步獲得合法地位，從而在其眾多的分支學科占有一席之地的一件引人注目的事件是，1921 年莫頓‧普林斯（Morton Prince）把一份出版物《變態心理學雜誌》（*Journal of Abnormal Psychology*）的名稱變更為《變態與社會心理學雜誌》（*Journal of Abnormal and Social Psychology*），而且把奧爾波特增補為編輯。自此之後對精神障礙的了解，除了佛洛伊德的嬰兒期衝突和無意識動機的學說，又多了一種美國式的方式（例如人格特質和行為主義視角）。

　　奧爾波特的這套社會心理學理念使他獲得了眾多的支持者，但他一個關於群體的基本假設卻在此時受到了挑戰。在 1930 年代的早期，一位在土耳其出生的美國學者謝里夫（Muzafer Sherif）對社會規範發展的研究，可以看出他並不贊同奧爾波特關於群體只是個體集合的觀點，以及當個體組成集體實體時不會產生什麼新的群體性特質的看法。謝里夫年輕的時候在土耳其目擊了一群希臘士兵殘忍的殺害了他的朋友，同時也許是受到了其出生地土耳其的集體主義文化的影響，謝里夫反駁道，一個群體形成之後，其產生的心理內容要比個體那種非群體的思想總和更多，他做了一個群體規範形成的實驗來驗證其假說。謝里夫讓受試者坐在一間黑屋子裡，一次一人。受試者凝視著一盞昏暗的燈，並被要求說出這盞燈什麼時候開始動，移動了多遠。（他們不知道，幻覺運動是一種常見的錯覺。）謝里夫發現，每個人在接受單獨測試時對燈移動了有多遠距離的回答各不相同，差異極大。可是，當在黑屋子裡有幾個人一起做實驗且意見不同時，其中一個受試者就會因為這些人的意見而產生動搖，多次實驗後，最後的結果是對燈移動距離的回答趨同，差異變小或幾無差異。這一實驗顯示出，個人對社會觀點的判斷力很脆弱。這一實驗也為後來的 20 年間進行的幾百次依從實驗指出了方法。10 年之後，紐科姆（Theodore Newcomb）透過一個在本寧頓學院進行的縱向田野研

究，他研究的內容是參照群體，在實驗室之外拓展了謝里夫的發現。謝里夫的社會規範研究在社會心理學歷史上非常重要，因為謝里夫第一個證明了即使是複雜、現實的社會情景也可以進行實驗室的實驗。

此時德國社會心理學的主流觀點是格式塔心理學，它對當時歐洲關於群體心理的觀點和美國個體主義的立場都加以拒絕。格式塔社會心理學家們主張社會環境不僅是由個體組成的，也是由個體之間形成的關係組成的，而且這些關係具有重要的心理含義。由此格式塔社會心理學家促進了把群體當作真實的社會實體的理解，這直接導致了群體過程和群體動力學的傳統可以留存至今。在心理學的社會心理學內部的這兩個學派，一個源於美國，另一個產生在德國，原本是彼此獨立的，不久由於世界發生的大事而走在一起了。

四、社會心理學的成熟期（1936 ～ 1945 年）

在 20 世紀的前 30 年，基於奧爾波特關於社會心理學的理念，學術界著重於社會心理學的基礎研究，很少考慮具體的社會實際問題。到了 1930 年代中期，社會心理學有了進一步的發展，並逐漸擴展自己的研究範圍。在這個關鍵節點上，對社會心理學有重要影響的一些事件發生了，這就是美國的大蕭條和第一次、第二次世界大戰對歐洲帶來的社會政治劇變。

1929 年開始的股市崩塌，使許多年輕的心理學家沒能找到或失去了工作。在這種情況下，他們中的大多數人偏向了羅斯福（Roosevelt）新政的自由主義理念或更激進的社會主義和共產黨左翼的政治觀點。1936 年，這些社會科學家成立了一個組織，致力於對重要的社會問題進行研究，以及對進步的社會活動給予支持。這個組織，就是「社會問題心理學研究協會」（the Society for the Psychological Study of Social Issues，SPSSI），其中就有很多社會心理學家熱衷於把他們的理論與政治行動運用到解決真實的社會問題中去。這個組織對社會心理學的一個重要的貢獻是把倫理和價值觀注入社會生活的討論中去，從而在這段時期開拓了很多新的研究領域，如群際關係、領導行為、宣傳、組織行為、選舉行為和消費者行為等。

在美國之外的其他國家，世界性的大事件引起了許多變化，使美國的社會心理學與之有了進一步的差異。例如，第一次世界大戰末期俄國的共產主義革命使俄國清除了個人主義取向的理論與研究，相比之下，美國的社會心理學在強調個體上的研究卻與日俱增。到了 1936 年，蘇聯共產黨禁止了各種場合的心理學實驗，嚴禁個體差異的研究。與此同時，德國、西班牙、義大利興起的法西斯主義使這些國家產生了嚴重的反智和反猶氣氛。為了避免在這些國家遭受迫害，大量頂尖的歐洲社會科學家，如海德（Fritz Heider）、伊凱塞（Gustav Ichheiser）、勒溫（Kurt Lewin）和阿多諾（Theodor Adorno）等都移民到了美國。當美國參戰時，歐洲和美國的社會心理學家都將他們關於人類行為的知識運用到為戰爭服務中去，其中就包括為策略服務辦公室（Office of Strategic Services，中情局的前身）挑選軍官，勸導妻子們用平常不愛用的食材烹飪食品，用有效的宣傳方法破壞敵人的士氣等。這些卓有成效的建設性工作使得以後政府相關部門和其他組織加大了對社會心理學研究的資助。

在那個全球紛爭的時代，最有影響力、最值得一提的社會心理學家是一位來自納粹德國的猶太難民：庫爾特·勒溫。西元 1890 年，勒溫出生於波森的一個小村莊（當時是普魯士的一部分，如今屬於波蘭），他家在村子裡開了一間雜貨舖。他上學的時候成績不太好，也沒有顯示出任何天賦。也許是因為同學中有反猶的傾向，於是，當他 15 歲的時候，他家搬到了柏林，他在那裡獲得了知識的豐收，對心理學產生了興趣，最終在柏林大學獲得了博士學位。當時的許多心理學課程都是馮特傳統的理論，勒溫發現這些理論處理的一些問題太小了，很無聊，而且對理解人類特性並無裨益，因此，他急切的尋求一種更有意義的心理學。他在第一次世界大戰期間從部隊復員回到大學不久，科勒成了研究院的負責人，而且韋特墨（M. Wertheimer）也成為了教研室的成員，因此，勒溫就找到了他一直在尋求的東西，即格式塔理論。

勒溫早期的格式塔研究主要處理動機和靈感的問題，可是，他很快轉移到了把格式塔理論應用到社會問題中。勒溫以「場論」構想社會行為，即一

種透視影響一個人的社會行為的各種力量的整體概念的方式。在他看來，每個人都被一種「生命空間」或動態力場所圍繞，他或她的需求和目的在這些力量中與環境的影響互相發生作用。社會行為可以用張力和這些力量的互相作用，及一個人在這些力量中維持平衡或者在這種平衡被打破時恢復平衡的傾向加以系統化。在格式塔心理學理論的指導下，他的學生布盧瑪·蔡加尼克（Bluma Zeigarnik）進行過一項實驗，以驗證他自己的一項假說，即沒有完成的任務比已經完成的任務更容易讓人記住。

為了描述這些相互關係，勒溫總在黑板上、紙片上、灰砂上，或者在雪地裡畫著「若爾當曲線」——代表生命空間的橢圓——並在這些曲線上面勾畫這些力在社會情形中的推拉作用。他在柏林的學生把這些橢圓叫作「勒溫蛋」；後來，他在麻省理工學院的學生把它們稱作「勒溫澡盆」；再後來，在愛荷華的學生又稱它們為「勒溫馬鈴薯」。不管叫蛋也好，叫澡盆、馬鈴薯也罷，它們都勾畫出在小型的面對面互動中的一些過程，這些都被勒溫視為社會心理學研究的領地。

儘管柏林的學生都擠著聽勒溫的課，觀摩他的研究項目，可是，跟其他的猶太學者一樣，他在學術階梯上沒有什麼進步。可是，他極聰明的場論寫作，特別是應用在個人間衝突和兒童發展領域裡的寫作，使他在 1929 年獲得一份去耶魯大學講課的邀請函，並於 1932 年獲得一份作為訪問學者去史丹佛大學 6 個月的邀請函。1933 年，希特勒成為德國元首後不久，勒溫從柏林大學辭職，並在美國同事的幫助下，在康乃爾大學獲得一份過渡性工作，後來又在愛荷華大學獲得一份永久性教職。

為了實現自己長久以來的理想，勒溫於 1944 年在麻省理工學院成立了自己的社會心理學研究所，即「群體動力學研究中心」。僅 3 年後，1947 年，當時 57 歲的勒溫就因心臟病發作而去世；群體動力學研究中心很快搬到了密西根大學。雖然勒溫過早的去世了，但是勒溫的眾多學生被勒溫的遠見和鼓舞力深深的影響著，他們成為了這一領域在戰後迅速擴張的核心成員。細數一下受勒溫影響的學生們，一共有三代，第一代是利昂·費斯廷格（Leon

Festinger）和多溫·卡特賴特（Dorwin Cartwright），他們和勒溫共事過，幫助勒溫建立了群體動力學研究中心。這個中心很快就吸引了眾多的第二代學生：史坦利·斯坎特（Stanley Schachter）、庫特·貝克（Kurt Back）、莫頓·多伊奇（Morton Deutsch）、墨瑞·霍維茲（Murray Horwitz）、阿爾伯特·佩皮通（Albert Pepitone）、約翰·弗倫奇（John French）、羅納德·利皮特（Ronald Lippitt）、阿爾文·贊德（Alvin Zander）、約翰·蒂伯（John Thibaut）和哈羅德·凱利（Harold Kelley）等。而他們培養出了第三代學生：瓊斯（E. E. Jones）、克勞斯（R. Krauss）、羅絲（L. Ross）、申巴赫（P. Schönbach）、辛格（J. Singer）和津巴多（P. Zimbardo）等，如果我們把費斯廷格他們的學生算入第三代的話，還有阿隆森（E. Aronson）、尼斯貝特（R. Nisbett）和扎瓊克（R. Zajonc）等。這簡直就是美國社會心理學界的豪華天團，原因是從第二次世界大戰後一直到 1990 年代大多數被引用的文章都出自他們之手，幾乎所有的當代社會心理學家都能在他們所從事的學術領域中看到這些名人。他們的研究和理論範圍極廣，涵蓋了當今社會心理學大部分重要的主題：歸因理論、認知一致性和失調理論、態度改變的理論和研究、合作與競爭、順從、衝突、互依、社會比較、社會交換等。

　　勒溫大膽和富於想像力的實驗風格遠遠超出了早期的社會心理學家，並成為這個研究領域最突出的一個特徵。他所體驗到的納粹獨裁和他對美國民主的嚮往激發了他的一項研究，這可以作為一個例子。為了探索獨裁和民主政體對人民的影響，勒溫和他的兩名研究生羅納德·利皮特和拉爾夫·懷特（Ralph K. White）創立了一系列為 11 歲兒童設立的俱樂部。他向每個俱樂部提供一位成人領導者，以幫助兒童學習手藝、遊戲和其他一些活動，並讓每位領導者採取三種管理方式之一：獨裁、民主或者放任。實行獨裁制的那組兒童很快變得充滿敵意，或者很消極；實行民主制的那組變得很友善，具有合作精神；被放任的那組兒童也很友善，不過很淡漠，也不太情願去做什麼事情。勒溫對此實驗結果十分自豪，原因是這一實驗證明了他的想法，即

獨裁制有極其有害的影響，而民主制對人類的影響是極其有益的。

　　勒溫的這類的課題和實驗對社會心理學產生了重要的影響。利昂·費斯廷格（1919 ～ 1989 年）是勒溫的學生、同事和學術繼承人，他說，勒溫的主要貢獻有兩方面。一方面，勒溫選擇了非常有趣和重要的課題。很大程度上，社會心理學正是透過他的努力才開始探索群體凝聚力、群體決策、專制與民主管理、態度轉變技巧和衝突解決。另一部分是，勒溫「執著的嘗試在實驗室裡建立有力的、可以發出極大變化的社會情形」，和他在設計方法時超凡的創造性。

　　勒溫也幫助成立了 SPSSI，並於 1941 年成為這個協會的主席。他堅定的認為，社會心理學並不需要在是屬於純科學還是屬於應用科學之間進行選擇。他經常強調：「沒有行動就沒有研究，沒有研究就沒有行動。」「好理論，最實用。」他使社會心理學家去把自己的知識運用到當下的社會問題中去。儘管勒溫的名字從未為大眾所熟悉，直到今天也只有一些心理學家和學心理學的一些學生知道，但是，愛德華·托爾曼（Edward Chase Tolman）在勒溫 1947 年去世之後提到過他：「臨床心理學家佛洛伊德和實驗心理學家勒溫——這是兩位巨人，他們的名字在我們這個心理學時代的歷史上會排在所有人前面。」正是由於他們互為對照但又相互補充的洞察力，才第一次使得心理學成為一門能夠適用於真正的人類和真正的人類社會的科學。勒溫之前的社會心理學可謂是支離破碎：沒有自己的身分，沒有獨特的理論與方法。是勒溫和他的學生們成功的扭轉了乾坤：有了獨特的方法論，形成了「中型」理論的特色和樂觀進取的精神。此外，社會心理學還實行「拿來主義」，不拘一格的進行跨學科的研究，只要是有助於明確自己的身分和有助於自身發展的「有用的」理論和方法，都能夠吸取過來。勒溫被譽為「現代社會心理學之父」，實不為過。

　　隨著戰爭的結束，北美社會心理學的前途已經光明。由於社會心理學學科地位的提升，社會心理學家可以建立新的研究設施，拿到政府的資助，最重要的是培養了研究生。這些未來的社會心理學家的主要特徵是白人、男性

和中產階級，而其他專業的研究生則主要是一些退伍的士兵，他們是透過新的退伍軍人法在聯邦政府的資助下接受教育的。成長於大蕭條時代，受羅斯福民主黨新政的影響，許多年輕的社會心理學家持有自由主義的價值觀和信仰，這不可避免的影響到了他們日後的研究和理論。他們之中許多人的導師是逃離自己國家的歐洲學者，在戰爭結束後選擇留在了美國。卡特賴特（Dorwin Cartwright）認為這些年輕的社會心理學家的政治傾向可以部分的解釋為什麼直到 1960 年代，美國南方還是沒能很好的建設社會心理學，因為這裡的保守主義和種族隔離主義是與自由主義相對立的。

美國的社會心理學繁榮昌盛，而由於毀滅性戰爭的影響，其他國家的社會心理學嚴重受阻，尤其是德國的社會心理學。戰後的美國成為了世界的霸主，不僅向其他國家輸送自己的物質，還向其他國家輸送自己的社會心理學。在此過程中，除了美國這些社會心理學家自由主義政治傾向的影響之外，美國的社會心理學也反映了美國社會的政治意識形態，研究的是自身的社會問題。

五、社會心理學快速擴張期（1946 ～ 1969 年）

隨著歐洲知識分子的湧入和對美國年輕社會心理學家的訓練，成熟了的社會心理學擴展了它的理論和研究基礎。為了弄清楚像德國這樣的文明社會也被像希特勒這樣的人無情的煽動和摧殘的原因，阿多諾（Theodor Adorno）和他的同事研究了權威主義人格，分析了童年時期的人格因素是如何形塑了一個人成年以後的服從和對少數族裔的不容。數年之後，米爾格蘭（Stanley Milgram）在其著名的服從實驗裡擴展了這個系列的研究，這些實驗告訴我們情境因素更有可能使人們服從於一個破壞性的權威人物。其他的社會心理學家則受勒溫對格式塔心理學解釋的啟發，把注意力放在了小群體動力學上面。

在耶魯大學，霍夫蘭德（Carl Hovland）和他的同事依據行為主義的原理研究了勸導溝通的力量，這個研究的動力很大程度上是源於「二戰」時對

宣傳、軍隊士氣及如何將少數族裔的人整合進軍隊服務的關注。這個時期美國的社會心理學也留意了美國對共產主義的焦慮與恐懼及與蘇聯發生國際衝突所帶來的問題。

1950 年代美國的社會心理學還關心了社會偏見。例如，1954 年美國最高法院決定終結種族隔離的教育，部分原因就是基於 K・克拉克（Kenneth Clark）和 M・克拉克（Mamie Phipps Clark）這對黑人夫婦學者的研究，他們的研究顯示，種族隔離對黑人兒童的自我概念有消極的影響。同一時期，G・奧爾波特（Gordon Allport，F・奧爾波特的弟弟）則提供了廢止種族隔離可以減少種族偏見的理論概要，這就是接觸假說（Contact Hypothesis），這個假說提供了透過操縱情境變量去減少群體間敵意的一個社會心理學藍圖，這種了解和修復偏見的作法要比早期權威主義人格的在行為主義社會心理學盛行的美國更接地氣。

1950 年代另一意義重大的系列研究是列昂・費斯廷格（Leon Festinger）的認知失調理論（Theory of Cognitive Dissonance），一些人認為它是社會心理學歷史上最有影響力的理論（Cooper，2007 年）。費斯廷格是勒溫的研究生，他認為當兩種認知不協調時，便有壓力使之相協調，這可以透過各種認知和行為的改變來解決。強調認知一致的失調理論不同於那一時期的其他模式那麼受歡迎（如平衡理論），但是失調理論以更具動力學和自我調節的方法最後勝出。這一新穎的理論和相關實驗使其得到了熱烈的支持，同時也遭到了廣泛的批評，特別是行為主義者的強化作用原則與認知失調理論大相逕庭。隨著時間的推移，認知失調理論獲得了勝利，但是更重要的是這一理論在不斷的發展，並且啟發了其他新的理論。一段時間之後，費斯廷格的理論轉變為了行為辯解的理論，它假設透過外在獎勵或限制的對行為的不充分的解釋會引起自我辯護態度變化的需求。其他重要的工作也受到了認知失調傳統理論的促進，包括貝姆（Daryl Bem）的自我知覺理論、心理抗拒理論、自我證實理論，還有外在動機的研究。認知失調理論的極簡性和與之帶來的許多驚人發現使其多年來在社會心理學圈內外讓人深感興趣，到了 1960 年代末期，由於這個理論的

主要內容得到了大量研究的充分支持，才使得學者們對它研究的熱情減退。

　　1960 年代的美國社會極其動盪，整個國家陷入了政治暗殺、都市暴力、社會抗議和越南戰爭的泥沼，人們在尋找改造社會的良策，社會心理學家順勢而為，更多的致力於諸如攻擊行為、助人、人際吸引和愛等課題的研究。其中包括沙赫特（Stanley Schachter）的兩因素情緒理論，它使情緒作為社會心理學探索主題得到了普及，並且介紹了對生理喚醒的歸因和錯誤歸因的觀點。對人際吸引和友誼形成的研究也日見增多，其中有紐科姆（Newcomb，1961 年）對密西根大學新生認識過程的詳細研究，拜恩（Byrne，1971 年）的相似性與吸引的研究，奧特曼和泰勒（Altman & Taylor，1973 年）的自我暴露和社會滲入的研究，以及不久以後，貝爾沙伊德和沃爾斯特（Berscheid & Walster，1974 年）的外貌吸引力研究。斯托福（Stouffer，1949 年）在《美國上兵》一書裡介紹了相對剝奪概念，它與霍曼斯（George Homans，1950 年）的社會交換理論結合在一起，使亞當斯（J. S. Adams，1965 年）提出了公平理論，他們推動了社會心理學家們對社會公平研究的持續長久的興趣。

　　在這個過程中，哈特菲爾德（Elaine Hatfield）和貝爾沙伊德（Ellen Berscheid）在人際和浪漫關係方面的開創性研究，不僅在拓展社會心理學研究範圍上非常重要，也引發了社會心理學之外的大量論戰，很多政治家和普通市民均表示社會科學家不要去研究像愛情這樣神祕而美好的東西，應該留著它繼續保持其神祕性。而由拉塔內（Bibb Latané）和達利（John Darley）主導的旁觀者介入研究則甚少受到非議，這項研究源於 1964 年紐約的女服務生吉諾維斯（Kitty Genovese）被謀殺事件，如今，他們的這項研究已經成為社會心理學中的經典。

　　1964 年 3 月，在紐約皇后區的邱園發生一起謀殺案，很快成為《紐約時報》的頭版新聞，並使全美國感到震驚。這件謀殺案受注意的原因跟凶手、被殺害者或謀殺手法都沒有什麼關係。凱蒂·吉諾維斯是位年輕的侍者，她於凌晨 3 點回家途中被溫斯頓·莫斯利（Winston Moseley）刺死。莫斯

利是個事務處理機操作員，根本不認識她，他以前還殺死過另外兩名婦女。使這場謀殺成為大新聞的原因是，這次謀殺共用了半個小時的時間（莫斯利刺中了她，離開，幾分鐘後又折回來再次刺她，又離開，最後又回過頭來刺她），這期間，她反覆尖叫，大聲呼救，有 38 個人從公寓窗口聽見她呼救或目擊她被刺。沒有人下來保護她，她躺在地上流血也沒有人幫她，甚至都沒有人向警察打電話（有個人的確打了——在她死後）。

　　新聞評論人和其他學者都認為這 38 個目擊者無動於衷的言行是現代城市人，特別是紐約人異化和不人道的證據。可是，有兩位生活在這個城市的年輕社會心理學家，他們雖然都不是紐約本市人，但是對此一概而論的說法甚為不滿。約翰·達利是紐約大學的副教授，比布·拉塔內是哥倫比亞大學的講師，他們都曾是沙赫特的學生。謀殺案發生後不久，他們在一次聚會上相遇。雖然兩人有很多地方不同——達利是黑頭髮，彬彬有禮，常青藤學院派頭；拉塔內個子瘦長，一頭濃密的頭髮，一副南方農家子弟的樣子，口音也是南方的，但是作為社會心理學家，他們都覺得，對於目擊者的無動於衷，一定有個更好的解釋辦法。

　　他們當夜就此長談了數小時，獲得了共識。拉塔內回憶說：「報紙、電視，以及每個人都在說，事實是有 38 個人目擊了這場暴行而沒有一個人出來做點什麼事情，就好像是說，如果只要一、兩個目擊者看到了，而沒有做什麼事情的話，事情就容易理解多了。因此，我們突然間就有了一個想法，也許，正是由於這樣一個事實，即的確有 38 個人解釋了他們的無動於衷。在社會心理學中，人們把一種現象顛來倒去的分析，然後看看你認為的後果是否就是那個原因，這是一個舊把戲了。也許，這 38 個人中的每個人都知道，還有其他的人都在看，這就是他們什麼也沒做的原因。」

　　兩人立即開始設計一項實驗，以檢測他們的假設。幾個星期後，經過周密籌劃和精心準備，他們啟動了一個廣泛的旁觀者針對緊急情形的反應調查。在研究中，紐約大學心理學入門課的 72 名學生參與了一項未說明的實驗，以滿足課程必需的一項要求。達利、拉塔內和一位研究助手會告訴每個

到達的參與者，該實驗涉及都市大學生的個人問題討論。討論以 2 人組、3 人組或者 6 人組的形式進行。為了盡量減少暴露個人問題時的尷尬，他們將各自分配在隔開的工作間裡，並透過對講機通話，輪流按安排好的順序講話。

這些不知情的參與者不管假設是在與其他 1 個人、2 個人或者 5 個人談話——之所以稱為假設，是因為事實上他聽到別人說的任何事情都是錄音機上播出來的——第一個說話的聲音總是一位男學生，他說出了適應紐約生活及學習的難處，並承認說，在壓力的打擊下，他經常出現半癲癇的發作狀態。這話是理查·尼斯貝特說的，當時，他是哥倫比亞大學的一位研究生，今天，他是密西根大學的一位教授，他在試演中表現最好，因此選了他來扮演這個角色。到第二輪該他講話時，他開始變聲，而且說話前後不連貫，他結結巴巴，呼吸急促，「老毛病又快要犯了，」開始憋氣，並呼救，上氣不接下氣的說，「我快死了……呃喲……救救我……啊呀……發作……」然後，再大喘一陣後，一點聲音也沒有了。

在以為只有自己和患有癲癇病的那個人在談話的參與者中，有 85% 的人衝出工作間去報告有人發病，甚至遠在病人不出聲之前；在那些認為還有 4 個人也參與談話的參與者中，只有 31% 的人動了。後來，當問及學生別人的在場是否影響到他們的反應時，他們都說沒有；他們真的沒有意識到其極大的影響。

達利和拉塔內現在對邱園現象有了令人信服的社會心理學解釋了，他們把它叫作「旁觀者介入緊急事態的社會抑制」，或者，更簡單的稱為「旁觀者效應」。正如他們所假設的一樣，正是因為一個緊急情形有其他的目擊者在場，才使得一位旁觀者無動於衷的。對旁觀者效應的解釋，他們說：「可能更多的是出於旁觀者對其他觀察者的反應，而不太可能事先存在於一個人『病態』的性格缺陷中。」

他們後來提出，有三種思考過程在支撐著旁觀者效應：當著別人的面會使人猶豫是否採取行動，除非確定此時是合適的；認為其他無動於衷的人的行為是合適的；最重要的是「責任分散」——認為其他人都有責任對緊急情

況採取行動，使得自己的責任減輕了。後來由拉塔內、達利和其他一些研究者進行的實驗也證明，個體是否能看見其他的旁觀者，是否能被別人看見，或者是否知道還有其他人，會在這三種思考過程中的一種發生作用。

　　達利和拉塔內的實驗引起了其他研究者廣泛的興趣，並激發他們進行了大量類似實驗。在接下來的十多年時間裡，在 30 個實驗室裡進行的 56 項研究，實驗者共邀請了近 6,000 名不知情的實驗被試者，他們要麼是孤身一人，要麼與一人、數人或者很多人同時在場。（結論：旁觀者數量越大，旁觀者效應越明顯。）向他們展現的緊急情形有許多種：隔壁房間裡傳來一陣巨響，然後是一位女士的呻吟；一位穿著整齊的年輕人拿著一根手杖（有時候換成一位渾身髒兮兮、滿身酒氣的年輕人），在地鐵車廂裡突然摔倒了，掙扎著試圖爬起來；一個人正在偷書；實驗者本人暈倒……在 48 項研究中，旁觀者效應都明確的表現出來了。如果只有實驗被試者獨自在場，則有近半數的被試者會出手相助；如果知道有其他人在場，則只有 22% 的人會行動。旁觀者效應是社會心理學中最為確定的假設之一。

　　然而，大量助人行為研究──有利於或者不利於非緊急情形之下的助人行為的社會及心理學因素──還在不斷進行著，直到 1980 年代，才算告一段落。助人行為是親社會行為的一部分，在理想主義化的 1960 年代，它開始替代社會心理學家戰後對攻擊行為的大力研究；它今天仍然是社會心理學研究領域中一個重要的課題。

六、社會心理學的危機和重估時期（1970 ～ 1984 年）

　　在 1960 年代，美國聯邦政府不斷的加大力度，決定在社會科學家的指導下去醫治美國的社會病，社會心理學家的數量急遽上升。在這些新的社會科學家中，有不斷增加的女性專家，還有一些少數族裔的學者。這些新生力量從一開始對社會行為進行研究時，就對社會情境與人格因素的交互作用很感興趣。今天，這種交互論者的視角呈現在兩本一流雜誌的刊名上，即《人格與社會心理學雜誌》（*Journal of Personality and Social Psychology*）和

《人格與社會心理學公報》（*Personality and Social Psychology Bulletin*）。

1960 年代社會心理學研究的激增也帶來了另一個問題的激增，即研究的倫理問題，因為一些有爭議的研究使參與者受到了心理傷害。其中最有爭議的研究就是米爾格蘭的服從實驗，在這個實驗中，志願者被命令要對另一個人實施看上去令人痛苦的電擊，名義上說這是學習效果的一部分。當然，實際上那名學習者並沒有受到電擊──他是實驗者的「同謀」，假裝受到了電擊而努力配合表演出痛苦來──但參與者信以為真，在實驗過程中承受了程度不等的壓力和緊張。儘管這個研究和其他類似研究的結果對揭示相關社會行為有重要價值，但是人們還是質詢其研究價值與參與者在實驗過程中所受到的心理傷害相比孰重孰輕。受這些爭論的影響，1974 年美國政府頒布命令，要求所有受到聯邦政府資助的學術機構制定審查制度，以確保參與者在研究過程中的健康與安全。

與此同時，對社會心理學的懷疑升級了，且不僅限於倫理的方面。社會心理學家們懷疑其研究方法的有效性，自問自己所從事的學科是不是一門有意義和有用的科學。第二次世界大戰開始時社會心理學猛的出現在人們面前，然後快速的擴張，大家對它能夠解決社會問題寄予厚望。到了 1970 年代，這些社會問題依然懸而未決，社會心理學的信任危機也隨之而來。其中，格根（Kenneth Gergen）開玩笑說，應該把社會心理學當作是一門歷史學科，而不是一門科學，因為社會行為背後的心理學原則經常隨著時間和文化的變化而變化。隨著女性和少數族裔接踵而來的批判，說過去社會心理學的研究和理論只是反映了白人、男性的觀點，許多人開始對社會心理學的基本原理重新進行評估。幸運的是，社會心理學接受了批評，採用了更多不同的科學方法，其成員也更加多樣性，一個更具活力和包容性的社會心理學又出現在人們面前了。

對於社會心理學的歷史來講，1970 年代非常重要，這是一個關於人類行為本質理論典範轉換的關口。長期以來，一些社會心理學家認為人們的行為是基於他們的需求、欲望和情緒。這種從「熱」的方面去認識人性本質的視

角認為，那些「冷」的、算計的行為是處於第二位的，是為人們的欲望而服務的。現在的觀點是，人們的行為主要是在特定的情境下對情況進行理性分析然後選擇的結果。這種「冷」的視角斷言，人們的思考方式最終決定了他們想要什麼和他們的感受。在 1950、1960 年代，「熱」的理論視角最具影響力，但是到了 1980 年代，由於受到認知心理學的影響，「冷」的理論視角支配了社會心理學的思想，結果是社會認知占據了統治地位。

　　歸因理論就是其中的一個典型，這個理論認為人們的社會判斷是一個理性的、系統的認知過程。受早期出生於奧地利的社會心理學家伊凱塞和海德工作的啟發，這段時期湧現出了各式各樣的歸因理論。長期以來人們把海德的歸因理論當作是所有歸因研究的一個基礎，而伊凱塞由於要與精神病抗爭，他的貢獻直到最近才為人所知。

　　除了歸因理論，其他的社會認知理論也大放異彩，為人們如何解釋、分析、記憶和使用社會性世界的資訊提供了許多深刻的見解，而且這些理論也為態度、勸導、偏見、親密關係和攻擊行為等方面的研究注入了新的能量，在當代社會心理學中依然處於支配性地位。這一時期重要的成果包括：判斷和決策的研究（為行為經濟學的發展做出了貢獻）；社會推斷加工過程的研究，例如關於採用啟發法和其他策略來組織和使用資訊的研究（Kahneman and Tversky，1973 年）；自動性思考的早期研究（Winter and Uleman，1984 年）；態度改變的形成理論，如精細加工可能性模型（Petty and Cacioppo，1986 年），以及態度與行為關係的理論，如理性行動理論（Fishbein and Ajzen，1974 年）；大量的社會歸類和基模使用模型，包括個體記憶模型（Ostrom，1989 年）；雙重加工模型，如那些分辨審慎的和工具性心理的裝置（Gollwitzer and Kinney，1989 年）或是系統性和啟發性加工過程（Chaiken et al.，1989 年）；以及分辨刻板印象、偏見和歧視是自動化還是受意識控制的加工過程的模型（Devine，1989 年）等等。一時間，社會認知在解釋社會行為方面要比任何其他視角都更流行。

　　但是，這並不意味著其他觀點就不活躍。隨著社會認知的興起和互動取

向研究的增加，一度被認為是社會學的社會心理學裡的自我概念，又在心理學的社會心理學中重燃起了興趣。儘管自我被當作是態度研究和其他社會心理學研究領域裡的內隱概念有很多年了，但自1913年以來，激進的行為主義在美國心理學領域盛行後，就把自我的研究帶入了一個暗黑的年代。隨著行為主義影響的式微，心理學的社會心理學重新發現了那些開創性社會科學家如詹姆士（William James）、杜威（John Dewey）、庫利（Charles Horton Cooley）和米德（George Herbert Mead）等在自我探索上深刻的洞察力。1943年，以G‧奧爾波特在美國心理學會就任主席時的演講為象徵，吹響了重新向自我研究進軍的號角，他說道：「現代心理學歷史上最奇怪的一件事情就是自我靠邊站了，變得無人問津。」在他演講的30年後，自我已經成為了心理學的社會心理學的核心概念，冠以「自我」的理論和模型越來越多，如德西和賴安的自我決定理論（Deci and Ryan，1985年），希金斯的自我差異理論（Higgins，1987年）等。大量與「自我」有關的研究逐漸流行起來，如自我評價維護、自我提升、自我驗證及自我評估等。

七、社會心理學全球擴張和跨學科學研究究時期（1985年至今）

在1970年代，歐洲和拉丁美洲的社會心理學會先後成立。1995年，亞洲社會心理學會建立。這些美國之外的社會心理學研究與美國的方法有所不同，他們更加強調影響社會行為的群際和社會變量。例如，法國的社會心理學家塞爾日‧莫斯科維奇（Serge Moscovici）研究指出，文化經驗對人們的社會知覺有影響，少數派成員可以引發社會創新和變革。類似的，泰菲爾（Henri Tajfel）和特納（John Turner）基於他們對群體過程和社會知覺的分析，主張社會心理學家要研究群際關係，以及群體生活是如何對個體的社會認同與思考產生作用的。泰菲爾在類別化方面的工作也被用來對刻板印象的過程進行解釋。這些歐洲社會心理學家的貢獻，是對19世紀傑出學者如涂爾幹和馮特的學術成果及20世紀初格式塔心理學最好的繼承。

到了1980年代中期，美國之外的社會心理學的蓬勃發展很好的重塑了社

會心理學，世界各地的學者們積極交換思想，展開了多國之間的合作研究。那些來自集體主義文化社會的學者和傳統社會的社會心理學家相比，對於群體和個體之間的關係和社會行為有很不一樣的視角，產生了許多新思想。隨後的跨文化研究發現，以前一些被認為是放之四海而皆準的社會信念和行為，在現實中卻因在不同文化中進行的社會化的不同而不同。基於這些發現，大量研究的注意力放在了人類的心理和行為中，哪些是隨文化的不同而有差異的，哪些又是由於人類共同的進化和遺傳而相同的。

　　學者們對人類社會行為的進化基礎產生興趣，不僅是對麥獨孤的基於進化視角的社會心理學進行重新審視，還來自與生物學家的進一步交流。儘管進化的解釋被看作是與社會文化的解釋直接相對的，原因是社會心理學家向來對導致行為的情境因素感興趣，以至於他們盡量避免用生物進化的描述方式，但許多社會心理學家還是明白這兩種理論視角並非是水火不相容。相反，他們相信，透過承認進化的力量會為人類留有特定的能力，以及認識到當前的社會與環境力量鼓勵或阻止這些能力的實際發展與使用，可以使我們對社會行為有更完整的理解。

　　隨著進化心理學將目光從著重對遺傳及相對固定的特質的描述轉移到用於解決生存和繁殖問題的靈活的行為適應性上來，社會心理學家對這個領域的興趣也越來越濃厚。這種興趣在巴斯和肯瑞克一篇重要的評論裡得到了強調，在文中他們指出：

　　進化心理學將社會交互作用和社會關係置於作用的中心。尤其是圍繞在配偶、親屬、互惠聯盟、同盟和等級之間的社會交互作用和關係是特別關鍵的，因為這些關係可以帶來成功的生存和繁殖。從進化的角度來看，社會關係的功用在人類心理中是中心位置的。

　　從那以後，進化心理學的概念常出現在社會心理學的相關文章中（儘管不乏關於其內容的爭論）（Park，2007 年），且成為日益增長的有價值的研究

假設的來源，例如，吸引、親密關係、親社會行為、攻擊、社會認同、內集體偏好、領導、社會認知和情緒等。

即使 1980 年代社會認知處於統治地位，一些社會心理學家還是把目光聚焦在了相對少人關注的、對社會思維進行解釋的情緒和動機上。他們對當前的社會認知理論批評道，如果把動機和情緒僅僅當作是中央處理系統的最終產品，那這樣的社會心理學就少了好多人味。1990 年代初期，許多社會心理學家尋求在傳統的冷、熱視角上透過把它們進行融合以建立一種更加平衡的觀點，一些人把它取名叫「溫情的眼神（warm look）」。這些改進了的社會認知理論提出，人們會根據他們當前的目標、動機和需求來發展出多樣的認知策略。其中的代表性理論就是雙重加工模型（dual-process models），意思是社會思維和行為是由對社會刺激進行反應和理解的兩種不同方式決定的：一是資訊加工的模式——這與冷視角有關——是建立在努力的、審慎的基礎之上，不把各種可能性計算好就不會有行動。二是從熱的視角出發，建立在最小認知努力的基礎之上，行為是由情緒、習慣、生物性驅力等因素衝動的和不經意的激發而來，經常是無意識的。人們在給定的時間裡要採取其中的哪一條途徑，是需要進一步研究的課題。

人們有外顯和內隱社會認知的現象，促使社會心理學家探索大腦的神經活動是如何與社會心理過程連結的，這些社會心理過程包括：自我意識、自我管理、態度形成與改變、群體互動和偏見等。儘管從事這樣研究的社會心理學家目前還是少數，但是他們考察社會行為的生物學因素的知識無疑將對重塑當前的理論發揮重要作用。事實上，美國聯邦政府的一些機構越來越多的把資助優先給予將社會心理學和神經科學結合在一起的那些研究。

心理生理學對社會行為，包括對主要發生在大腦內的心理生理學加工過程的研究，並不是什麼新鮮事了，但過去的 20 年間認知神經科學的迅速發展確實產生了促進作用。重點之一是功能性磁振造影技術的發展，這項技術使得可以無創性的捕捉到大腦協同心理加工過程的畫面。社會神經科學家運用神經科學的方法來驗證基於行為級別的神經加工過程的假設。例如，比爾（Beer，

2007 年）透過內層前額葉皮質區的活動來確定是準確的自我評估還是自我提升能更好的代表長期的自我評價。阿倫等（Aron et al.，2005 年）運用 fMRI 技術支持了他們將強烈的羅曼蒂克的愛情看作是動機狀態而非情緒的模型。德西提和傑克森（Decety and Jackson，2006 年）透過運用 fMRI 技術更好的理解了移情作用的神經和認知基礎。把社會神經科學看作是「在大腦中尋找社會行為」是對它的錯誤解讀。這個學科的目標是依據已發現的神經運作和結構的知識來更好的理解社會心理學的理論（如大腦是如何工作和停止工作的），同時更好的了解大腦是如何制定影響我們每天生活的心理和社會加工（Cacioppo et al.，2003 年）。儘管社會神經科學還是一門非常年輕的學科，但假以時日，它會為關於社會行為的社會心理學理論打下一個良好的生物學的可信的基礎。

　　說到更實際的改變就必須提到電腦了，它的出現為研究者進行實驗研究和資料分析提供了更加精密的儀器。舉例來說，電腦技術使得研究者可以測量毫秒級的反應時間或者將呈現刺激的範圍精確控制在閾上或者閾下（Bargh and Chartrand，2000 年）。這些工具為研究者們提供前所未有的機會去提出他們以前根本就無法設想的問題（如關於自動性思考或者內隱的加工過程等問題）。

　　更廣泛的改變來自資料分析領域。在 1970 年，大部分資料分析都是靠龐大、笨重、易出故障的手工的電腦來完成。幾乎所有發表的研究涉及的都是比較簡單的統計分析，主要是因為涉及超過三個變量的分析需要矩陣代數學（而這是大多數社會心理學家所迴避的）。到了 1990 年，中央處理器和個人電腦上已經普及精密的統計軟體，這使得複雜的多變量程式分析變得常見。發明產生需求，社會心理學家開始廣泛且頻繁的把新電腦技術應用於他們的研究和統計方法中。舉例來說，最早出現於 1970 年代日常使用的方法如經驗抽樣法，為眾人所知和使用的結構方程模式（Reis，1982 年），以及肯尼改變了個體知覺研究方式的社會關係模型（Kenny，1994 年）。巴倫和肯尼的關於中介的在 JPSP 歷史上被引用最多的文章，同樣改變了這一領域的研究方

式。對於社會心理學家來說，評估中介的方法不僅僅是一個新的工具，同時它們的出現改變了研究的進程，並透過實現中介加工過程的證據的常規化，廣泛的幫助了理論改進。

至於社會心理學的應用方面，當代社會心理學家繼承了勒溫和 SPSSI 的遺產，把他們的知識廣泛的運用到人們的日常生活中去，社會心理學的研究在很多領域都有所增加，如法學界（如目擊者證言，陪審團決策）、商業和經濟領域（如判斷與決策，動機性社會認知，勸說）、醫藥領域（如與健康相關行為的動機過程，社會對健康和行為的影響）、家庭研究（如親密關係中的二元過程）、教育（如成就動機，學生與教師的互動）以及政治領域（如選舉行為）。這種學術性的流散可以看作是一個學科領域健康程度的象徵。社會心理學研究的主要範圍就是研究社會環境是如何影響人的行為的，而這點正是其他學科領域科學家和實踐者所尋求的專業知識。同時，社會心理學家擁有優秀的技術來定義和實施關於社會環境影響的研究，這點同樣是眾多學術性和應用性機構所看重的。

人們搜尋到了社會心理學的知識，然後饒有興趣的應用到社會生活實際中，這是很自然的一件事情。然而，一些社會心理學家爭論說，對學科的運用過於注重在消極的社會行為和人性的缺陷上，也有人不認可這個批評，其他人則回應說，注重不好的一面要比關注好的方面更能使人獲得長遠的利益。

如果把一門科學類比於人的生命的話，那麼當下的社會心理學在社會科學裡就是一名年輕人。與其他已建成的科學相比，社會心理學是「初出茅廬」。然而，這門學科其創新的觀念廣受歡迎，其新穎的理論視角和從其他學科借鑑來的研究方法時常的運用到對社會思維和社會行為的研究中，其成員們也時常的思考他們研究發現的社會意義，在這個不斷挑剔的自我評估過程中，絕大多數社會心理學家對他們所從事的依然年輕的科學在繼續揭示人性的重要深刻見解上抱有信心。

第二節　社會心理學的理論視角

由於人的社會心理與行為的複雜性，社會心理學家在研究的過程中從不同的角度著手，形成了各種社會心理學的理論流派。傳統上，社會心理學有四大理論流派，分別是行為主義理論流派、符號互動理論流派、精神分析理論流派和社會認知理論流派。

行為主義和精神分析，將 1950 年代的心理學分成了兩大陣營。行為主義主張用諸如獎賞與懲罰這樣的學習原理去解釋人的行為，反對去研究心靈、思想、情緒或其他的內部過程，強調去研究那些可以用科學方法進行實驗的能觀察得到的行為。佛洛伊德的精神分析則偏愛對個體的經歷用臨床實踐的方式進行精細的分析，而不是對行為進行實驗。社會心理學對這兩大陣營並沒有真正的偏向，它對可以用實驗方法去研究行為的行為主義青睞有加，但也讚賞精神分析對個體內部狀態和過程的研究。在很長一段時間裡社會心理學盡量走在它們的中間。到了 1970、1980 年代，社會心理學終於探索出了自己的道路，採用科學方法去測量行為，但也可以科學的去研究思想、感受和其他內部狀態。

考慮到這四大理論流派基本上是 20 世紀上半葉提出來的，沒能很好的反映之後的發展，而且其中很多也會在別的分支心理學有詳細的介紹，加上篇幅所限，我們就只在此介紹相對更新，也是主要流行的四種社會心理學理論視角。

一、社會學習視角（social learning perspective）

社會學習，指的是發生在社會情境中的學習。準確的說，社會學習是指由於觀察到別人（或動物）發生的適應性行為改變（即學習），而不是個體直接經驗而來的學習。具體而言，人們獲得和發生的社會行為、態度和情緒反應的改變，是觀察到了像父母或同伴這樣榜樣的行為，然後模仿而來的。也就是說，這種學習僅僅是觀察到了別人的行為及其結果就得以發生了。例

如，如果你和同學一起聚餐，服務生上了一道菜，你的同學嫌它沒有擺好，就自己動手去擺，結果被碗燙得痛苦的縮回了手。那麼，你應該不會馬上去模仿、重複你同學的行為，伸手想去擺好它：同學被燙，就好像自己被燙了一樣。

（一）背景與歷史

在 20 世紀的前半段，學習的心理學理論本質上還是古典的行為主義思想，主要關注的是一個人行為的直接後果。就拿其代表人物史金納（B. F. Skinner）的操作條件反射理論來說，他認為學習是透過獎賞或強化的體驗而發生的。史金納闡述了建立條件反射的兩個原則：(1) 任一反應若有強化刺激尾隨其後則有重複出現的傾向。(2) 強化刺激可以是增強操作反應速率的任何事物。

例如把一隻飢餓的老鼠放在實驗用的籠子中，老鼠可能表現出多種行為，如亂竄、尖叫等。而一旦觸到一根實驗者有意設置的槓桿，則有食物落下。經過多次嘗試後，老鼠便學會了按動槓桿的行為，即建立了操作條件反射。在這裡，食物促使了按動槓桿行為的重複，因而具有強化刺激的性質。

動物的學習過程如此，人類的學習亦遵循這個過程。如嬰兒學語，偶爾發出一聲「媽」，母親就會高興的抱起來吻孩子一下。實際上，嬰兒並不是有意識的叫「媽媽」，但母親的吻卻對孩子帶來溫暖。久而久之，嬰兒便學會了叫媽媽。這裡，孩子的操作行為是「媽」音，母親的親吻是強化刺激，孩子學會叫媽媽就是操作條件反射的建立。

這種極其死板的要與環境中的獎勵和懲罰連結在一起的行為主義在 1940 年代左右有了新的改變，米勒（John Miller）和多拉德（Neal Dollard）提出了社會學習的概念，強調了學習中社會情境的重要性。儘管他們研究中存在局限性（例如他們依然維持沒有模仿和強化，學習就不會發生的說法），他們卻強調了學習中內部認知過程的作用，刺激了學者們把很多理論與實證研究放到社會學習上去。

米勒和多拉德在 1941 年出版的《社會學習和模仿》一書中繼續用赫爾（Hull）的理論，提出了一種包括驅力—反應—線索—酬賞四種因素在內的社會學習理論。我們先看一項實驗。一個 6 歲的小女孩事先被告知一個書櫥裡藏有糖果，並要求她要把取出的書和雜誌都放回原位。結果，小女孩花了 210 秒鐘，翻了 37 本書，終於找到了糖果並將其吃掉。在小女孩離開房間以後，在她最初找到糖果的同一本書下面又放了另一塊糖，並允許小女孩再來找一次。與第一次不同的是，小女孩進屋後並未停下來坐一會或進行任何提問，而是徑直去尋找糖果。結果只花了 86 秒鐘，翻了 12 本書和雜誌，她就找到了那塊糖。第三次再讓她去找，她花了 11 秒鐘，僅翻了 2 本書。然而奇怪的是，當第四次讓她去找時，她竟花了 86 秒鐘，翻了 15 本書才找到糖果。但在此之後，她的進步卻是驚人的，到第十次，她一下子就找到了藏有糖果的那本書，並且只用了 2 秒鐘。從第一次實驗來看，小女孩花了 210 秒鐘，時間主要花在進行錯誤的選擇，詢問別人，在房間的其他地方搜尋，以及流露洩氣的情緒等方面了。然而最後一次，時間減至 2 秒鐘，其原因主要是沒做任何停頓或沒有浪費任何精力。

小女孩的學習經驗涉及四個因素：（1）驅力。如果小女孩沒有想獲得糖果的願望和需求作為動機，她是絕不會按照預期的計畫去行動的。（2）反應。如果她對實驗的全部細節缺乏了解，那麼她是永遠不會知道怎樣去尋找糖果的。（3）線索。或者說引起一系列反應的提示，具體包括驅力、對小女孩的要求或指示，以及整個房間內的狀況，如色彩、設施、面積、位置和書上的標記等。（4）酬賞。它使接二連三所進行的實驗中發生了大致相似的期待反應。酬賞使線索和適當的反應之間的連結得到了加強，但是酬賞的作用是依驅力而定的，因此，如果由於滿足而導致酬賞強度的減弱，就會使酬賞變得毫無效用或毫無價值。因此，一個完整的社會行為的學習也就是上述四種因素的依次展現。

社會學習中最具影響力的研究者和理論家是班度拉（Albert Bandura）。與其他的學習理論家不同的是，班度拉強調要以人類作為自己的基本研

究對象，而不是從動物那裡去獲取第一手研究資料。他在 1970 年代介紹了自己的社會學習理論（social learning theory）：儘管人們確實會從行為中接受反應進行學習（例如讓人痛苦的炙熱會促使人用防燙墊套去把火熱爐灶上的東西拿走），但大多數人類行為是透過觀察別人的行為學來的。他認為，人類的學習並不是從桑代克（Thorndike）起許多行為主義理論家描述的那種試誤過程，其行為也並非是由行為結果的直接強化或懲罰而塑造的。「如果人們只能依靠其行動的後果獲知該做些什麼，那麼，且不說學習是危險的，也是非常費力的。幸運的是，大多數人類行為都是透過觀察和模仿學會的：人們透過觀察他人了解到新行為如何操作，在以後的場合中，這一編碼的資訊就能作為行動的嚮導。」按照這個理論，孩子們在餐廳裡會怎麼做是從父母那裡模仿來的，青少年學到的政治態度是聽到了成人們關於政治的談話而來的。社會學習理論是把行為和認知綜合起來去理解學習的——在強調對榜樣的觀察和模仿上是行為的，而在強調對人們思考、預期結果和象徵的能力上又是認知的。

後來，班度拉在他的理論中擴充了一個過去缺失的重要元素：自我信念。他把社會學習理論改名為社會認知理論（social cognitive theory）來強調認知因素在學習、動機和行為上的重要性。從這個理論視角來看，人的心理機能是環境、個人和行為影響動態交互作用的產物，這個動態的交互作用被稱之為交互決定論（reciprocal determinism）。例如，一個人在一場考試中成績很差（環境因素），就會影響到他自己在這個領域裡能力的信念（個人因素），接著就會影響到他的行為（改變學習方法），而他的行為則會影響到他的環境（他把同學召集在一起組成一個學習小組來準備考試）。

（二）替代性學習、榜樣示範、自我調節與自我效能

社會學習理論主張人的學習並不需要去模仿行為，社會學習的一個重要元素是觀察別人行為的後果，這就是所謂的替代性學習（vicarious learning）。這些行為的後果告知了人們什麼是合適的行為和行為的可能結

果，人們更有可能去模仿那些被獎賞的行為，而不是被懲罰的行為。所以，一個男孩看見了自己的姐姐因為撒謊而被父母懲罰了，他就學習到了不能撒謊，而不必非要自己撒謊挨揍才學到這一點。

榜樣示範（modeling），就是觀察到的別人的行為及其行為結果，可以以若干種方式來影響人的行為。第一，榜樣的示範可以教會人們新的行為，如打高爾夫球時如何正確的揮桿。第二，榜樣的示範能夠幫助人們進行行為決策，如幫助決定是否離開聚會。第三，榜樣的示範還可以改變人們的行為抑制（基於自我欺騙基礎之上的行為限制）。例如，一個人難以掌握音樂中的經過音，也許會因為看見了老師訓斥一位經過音掌握不好的同學而得到了解除。第四，透過觀察榜樣的示範，人的情緒反應亦會發生改變。例如，觀看了一個演講者緊張的演講，有可能增加自己對在公眾場合演講的恐懼。

社會學習的研究顯示，並非所有示範的效果都是一樣的。那些被個體認為與自己相似的榜樣示範，其效果是最好的。例如，同性榜樣的示範好於異性榜樣的示範。社會地位高的榜樣示範其效果也不錯，例如知名的運動員或知名的商界菁英，其行為的示範效果不容小覷。此外，現實中真實的人們，如自己的父母或最好的朋友，以及具有象徵意義的人們，如書本或電影中的人物，對人們的學習有一定的效果。

班度拉的社會認知理論也強調了自我調節（self-regulation）和自我反省（self-reflection）的重要概念。自我調節涉及目標設定、自我觀察、自我評估以及自我強化，一旦設定了目標，人們就會調控自己的行為，對照著自己的標準去評判行為，然後強化或懲罰他們自己。另外重要的是，行為的標準是不一樣的。比如，一個人考試只得了 65 分，為了鞭策自己的學習，他就輕拍自己的頭作為懲罰，而另一個則有可能在獲得同樣差勁的成績時踢自己一腳。自我反省現在被自我效能（self-efficacy）的概念表達了，指的是個體對在一項特定的任務或一個特定領域的任務完成中自己能力的知覺。自我效能是環境依賴的，儘管一個人在某個領域（如數學）有很高的自我效能，但他可能會在另一個領域（如領導）表現出很低的自我效能。大量的實證證據

顯示，自我效能在影響人們做出選擇、目標的設定、向目標進發時所付出的努力與堅持以及在特定領域中的成績中，是一個重要的動機性構念。

(三) 社會學習的過程

社會學習理論提出了社會學習的四個階段：注意階段、保持階段、再現階段以及動機階段。首先，要向他人學習，個體必須注意到榜樣示範行為中的相關方面。比如，孩子學習自己繫鞋帶，就要緊緊的盯住榜樣手指的運動。其次，孩子需要把這些手指的運動記住，這是模仿發生的前提，主要依賴表象（童年早期）和言語編碼（童年後期發展出的）兩種表徵系統。再次，這是有一定難度的事情，孩子要把他對別人繫鞋帶的理解轉換成自己的行為動作，這是模仿學習中極為重要的環節。最後，孩子要有足夠的動機才會自己去繫鞋帶，動機如孩子為了避免被鞋帶絆倒，或是為了獲得父母的讚揚。

(四) 社會學習的重要性和影響

雖然社會學習被認為對孩子們來說特別重要，但是也被應用到一個人一生的學習中去。社會學習的視角在發展關於促進行為改變（如促進健康）和減少有害行為（如侵犯）的技術方面非常重要。社會學習也在對很多廣泛現象的認知方面貢獻良多，包括課堂學習，群體和領導者對個體行為的影響，關於健康的問題如對醫藥治療的依從和酗酒，以及孩子對道德與價值觀的內化等。

最受社會學習視角影響的研究領域是反社會行為、侵犯行為，其研究揭示了侵犯性的榜樣可以引起大範圍的侵犯行為。在一系列人們熟知的「寶寶玩偶」實驗中，班度拉和他的同事成功的闡明了兒童僅是簡單的觀看別人就可以學習到行為：讓三組兒童都觀看一成人（模特兒）踢打充氣的塑料玩偶。第一組中模特兒的侵犯行為受到了實驗者的誇獎，第二組模特兒則受到了懲罰，第三組模特兒既不受獎也未受罰。此後，透過單向透視玻璃觀察兒

童獨自和塑料玩偶留在一起的情景。結果正如班度拉設想的那樣，看了模特兒受罰的那組兒童的侵犯行為最少，而看了模特兒受獎的那組兒童的侵犯行為最多，並且男孩子的侵犯行為明顯多於女孩子。

更重要的是，這些模特兒不必是真人，電視電影（包括卡通片）裡的那些侵犯性模特兒也同樣是引發人們侵犯行為的有效性榜樣。兒童尤其容易受這種影響，他們會認為侵犯是能夠接受的，因為他們看到了電視電影中的「好」人也在打壞人，而且還從模特兒那裡學會了如何具體的侵犯。除了學習特定的侵犯行為之外，人們還學到了態度，即會在不同的場合像電視電影那樣用侵犯的方式去解決問題。從樂觀的方面來看，因為非侵犯性的模特兒可以減少人們的侵犯行為，所以社會學習的原理也能夠在親社會行為和助人行為中發揮出它的作用。

二、社會文化視角（sociocultural perspective）

心理學研究主要是在西方的文化裡發展而來的，這些研究主要採用的是西方的樣本。有一篇論文在對出版的重要心理學期刊進行分析後發現，整體來說，其中98%的第一作者是出自於西方或英語國家的大學，95%的研究樣本來源於這些國家（Arnett，2008年）。這就是說，心理學知識是由人口數只占全世界人口總數12%的國家創建的。如此的話，人們不禁要問，從這麼狹小的樣本中獲取的心理學知識能夠推廣到全世界嗎？在過去的30年間，跨文化的研究顯示，以前被認為是沒有文化差異的心理過程，其實是與特定的社會文化相連在一起的，反映了特定的文化價值觀和行為模式。例如，基本歸因錯誤和認知失調現象，就是在看重自我的西方國家才有的普遍現象，在其他文化中要麼減弱了很多，要麼就不存在。

社會文化視角認為，個體的偏見、喜好以及政治信仰會受到群體級別上諸多因素的影響，如國籍、社會階層和現今的歷史趨勢等。社會文化理論家們聚焦於社會規範（social norm）（或是關於恰當行為的規則）的核心作用。比如華人特別講究一個「禮」字，從周公制禮樂起始，禮節不僅是人的

一種美德，更成為一種不可踰越的行為規範，只有合乎「禮」的才是合理的，否則便是大逆不道。到了孔夫子，更是強調非禮勿視、非禮勿言、非禮勿聽、非禮勿動。比如在生活中，父子間要「上慈下孝」，兄弟間要「兄友弟恭」，夫妻間要「相敬如賓」，朋友間要「謙恭禮讓」，鄰居間要「守望相助」等等。

這一視角的中心是文化（culture）這一概念。文化的基本意思是人工的產物，即由於人類的活動而留下來的痕跡，因此文化囊括了環境中所有的人類可以調控的特徵，從主觀的特徵如禮節規定，到客觀的特徵如房屋和服飾等。關於文化的定義有很多，我們在此將文化定義為生活在特定的時間和空間內，具有共同社會認同的人們所共享的一套信念、風俗、習慣以及語言。羅納（Rohner，1984 年）也提出「文化」的精髓在於個體用共享的方式解釋他們周遭的事物。這些可以共享的解釋不僅包括個體的行為，還包括這些行為所發生的環境。如果你和我能夠就一個特定的姿勢表示友好而不是表示侵犯達成一致，或者我們都認為那個姿勢是美麗的而不是醜陋的，我們就是以相似的方式在解釋我們周遭的世界。如果在你和我之間這樣的相似之處不可勝數，就可以說你和我共享一個文化。

文化可以用很多方式來進行比較，其中有些比較是顯而易見的。比如，不同文化的語言（如華語、英語、阿拉伯語）、服飾（如蘇格蘭短裙、和服、三件式西裝）以及社交問候（如吻、鞠躬、握手）是不一樣的。而從心理學的角度來看，文化會顯示出其更微妙，也更重要的差異出來。在社會互動中人們是如何解釋他們的行為方式的，他們注意到和記住了什麼，對同伴群體是要融入進去還是要逃離開來等，都與文化有關。例如，在美國和澳洲，個體趨向於用個性特徵來定義自己（如熱情、樂觀、雄心勃勃）；在韓國與墨西哥，個體更有可能根據與他人或社會群體中成員的關係來定義自己（如姐妹、朋友、學生）。在中國文化裡，如果要做生意，交情要比一紙合約更能夠建立起信任；在美國文化裡，人們更重視合約而不是個人關係。心理學對文化差異的研究主要關注的就是這種在人們信念和行為上微妙的差異，以及意

想不到的相似性上面。

（一）背景與歷史

　　人們對文化差異感興趣由來已久，最早關於文化差異的文獻可以追溯到西元前 4 世紀的古希臘歷史學家希羅多德（Herodotus）對黑海沿岸國家進行貿易時不同文化群體人們獨特信念和習慣的描述上。然而，直到 19 世紀學者們才開始對獨特的文化信念和實踐進行系統的研究，例如，法國的托克維爾（Alexis de Tocqueville）對早期美國文化獨特方面的論著（《論美國的刑事制度及其對法國的應用》、《論美國的民主》）以及韋伯（Max Weber）對北歐發展的宗教思想是如何引起了關於工作意義的文化差異的分析。大約 100 年後，文化人類學開始對世界各地的文化差異進行研究。今天，透過採用精妙的社會心理學和認知心理學實驗方法，結合文化人類學的研究，心理學讓我們對文化差異與文化相似性有了新的認識，這便是社會心理學的社會文化視角。

　　在心理學開始研究文化之前，經常假設從一種文化進行心理學研究獲取的知識可以推及到所有人身上去。但是，當學者們在其他文化中對一些心理學研究進行重複驗證時，卻發現了有不同的結果，得出了不同的結論。例如，社會惰化指的是當一個人與大家一起工作要比獨自工作時所付出的努力偏少的現象，但在東亞社會裡卻出現了相反的現象，那裡的人們與大家一起工作時要比獨自工作時所付出的努力多。

（二）研究證據

　　有三個方面的證據顯示了這些文化差異。第一個方面的證據是，對某一種文化的深入研究發現，人們在人際關係的想法和處理上的具體方式有很多不同。例如，墨西哥人的人際關係理念是，即使是陌生人，也要主動的與之創建和諧的人際關係。而在日本和韓國，他們也強調和諧人際關係的重要性，但卻是針對內群體（朋友、家庭）的成員而言的，而且是以一種「別惹

事」的被動方式去維持這種人際關係的。在美國，和諧的人際關係又會因在休閒、社會關係與工作關係間而不同。儘管美國人普遍認為無論什麼場合都要建立愉悅、積極的社會關係，但他們對人際關係不太重視，卻對工作中的和諧比較在意。例如，有研究顯示，在如何向他人傳遞令人尷尬、失望的消息時，如果傳遞的對象是朋友或熟人，美國人和韓國人都會採用婉轉、含蓄的方式以避免讓對方尷尬。如果傳遞的對象是一起工作的同事，美國人覺得即使是壞消息也要直截了當的告知對方，這樣會合適些。但韓國人卻認為面對同事傳遞壞消息的話，需要用更加間接的方式去告知對方，以給足對方面子。因此，某些場合（如工作）要比另一些場合（如聚會）在人際關係方面的文化差異要顯著得多。

第二個方面的證據來自對包括了主要大陸、數百種社會形態的人們的價值觀進行測量的多國調查。在這些調查研究中，調查對象要對象「自由的做出自己的決定是重要的」、「人們需要透過與他們的社會群體的關係來定義自己」這樣陳述句的同意程度進行評估。研究顯示，不同社會文化的人們在是要重視個人自主還是要有義務遵循傳統，是要平等還是要有地位的尊卑，是要強調競爭還是合作以及在內群體與外群體之間的差異上有著顯著的波動。

第三個方面引人注目的文化差異證據來自於對人們是如何對他們的社會環境知覺和反應的跨文化實驗。當這些實驗向不同文化的人們呈現相同的社會情境時，比如兩個人在工作小組會議上交談的影片，他們的解釋和反應很不一樣。在拉美的文化中，人們注意到和記住的是影片中的人工作有多努力以及他們在一起時人際關係的好壞；而在北美文化中，人們也注意到了他們工作的努力情況，但卻甚少注意他們的人際關係狀況。

還有證據顯示，文化差異是人們在不同的社會文化中生活與參與經驗的結果。例如，華裔加拿大人和墨西哥裔美國人這樣的雙文化人群，他們的心理模式經常是處於他們的祖國（中國、墨西哥）和新適應的文化（加拿大、美國）之間。研究證據也顯示，同一社會的不同宗教有很大的文化差異，例如美國北方人和南方人之間就有很大的文化差異：相對來講，北方人的榮譽

受辱只會引起短暫的不快，而南方人的名譽受損則變成了奇恥大辱。儘管在對暴力的容忍度上美國南北方人的差異不大，但是南方人在其重視的榮譽上要比北方人更可能去討個說法。

（三）啟示

文化差異幾乎對心理學的各個方面都有啟示。文化差異表現在兒童的教養方式（發展心理學）、在一個社會裡人格特質的範圍（人格心理學）、人們是如何加工資訊的（認知心理學）、精神失調的有效處理方式（臨床心理學）、師生互動（教育心理學）、員工的激勵（組織心理學）以及解釋風格（社會心理學）等方面。對以上各個領域的研究向我們提供了文化差異性和文化普遍性的知識。

對人們的日常生活來說，文化差異也會給予我們啟示，無論是在學校、工作還是其他的場合，不同文化背景的人們互動是不一樣的。更重要的是要認識到這樣的多樣性要比種族或國家的差異更多，文化的多樣性也包含了不同文化的人們在駕馭他們的社會性世界時，他們所使用的假設、信念、知覺與行為有著微妙卻很大的差異。

三、進化論視角（evolutionary perspective）

對一個不認識的男人，僅僅是聞到他最近穿過的襯衫的氣味，女人就可以在一定程度上知道他的長相——只限於她在排卵期間。當擔心感冒的時候，人們就會對身心障礙者、肥胖人和外國人有強烈的歧視現象。當浪漫傾向被暫時激發出來，男人——而不是女人——變得更有創造性、對抗性以及更不循規蹈矩。遇見一個與自己態度相似的人，會不由自主的想這個人是不是自己的親戚。懷孕的女性要比沒有懷孕的女性更加愛國，但是只在懷孕的前三個月才會如此。看見異性長得像自己，會覺得此人是一個好朋友但不是一個好的性伴侶——他（她）值得信任但不夠誘惑。

這些實驗發現，以及其他類似的實驗發現，用傳統的社會心理學理論很

難解釋。然而，以上這些都是從進化生物學中蘊含的心理學啟示被預測及驗證了的。社會心理學的進化論視角在理解人類社會行為和人性本質上正發揮著獨特的作用。

1908 年，最早的兩本《社會心理學》教科書問世了。其中的一本是由一位有著生物學背景的英國裔美國心理學家　　威廉‧麥獨孤（William McDougall）之手。這位學者持進化論視角（evolutionary perspective），他認為人類的社會行為根源於生理、心理上的先天傾向，這種傾向曾經幫助我們的祖先存活以及繁衍。麥獨孤繼承了查爾斯‧達爾文（Charles Darwin，西元 1873 年）的觀點：人類的社會行為（如微笑、輕蔑以及其他情緒表達）和生理特徵（如直立姿勢以及緊握大拇指）一樣，也在不斷進化著。從進化論視角去研究人的心理與行為的學科，就是進化心理學（evolutionary psychology）。

進化（evolution）是指隨著時間而發生變化的過程。進化的核心驅動力是自然選擇（natural selection），即動物將有利於其生存和繁衍的特徵傳遞給後代的過程。適應特定環境的進化精良的新特質，又稱作適應特質（adaptations），這些特質將替代那些進化不夠精良的舊有特質。從進化論的角度來看，動物的大腦與牠的身體機能一樣，會受到自然選擇過程的塑造。所以，儘管虎鯨與牛在遠古是相似的，同屬哺乳類動物，但如果虎鯨與牛的大腦是一樣的話，虎鯨將不能夠很好的工作，因為虎鯨需要一個可以引導自己的軀體在海洋裡捕食的大腦，而不是在草場吃草。同樣的道理，蝙蝠儘管也是哺乳動物，卻需要一個可以操縱自己那微小的身體在黑暗中高速飛行捕捉昆蟲的大腦。進化心理學想要研究的是，人類的心理是如何受進化過程設計塑造的？

（一）歷史與背景

我們可以把達爾文當作是第一個進化心理學家。達爾文在西元 1873 年論證道，人類的情緒表達很可能是與其生物特徵（如對向的拇指和直立行走）

一樣進化而來的,他推測說,人的情緒表達在與自己同種的其他成員溝通時非常有用,一個憤怒的面部表情意味著準備戰鬥但留有讓對手知難而退的選擇,以免雙方受到傷害。達爾文的觀點對早期心理學的發展產生了意義深遠的影響。西元 1890 年,詹姆士(William James)在其經典著作《心理學原理》中使用了進化心理學這一術語,認為人類許多行為都反映了本能的操作(即對特定的刺激以適應性的方式進行反應的先天傾向),就像人打噴嚏的本能一樣,用急速的氣流沖洗乾淨鼻腔的異物。1908 年的麥獨孤也持有同樣的觀點,但是他把本能看作是一個複雜的程序:特定的刺激(如社會性障礙)引發了特定的情緒(如憤怒),接著增加了特定行為(如侵犯行為)的可能性。

到了 20 世紀中期,麥獨孤的觀點失去了市場,此時行為主義大行其道。按照華生(John Watson,他曾與客居美國的麥獨孤公開論戰)的行為主義觀點,人的心靈是一塊白板,行為都是由人出生後的經驗來決定的。20 世紀的人類學也支持白板說,如前述的社會文化視角那樣,認為人類行為的差異乃至人類本性是由不同的社會文化規範形成的。

到了 20 世紀下半葉,白板說在不斷增加的實證發現面前支撐不下去了,跨文化證據顯示,人們有著普世的、跨人種的偏好。例如,全世界的男性都會被處於生殖高峰(年輕漂亮)的女性所吸引,而大多數女性偏愛的是能夠提供資源的男性。又如,在每一種人類社會中,男人和女人都會建立長期的婚姻關係,在這種關係中,男人幫助女人撫養家庭。但是我們會發現大多數和我們有親緣關係的物種並不如此。在其他哺乳類動物中,95%～97%的雌性會獨立撫養自己的子女。為何這些雄性哺乳類動物的家庭觀念相對淡薄呢?或許是因為對這些物種而言,雄性的作用在受精之後便微乎其微了。然而,雄性的養育作用對草原狼以及人類等物種來說卻是至關重要的,因為這些物種的嬰幼兒在出生之時非常弱小無助。從更加寬廣的比較範圍來看,這些普遍的人類行為模式反映了能夠廣泛運用於跨動物領域的強有力的原理。例如,雄性的投資在晚熟物種(無助羸弱的後代,如鳥類和人類)中要比在

早熟物種（生下來就可以走，比如山羊等許多哺乳動物）中更為常見。

（二）現代進化心理學

　　現代進化心理學是若干不同領域學科發展綜合的結果，包括動物行為學、認知心理學、進化生物學、人類學和社會心理學。進化心理學的基礎是達爾文進化理論中自然選擇的觀點，其基本原理在第一章已經詳細的闡述過，這裡不再重複。

（三）領域特殊性機制

　　進化的研究假設，大腦包含有大量專門的領域特殊性機制。例如，鳥類使用不同的記憶系統和不同的規則去記住物種的鳴聲、有毒食物的味道以及儲藏食物的位置等。許多鳥類在牠們生命早期短暫的關鍵期裡學習了自己物種的唱歌，在下一個繁殖季又完美的把它唱出來，期間這些鳥兒並沒有對它進行練習。另一方面，鳥類只要在牠們的生命中的任何時期有過一次嘗試，就能夠學習到有毒食物的特徵。根據不同的一套規則，鳥類對儲藏食物的地點進行學習、更新、去除。如果使用相同的決策規則去解決不同的問題肯定是無效的，那麼鳥類不同的記憶系統在解剖上就是不同的。同樣的道理，人類在處理不同的任務時，也是遺傳了不同的記憶系統。這些任務包括學習語言、學會避開有毒食物、識記他人的面孔等。

　　所以，適應性問題都具有特殊性——避免被毒蛇咬傷，選擇一個水資源充足且易於藏身的棲息之所，避免食用有毒的食物，選擇一個有生育力的配偶等等。不存在所謂「一般的適應性問題」，所有的問題在內容上都具有特殊性。

　　因為適應性問題具有特殊性，所以這些問題的解決方案也具有特殊性。看看下面的兩個適應性問題：選擇正確的食物（生存問題）和選擇正確的配偶（繁殖問題）。這兩個適應性問題的「成功的解決方案」是完全不同的。成功的食物選擇包括，確認那些富含營養的食物，且避開那些有毒的食物。成

功的配偶選擇則要求個體找到一個有生育能力、並將成為好父母的異性伴侶。

　　對這兩個適應性問題的一般性解決方案是什麼呢？它能夠有效的解決這兩個問題嗎？比如「選擇看到的第一個對象」這種一般性解決方案。但是，這種方法所帶來的結果將是災難性的，因為你有可能會攝入有毒的植物，和一個沒有生育力的人結婚。如果在人類的進化歷史中，有人曾經發展出這種一般性解決方案來處理各種適應性問題，那他（她）不可能成為我們的祖先。

　　為了合理的解決這些選擇問題，我們需要更多關於食物和配偶的重要特徵作為具體的指導。比如，成熟的新鮮水果往往比腐爛的水果包含更好的營養物質。一般而言，年輕健康的人總會比年老體弱的人擁有更強的生育能力。所以，為了成功的解決這些選擇問題，我們需要特定的選擇標準，而這些標準正是我們的選擇機制所包含的一部分特徵。

　　選擇機制的特殊性可以透過人在錯誤情況下的反應來加以說明。如果你在食物選擇中犯了一個錯誤，那麼將會出現一系列的機制來糾正這些錯誤。例如，當你吃到變質的食物時，食物的味道會非常糟糕，你肯定會將它吐出來。如果食物試圖通過你的咽喉，你會產生作嘔反應。而且，如果食物已經不慎被吃進了肚子，那你可能會嘔吐——這是一種被設計來排出有毒或有害物質的特定機制。

　　但是，如果你在擇偶時犯了錯誤，你不會有噁心、嘔吐等反應（至少很少見）。不過，你可以採用其他方式來更正你的錯誤，比如和他（她）分手，選擇其他人作為配偶，或者直接告訴對方你再也不想見到他（她）了。

（四）為廣泛適用的理論原則搜尋跨物種證據

　　行為的進化視角包含了對一個物種的成員面對週期性發生的特定問題的分析，以及不同物種在同樣環境條件下有著同樣行為之間關係的證據搜尋。研究單獨的適應特質（比如珊瑚蛇的顏色波段或者人投擲物體距離的能力）可能是有意思的，但是進化理論家們志存高遠：要揭示這些不同適應特質背後的共同規則。例如，泰弗士（Robert Trivers）的親代投資理論

(parental investment theory）認為，如果某種性別的個體（通常是雌性，但也有例外）在後代身上投入了更多的資源，那麼這種性別的個體在挑選配偶時會表現得更加謹慎和敏銳。相反，投資較少的那種性別將不會如此挑剔，但牠們會表現出很強的同性競爭傾向，主要是為了爭奪更有價值、投資更多的異性。換言之，有機體在繁殖上的投資越高，那牠選擇一個糟糕的配偶所付出的代價也就更高。

泰弗士的親代投資理論得到了來自大量物種的經驗證據的強烈支持。在很多物種當中，雌性對後代的投資要遠遠高於雄性，我們人類也是如此，雌性在選擇配偶時往往更為謹慎和挑剔。不過也存在少許例外，也就是雄性的投資多於雌性的情況。例如在某些物種當中，雌性將卵植入雄性體內，後代在出生之前都是一直由雄性照管的。在摩門蟋蟀、巴拿馬箭毒蛙和海岸尖嘴魚中，雄性對繁殖的投資就遠遠高於雌性。

雄性尖嘴魚從雌性那裡獲得卵子，然後把卵子放在牠的與袋鼠類似的育兒袋中。雌性尖嘴魚之間會為了爭奪「最好」的雄性而大動干戈，而雄性則對配偶更為挑剔。這種「性別角色倒錯」的物種為泰弗士的理論提供了支持，它說明並不是「雄性」或「雌性」本身導致了配偶選擇的性別差異，而是因為兩性在親代投資上的差別所帶來的結果。因此，不斷累積的證據為泰弗士的親代投資理論提供了堅實的基礎，這個理論認為親代投資才是配偶選擇中挑剔傾向和競爭性的決定性因素。

（五）進化心理學論戰

儘管有大量證據與白板說是相對的，但是許多社會心理學家依然不情願持有進化論的視角。大多數心理學家接受了人類行為受到了明顯的生物限制（比如女性要養育子女，其大腦的語言能力更強）的觀點，一些心理學家在他們自己的研究領域裡還是認同白板說。其中一部分之所以不願意接受進化視角，是基於進化模型如何被檢驗的錯誤概念；其他的一部分則從政治的角度來考慮。例如，有些人害怕如果科學家承認男性與女性的動機有著生物先天

的影響，那在工作場合實行不同的待遇就是天經地義的了。對此進化心理學家回應道，科學的審查機構未必會導致在這個領域一定發生這樣的事，或開明的社會政策。例如，如果工作場所裡男女平等的待遇是建立在男女一樣的錯誤前提之上，那任何與這個前提相反的證據會被用來證明不平等就是合法的了。在現代環境中男女平等的社會價值觀不應該靠否認生物差異來建立。

一些心理學家則深陷自然主義之中，認為只要是自然的就是好的，那豈不是連裙帶關係等都是合理的。另一些心理學家明白自然主義謬論的危害，害怕公眾一旦聽說人們的行為是受進化影響的，會受自然主義謬論的危害。進化心理學家普遍相信，與其壓制科學事實，了解操縱行為的真實機制才是改變行為的最好方式。越來越多的研究者開始了解到，人類過去的進化過程不僅塑造了一些現今社會不合時宜的特徵（如男性的攻擊行為），還有人類本性中積極的一面（如家庭之愛，以及與他人合作得以使整個群體受益）。

（六）進化心理學未決的問題

進化心理學是個讓人興奮的領域，因為很多問題得到了令人滿意的回答。但是我們對遺傳特質是如何影響心理機制發展的所知甚少。比如，全世界的男人都會被處於生殖高峰的女人所吸引，可是研究者並不太清楚這些偏好是如何發展而來的，其中的大腦機制是怎樣的，以及是如何與環境互動的。還有，發生在一個人身上偏好的簡單先天機制，卻對周圍另一個人的偏好不管用的動態過程，人們對此仍不清楚。

到目前為止，進化模型已經在小範圍內得到了應用，比如求偶行為的性別差異、攻擊行為以及親緣偏好等。現在，心理學家開始了解到進化視角前景廣闊，可以用來說明人類社會行為的很多方面，包括印象形成、友誼、群際關係以及偏見等。用進化視角去認識人類的社會行為將會有更多激動人心的科學發現。

四、社會認知視角（social cognitive perspective）

儘管各有差異，但整體來說，社會學習、社會文化和進化論視角都強調客觀環境的重要性。它們都認為，人們的社會行為是受到所處世界的客觀真實事件的影響的。在 1930、1940 年代，勒溫（Kurt Lewin）為社會心理學引入了一個新的視角，他認為社會行為的驅動力是每個人對社會事件的主觀解釋。比如，你是否願意透過努力成為班長的決定取決於：（1）你對獲得這一職位的機率的主觀猜測。（2）你對成為班長所得益處的主觀評估。如果你認為成為班長並不能為自己帶來好處，或者你有意成為班長但達成的可能性微乎其微，你就懶得為競選奔走了，即使從客觀上看，你獲得這一職位的勝算很大，而且此職位也頗能為你帶來樂趣。

儘管強調主觀解釋，但勒溫不認為客觀現實不重要。為了全面的理解勒溫的思想，首先我們得了解到一個人當下的環境會對他的思維、感受和行動有深刻的影響。情境的力量是強人的，特定的情境會使所有的人以同樣的方式去行動，無論這些人有各式各樣的差異。看看你周圍一起上課的這些同學，有些人外向健談，而有些卻內向緘默。可是當老師開講時所有的同學都會安靜下來，為什麼呢？因為上課這個情境告訴他們，安靜才是正確的行為方式。事實上，情境之強大，能夠驅使一個人去做他正常情況下不會做的事情。

然而，我們每個人都是一個獨特的個體，有著自己的人格特質、價值觀、態度以及對這個世界的信念，這使得我們與他人區別開來。我們從父母那裡遺傳而來的基因是與眾不同的，每個人的生活經歷也不一樣，每個人的性格都是獨特的。我們一貫的偏好、思考方式以及行為傾向都難以隨情境和時間的變化而變化。

人格心理學主要關注人的內部特質對人行為的影響，其研究發現，人們的行為在不同的情境中表現出了很好的一致性，這反映了人們適應世界獨特的方式，而且特質與行為的一致性貫穿於人的一生。例如，科斯塔和麥克雷

（Costa and McCrae，1994 年）的研究發現，一個人出生後前幾年的行為，與其青年、中年和晚年的行為傾向是一致的。特質強有力的引導著人們社會生活中的思想、感受和行為。如果再回到你的課堂上，你會發現即使是在老師講課的時候，有幾個同學也在說話——他們那外向的特質已經壓過了情境的力量。

現在我們知道了情境和人格特質都對人的行為有影響，那麼，到底哪一股力量對人的行為影響更大一些？學者們為此爭論了很多年。按照勒溫的理論，大多數社會心理學家是這樣去進行理解：人格特質與情境因素是如何一起互動來決定我們的思想、情感與行為的。換言之，我們應該關注何種情境使何種人以何種特定的方式行事。

這種對內在體驗與外部世界相互作用的強調，很自然的將社會心理學與認知心理學建立起了密切的關聯。認知心理學家研究思考的過程，涉及對環境中事件的注意、解釋、判斷和記憶。在 1950 年代，電腦的出現引領了一場「認知革命」，人們對大腦工作機制的興趣重新燃起。在 1970、1980 年代，越來越多的社會心理學家採取了社會認知視角（social cognitive perspective）。該視角強調人們對社會事件的選擇性關注、解釋以及如何在記憶中儲存這些經歷的過程。並認為這種認知過程要比社會事件本身更為重要。

想像一下你在與一位朋友約會，這人遲到了。事實上，在約定的時間 30 分鐘後你就開始懷疑這位朋友不會來了。終於，他出現在你的面前，說：「對不起，我忘了和你約會的這件事了，剛剛才記起來，然後我就趕來了。」你的反應會是怎樣的？你可能會惱火。再想像一下，假如你的朋友是這樣說的：「很抱歉來遲了，路上發生了嚴重的車禍，導致長時間的塞車。」那麼你的反應如何？你也許只有一點點惱火了。如果這個朋友以前經常遲到並用過這個藉口，你就會懷疑這個解釋是不是真實的。如果你的朋友是第一次和你約會遲到，或者是第一次這樣解釋，你會認為這是真的。在此情境中你的反應會取決於你對朋友過去行為的記憶，以及對他遲到藉口真假的推斷。可見，對

社會情境的認知過程很大程度上決定了人們的行為反應。

　　社會認知視角發軔於 1930 年代的格式塔心理學，在格式塔心理學家看來，決定人類行為的不是客觀的地理環境，而是人所感知到的「行為環境」。考夫卡（Kurt Koffka）曾以一個騎馬人飛渡冰雪掩蓋的康斯坦斯湖（他以為是大草原），後聞知實情便驚駭而死的故事說明行為環境對人的行為的決定作用。行為環境和地理環境並不總是相符的，因為人在與環境的相互作用中，並不是消極被動的，他經常積極的透過組織自己的知覺和觀念，形成單一的、有意義的整體。正是這種對環境的組織作用影響著我們對環境的知覺，並進而影響著我們的行為方式。如今，社會認知視角在現代社會心理學中占據著極其重要的位置，它會為我們在本書中要討論的社會行為的不解之謎提供關鍵的解釋。

五、視角的整合

　　以上的每一種視角都是對人類社會行為和人性本質的深邃洞察，但卻像盲人摸象一樣，只摸到了一隻大象的局部。我們只有把這些不同的視角整合起來，才有可能使我們對社會心理學有一個比較全面、整體的理解，因為人的心理現象本來就是各種因素綜合的結果，而不是簡單的某一種因素作用的結果。與其他動物相比，人類在長期進化的過程中為了生存下去，沒有形成猛獸那樣的強壯四肢和尖牙利齒，可以恣意抓捕其他動物，也沒能生長出一對翅膀來飛行在空中，可以躲避諸多猛獸的襲擊，而是進化出了一個認知能力超群的大腦，可以使人類以智取勝，以「團結就是力量」的方式結成群體，形成社會，最終傲然成為地球的主宰。在這個過程當中，很多因素是同時交織在一起，進而共同發展的。首先，為了活命，人的大腦容量相對比較大，結成群體時為了能夠真正的形成合力，面臨著一個高效能溝通的實際問題，這就逼著人類發展出語言來。其次，有了語言又進一步使得人類大腦的心理層級和認知能力突飛猛進。再次，因為結成群體和強大的認知能力，就使得人類的社會文化出現了。最後，社會文化又進一步的影響了人的心理和行

為。為了說明的方便，以上只是個簡化的過程，實際上環節先後並不能截然分開，而是十分複雜的糾纏在一起來造就了我們人類，以及發展形成了人類的心理與行為。因此，任何一種心理現象的背後，其原因必定是複雜的，是多種因素共同作用的結果。

以偏見為例，在某種程度上，對其他群體成員的偏見與人們進化出的對陌生人的反感是息息相關的，人類的祖先會將陌生人看作人身危險與新疾病的來源。但是，對外人的反感總會涉及利弊權衡，因為不同群體的成員需要通商、通婚。因此，人類總得學會識別誰是朋友、誰是敵人、誰是應該害怕的以及誰是可以信任的。與此同時，在對群體的認知上，人們會對群體進行分類，一個重要的結果就是自己所屬的群體——內群體，和自己沒有隸屬的群體——外群體，進而產生了內群體偏愛和外群體歧視。當不同群體間的關係隨著歷史事件不斷改變時，文化規範也會相應做出改變。為了完全領會社會生活的神祕之處，我們需要將不同視角中的線索拼合在一起以觀全貌。

---

[1]　霍蘭德·社會心理學原理和方法（第四版）[M]·馮文侶，等譯，吳江霖，審校·廣州：廣東高等教育出版社，1988：10.

[2]　苗力田主編·亞里斯多德全集（第九卷）[M]·北京：中國人民大學出版社，1994：6.

第三章
社會心理學的研究方法

社會心理學的研究內容與日常生活關係密切。無論是個人還是群體，其社會心理現象及行為都能成為社會心理學的研究對象，社會心理學研究旨在探究社會現象和行為發生的原因、產生條件以及影響。但僅靠生活經驗很難得出令人信服的結論，必須採用公認的科學研究方法進行研究。

第一節　社會心理學的問題來源

在社會心理學研究中，依賴標準化和既定主題不是生成研究構想的唯一方式。達納·鄧恩（Dana S. Dunn）曾在《社會心理學研究方法》（*Research Methods for Social Psychology*）中提出了選題的方法：進行自我反思，探索並證實人類的事後偏差，聚焦於校園中的熱門焦點問題，關注人類的社群生活，關注現行的大眾媒體（大眾傳播媒介），關注大眾生活，尋求相應研究領域中專家的建議，瀏覽全球資訊網（World Wide Web），嘗試觀察身邊的人，選題的其他來源（查看相關領域書籍中的索引、目錄、關鍵字等，閱覽相關領域中新出版書籍的書評，參加社會心理學領域的講座，查閱社會心理學文章或書籍中的參考文獻，與其他研究人員共同進行腦力激盪）。

綜上所述，社會心理學的問題來源主要有兩種：一是在過去研究的基礎上發現新的問題，二是個人在日常生活中的觀察體悟。

一、過去的研究

從前人研究中汲取經驗是社會心理學研究的問題來源之一。任何一個科學理論的發展都經歷了從無到有的過程，而這個過程並不總是一帆風順的，面臨著諸多的質疑、爭論與否定，而這也恰恰是科學發展的動力。一個理論能夠被大眾所承認無非基於兩點：一點是不可證偽，採用實驗無法將該理論推翻。另一點是該理論的預測功能，依據該理論可以預測某種現象。心理學的眾多理論都是深受前人研究影響，如關於學習，不同理論學派的觀點有所不同甚至大相逕庭。桑代克（Edward Lee Thorndike）透過「餓貓謎籠」

實驗得出學習就是動物（包括人）透過不斷的嘗試形成「刺激─反應」連結，從而不斷減少錯誤的過程。他把自己的觀點稱為試誤說。格式塔學派心理學家科勒（Wolfgang Köhler）與桑代克的觀點完全不同，他對黑猩猩的問題解決行為進行了一系列的實驗研究，從而提出了與當時盛行的桑代克的「嘗試─錯誤」學習理論相對立的「完形─頓悟」說。科勒指出：「真正的解決行為，通常採取暢快、一下子解決的過程，具有與前面發生的行為截然分開來而突然出現的特徵。」[1] 這就是所謂的頓悟，而頓悟學習的實質是在主體內部建構一種心理完形。現在我們知道，試誤與頓悟不是相互排斥，而是相互補充，是學習過程的不同階段。

再例如「挫折─攻擊」假設的理論發展也可印證這點。最初是多拉德、米勒等提出了「挫折─攻擊」理論，由於批評者質疑該理論過於武斷，後來米勒對此進行修正，認為挫折可以轉為攻擊。再後來，伯科維茨（Berkowitz）認為個體受到挫折並不直接導致侵犯，於是進一步修正了「挫折─攻擊」理論。詳細內容可以見第八章第二節。

二、個人的觀察體悟

社會心理學研究的另一來源是個人的觀察感悟，這類問題來源於個人對生活的觀察或實踐中所遭遇的問題，這些問題與個人息息相關。問題來源於生活，其研究結果也將服務於生活。尤其是社會心理學研究，社會心理學的研究問題多與某種社會現象息息相關，社會心理學的研究對象多為某種社會問題，並旨在透過此研究針對某一問題提出解決之道。這就要求研究者善於發現生活當中的問題及保持對社會問題的高度敏感性。大部分研究來源於此方式，個人與社會的緊密關聯也是社會心理學更容易被大眾所理解的原因。一個著名的案例是達利（J. M. Darley）與拉塔內（B. Latané）的「責任分散」理論的建立，該理論的設想及其實驗驗證便是受到「吉諾維斯悲劇」的啟發。「吉諾維斯悲劇」是 1964 年美國紐約發生的著名的吉諾維斯案件，一個典型的見死不救事件。有人把它當作一個可以閒談的社會事件，有人則對

此進行了深入的思考，並進行相關研究。

第二節　社會心理學研究的方法論

一、實證主義方法論

　　實證主義是強調感覺經驗、排斥形上學傳統的西方哲學派別。又稱實證哲學。它產生於西元 1830、1840 年代的法國和英國，由法國哲學家、社會學始祖孔德（Auguste Comte）等提出。實證主義作為一種方法論對西方心理學影響深遠，至今仍然對心理學研究產生指導作用。

　　當時的心理學剛脫下傳統哲學的外衣，急於成為自然科學的一部分。實證主義作為一種時代精神滲入即將誕生的心理學中，並從方法論層面深刻的影響了心理學的產生和發展。有研究者曾總結了實證主義的特點：第一，強調研究對象的可觀察性。實證主義的一個主張是將科學的對象限定在可觀察的資料範圍之內。孔德曾提出人類整體知識演化三階段規律的理論。按照這一理論，人類的所有思想或精神，無論是個人的還是社會的，都不可避免的先後經歷三個不同的階段，也就是神學階段、形上學階段和實證階段。到了「實證階段」，「人類智慧便放棄追求絕對知識，而把力量放在從此迅速發展起來的真實觀察領域，這是真正能被接受而且切合實際需求的各門學識的唯一可能的基礎」。第二，方法中心。實證方法包括實驗法、觀察法、測驗法、調查法等基本方法，它們是心理學的科學性的重要保證。第三，元素主義。實證主義認為經驗或行為可以分為幾種簡單元素，強調心理現象的分析。其關注社會中的個體現象、個人的心理和價值，認為若離開了對真實的人的生活及其價值的理解和認識，社會實踐本身將迷失其真正的價值和目的。第四，還原論。實證主義的主要目的在於把科學的理性主義擴展到人們的行為中去，即讓人們看到，把人們過去的行為還原為因果關係，再經過理性的加工，就可以使這種因果關係成為未來行為的準則。第五，描述性。馬赫（Mach）認為實證哲學是一種科學認識論，科學的任務不是去理解和解釋，

而是僅僅對事實作概要性描述。第六，定量性。在邏輯實證主義的影響下，托爾曼提出了中介變量這一概念，把行為看作是一種「因變量」，它由環境和內部的「自變量」所決定；赫爾（Hull）也假設了介於刺激和反應之間不可直接觀察的理論實體。

　　受實證主義哲學的影響，馮特（Wilhelm Wundt）認為，心理學的研究對象為人的直接經驗，他將心理學視為「直接經驗的學科」。實證主義為心理學提供了方法論指導，馮特主張運用實驗內省法來研究心理現象，力圖使心理學成為自然科學，並極力推崇和提倡還原論與元素主義，他說：「既然一切科學始於分析，那麼心理學家的首要任務是將複雜的過程簡化為基本感覺要素。」但馮特並不崇拜實證主義，更不把實證主義原則作為教條。他認為實證方法只能用於研究感覺、知覺等低階心理現象，而不能用於研究思考、想像等高階心理過程；鐵欽納（Edward Bradford Titchener）繼承了馮特心理學的實證研究傳統，從馬赫的經驗實證主義出發，對實驗內省法及被試者提出了極為嚴格的要求，他認為心理學研究人的意識經驗，為獲得對意識經驗清晰、準確的描述和報告，必須借助實驗；同時主張對內省者進行嚴格訓練，使之掌握感知和描述自己意識狀態的方法，而非描述刺激或說明刺激的意義。這導致實驗內省法脫離了心理生活的實際而更趨近於自然科學。為了更準確的貫徹實證主義的主張，鐵欽納極力主張對意識進行更徹底的元素分析，在他看來，元素分析就是要發現最基本的感覺要素，據稱他所發現的感覺要素大約有 44,000 ～ 50,000 種。與馮特的實驗內省法相比，鐵欽納的實驗內省法重在內省，他對內省的限制比馮特更加嚴格，而且進一步把實驗內省用於研究思考、想像等高階心理過程。

　　行為主義時代對實證科學的推崇發展到了極端。華生接受了孔德的實證主義觀點，明確主張心理學是純粹自然科學的一個客觀的實驗分支，他拋棄了實驗內省法，代之以自然科學常用的實驗法與觀察法。為更逼真的貫徹實證主義的主張，華生不惜「削足適履」，他認為意識不應作為心理學的研究對象，心理學研究應以行為為研究對象，並對個體行為進行預測與控制，以嚴

格控制的實驗法和操作策略對行為進行研究，使心理學在研究對象和研究方法上更接近自然科學。史金納接受了孔德和馬赫的實證主義並將其與物理學家布里奇曼（Bridgman）的操作主義相結合，主張把所有的科學語言還原為通用的物理語言，心理學術語必須還原為行為術語，從而把行為主義推向了極端。這種極端的無「意識」心理學引起了行為主義心理學以外心理學家的批評，在行為主義心理學內部也引起了強烈不滿。

實證主義對心理學的歷史貢獻：第一，實證主義推動了心理學實證方法的完善和發展。第二，實證主義為心理學的研究提供了指導，心理學研究者透過實證研究蒐集了大量的來自可觀察事實的第一手資料，豐富和充實了心理學知識體系。第三，在當時科學主義興盛的歷史條件下，實證主義客觀上有利於心理學科學地位的鞏固和發展。實證主義方法論推動了心理學的發展，但由於其自身存在的局限性，它不能也不應成為心理學研究的唯一方法。

實證主義對心理學的局限：第一，以實證主義哲學為基礎的心理學無視理論研究的必要性，力圖將心理學建設成為「自然科學的一個純客觀的實驗分支」，完全看不到文化歷史特徵對揭示心理現象的一般機制和普通規律。實證主義在推動心理學的自然科學化進程中，也對心理學造成了極大的負面影響。正如中國心理學家車文博先生所言：「實證主義不但是真正科學的哲學方法，而且它已經給西方心理學帶來了惡果。」第二，受實證主義經驗實證原則和客觀主義原則的影響，心理學研究忽視了人的內部心理活動和主觀體驗，否定了心理的主觀屬性，使心理學研究脫離了人的實際需求並因此導致了心理學研究中的表面化、低級化現象。構造主義的元素還原論、行為主義的生物還原論以及認知心理學的機器還原論均有此表現，即從研究對象、研究方法到研究過程的控制、研究結果分析，都以自然科學的要求為準。

二、人文主義方法論

在心理學發展史中，格式塔心理學和人本心理學深受人文主義（Humanism）思潮影響，尤以人本心理學為甚。它們以現象學和存在主義為基礎，在心理學的研

究上開創了一套與科學心理學研究相迥異的體系，表現為以下特點：

在研究對象上，人文取向的心理學強調要抓住統攝經驗的有意義結構，因而要將作為整體的人及其心理為研究對象。格式塔心理學用心理的整體解釋取代心理元素主義。人本心理學以作為整體的經驗的人及其意義為自己的研究對象，把重點放在人類所特有的一些特性上，如選擇性、創造性、價值觀、自我實現等，反對根據機械論和還原論的觀點來研究人的心理。人本主義心理學力求呈現出一種朝向真正「人之所以為人」的心理學的研究取向，在理論信念、哲學基礎、臨床實踐和研究態度等方面致力於「不同於說明動物和機械行為的心理學模式的人的心理學」。

在研究方法上，人文取向的心理學認為，心理學是研究人的科學，提倡人文的研究方法，如個案法、談話法、臨床法、歷史法等，認為心理現象只能去理解而不是客觀描述，堅持現象學質的分析先於量的分析的解釋原則；主張以問題為中心，反對方法中心論。人本心理學的代表人物馬斯洛指出：「所謂方法中心，就是用來表示那種認為科學的實質依賴於工具、步驟、設備及其科學的方法，而與科學的問題、疑難、功用或目的無關的傾向。」在馬斯洛看來，真正堅實的科學應當首先區分目的和方法，只有科學目的才能賦予方法以意義並使方法有效。尤其心理學直接研究人的經驗，它的對象與研究者的興趣、動機、追求有密切關係，而僅依靠科學方法來研究心理學是不行的。所以，在解釋原則上，應當始終以問題為中心，要面對人的問題，始終尋求發現，而不尋求證明，要依靠人的主動性，始終探索未知。從整體上說，人本主義心理學致力於提供和發展自己的心理學理論和心理學實踐技術，用心理學理論指導和衡量心理學實踐技術，透過心理學實踐技術支持和完善心理學理論，最終希望實現人本主義心理學的理想：一種真正的心理學與人的自我實現。

人文取向的心理學研究整體的人，它強調人的主體性，關心人的價值、人的存在和尊嚴，認為不應該是把人的存在和心理經驗分解為各種成分、特質和元素。這恰恰是實證主義所忽視的問題，在某種程度上，人文取向的心

理學反對將人視作物，反對用研究自然物質的方法來研究人的精神世界，主張從人的現實存在出發，人的存在形式與其他生命的存在形式不同，不能對心理過程作機械的、還原的解釋，把複雜的、具有意識的、歷史經驗和現實生活融為一體的心理現象（心理過程）簡單的還原為物理或生理事件的機械法則。人的存在儘管有生物—生理限制，但人本質上是自律和自由的。

在秉承心理學中人文傳統的同時，人本主義心理學也開始暴露出危機。人本主義心理學的危機與整個心理學自身的危機有著「異曲同工」之處。「人本主義運動的危機是心理學自身的主要危機。」（Wertz，1998 年）「人本主義心理學處於危機的境地……有許多方面顯示，人本主義心理學甚至其後續發展，沒有實現它起初點燃起的希望和期待。」人本主義心理學缺乏清晰的、徹底的和深厚的理論基礎，在方法論和真正理解人的經驗方面存在明顯的不一致，而且其實現目的的方法和方式並不統一，仍然沒有完全擺脫使用傳統研究方法及量化的色彩。羅傑斯指出，「在美國，人本主義心理學沒有對主流心理學產生深遠或重要的影響……主要原因看來是有價值的人本主義取向研究的缺乏。」（Rogers，1985 年）

用非自然科學的人文方法研究心理學有其可貴之處，然而也正因如此，它遭到實證主義的強烈反對。在科學心理學看來人文取向的心理學似乎在對抗人類的邏輯式公認的關於可能性的標準，它經常被看成是「神祕的或無法考證的」，因此，也就不屬於正統的科學範圍。

三、馬克思主義方法論

馬克思主義社會科學方法論對心理學研究具有重要的指導作用。研究馬克思的思想以及對現代心理學的影響，對於掌握和分析西方的精神分析心理學、辯證法心理學、人本主義心理學等流派和蘇聯心理學，同時對於發展和豐富近代心理科學，都有著極其重要的理論和實踐意義。心理學不能沒有馬克思主義，心理學的馬克思主義取向，是當代心理學發展的必然趨勢，各種不同心理學流派的馬克思主義都有其優點與不足，要克服當代心理學危機，

就必須對全世界馬克思主義心理學研究進行不斷的探索與反思。

(一) 以實踐為基礎的研究方法

實踐是社會存在和社會發展的基礎，是認知的來源，是認知不斷提高與發展的根本動力，是檢驗認知是否正確的唯一標準。實踐與認知是辯證統一的關係，實踐對認知有決定性作用，認知反作用於實踐。正確和科學的認知促進實踐的發展，錯誤的認知則阻礙實踐的發展。認知要隨著實踐的發展而不斷完善、進步。實踐是馬克思主義哲學體系的最重要的也是最基礎的觀點，是明晰人的本質，了解人、意識與環境交互作用的出發點。這一思維方法為當代心理學研究開闢了一種新的視角。心理學是研究人的科學，根據馬克思主義實踐哲學的看法，這個「人」是同時受到主觀世界、客觀存在、個人行為與其互動作用影響的人。

實踐是社會科學方法論的基礎。在心理學研究中，「實踐」的指導意義尤為重要。社會上有一部分人認為心理學和算卦一樣，可以什麼都不用說就猜測人的心理。想必大家都有這樣的體會，當有些朋友得知我們在學習心理學後，第一句話往往是「猜猜我現在在想什麼？」這是對心理學知之甚少者的普遍認知。西元 1879 年，馮特在萊比錫大學建立了第一個心理學實驗室，象徵著心理學成為一門獨立的科學。雖然心理學作為學科發展不到 200 年的時間，但是心理學和其他科學一樣有著漫長的過去，也曾經歷了很長一段時間的思辨過程。自心理學成為一門獨立的學科後，也進行過大量的實驗性研究，為其更好的成為一門科學，做出了重大的貢獻。今天的心理學不能僅僅停留在理論研究上，要始終堅持實踐的原則，堅持在實踐中深化認知，提升認知，發展認知，大膽的進行科學探索和實驗研究來繼續發展。

(二) 社會系統研究方法

世界上不存在完全孤立的事物，事物之間必然存在某些特定關聯，這是所有事物的客觀本性。關聯具有普遍性，事物間具有普遍的關聯並以系統的

形態存在。馬克思、恩格斯（Engels）認為社會是一個有機的整體。這首先表現在他們對構成社會結構的要素的認知上。如生產力，馬克思指出：「受分工制約的不同個人共同活動產生了一種社會力量，即擴大了的生產力。」社會複雜現象的背後，其原因不可能是單一的，而是受到多種因素的影響，研究者必須要系統的看待社會問題及現象。

在心理學研究中，心理及行為是一個複雜的系統，心理學研究應當注重採用系統的研究方法。相較於傳統的研究方法，系統的研究方法對於解決複雜的心理問題有著強大的優越性。我們知道，某一心理現象或行為的產生很少會是由單一因素造成的，因此看待心理學研究的問題時，必須要避免絕對化和單一化的思考方式，特別是一些社會大眾心理和社會大眾現象的研究，要用系統性的、整體的、相關聯的眼光看待要研究的問題，詳細分析其社會行為產生的種種原因。只有這樣才能使心理學的研究有更高的品質，可以解釋更多的社會現象，幫助更多的人。

（三）矛盾分析法

眾所周知，透過研究社會矛盾及及其運動特點，可以發現人類社會的一般結構、人類社會的普遍本質和人類社會發展的一般規律，同時也為更好的解決社會矛盾，提供最基本的原則和方法。社會矛盾推動社會發展，運用社會矛盾分析方法研究社會科學使得我們能夠從本質上認識、發展社會科學，並運用社會科學去促進社會發展。

矛盾是普遍存在的。社會矛盾不僅存在於社會生活的各個領域，而且還貫穿於社會發展的全過程。心理學研究中也時刻存在著矛盾。這就要求我們在心理學研究過程中要有強烈的「問題意識」。在研究中要善於抓住矛盾，提出問題。可以這樣理解，社會生活中若沒有心理上的矛盾、沒有思維上的疑惑，也就沒有心理學上的問題，也就沒有心理學研究的今天。但是要注意，不是所有的矛盾都可以上升為研究中的問題。心理學研究，要善於從複雜的矛盾中提煉出具有現實意義、學術價值的「問題」。且心理學研究僅有「問題

意識」還是不夠的，還必須要有問題的「品質意識」。「問題」品質越高，「理論」才越有研究與應用價值。

在心理學研究中，要善於透過矛盾發現問題，在每解決一個問題後，再從問題的發現與解決過程中，總結出有用的經驗，規避出現的弊端，將思考匯總，在原有的研究基礎上，形成適合新研究要求的研究方法。這便是矛盾法在心理學中的重要價值與運用。還須注意的一點是，在研究過程中，矛盾分析法應居於最主要地位，矛盾分析法是根本的認識方法，內容較為廣泛且深刻。採取矛盾分析法分析心理學研究的問題時，要注意「兩點論」與「重點論」相結合的方法，抓住問題關鍵的方法，掌握好對立與統一，處理好批判與繼承。

（四）社會過程研究方法

社會在矛盾運動中不斷發展，社會矛盾使社會展現為一個自然歷史過程，任何事物都有其發生、發展、滅亡的過程。「馬克思主義揭示了這一過程的內容、實質和規律，為我們具體研究社會歷史現象提供了科學的方法論指導。」馬克思和恩格斯認為，人類社會是一個過程，世界是個過程的集合體，把事物和過程、矛盾和過程相連起來，認為整個自然就是「種種自然和種種過程的體系而展現在我們面前」。運用馬克思主義社會過程研究方法，第一，要堅持社會歷史過程的連續性與非連續性的統一。第二，要堅持社會歷史過程的前進性和曲折性的統一。第三，要堅持主體選擇性與客觀規律性的統一，既要尊重客觀規律，又不能忽視人的主觀能動性。

馬克思主義社會科學方法論作為一門系統性科學理論，在人們生活的各個方面，都有其價值。在心理學研究的所有步驟中，各個方法論都貫穿其中，只有透過不斷的學習理論，不斷的進行實踐研究，才能更好的發揮馬克思主義社會科學方法論對心理學研究的價值。

第三節　社會心理學的研究原則

社會心理學研究只有在遵從研究原則的前提下，其結果才是科學有效的。社會心理學能更好的服務於社會，這才是有意義的。

一、客觀性原則

客觀性原則，是指在進行心理學研究時，任何心理現象都必須得到尊重並按它的本來面貌加以研究和考察，研究者不能附加任何主觀意願。個體心理是人腦對客觀現實的反映，一切心理活動都是由刺激引起的，並透過一系列的生理變化，以人的外部活動表現出來。人的心理活動無論如何複雜或做出何種假象與掩飾，都會在行動中表現出來或在內部的神經生理過程中反映出來。因此，在心理學的研究中切忌採取主觀臆測和單純內省的方法，應根據客觀事實來探討人的心理活動規律。

客觀性是科學方法與其他求得知識的方法的基本區別。心理學作為科學，研究的客觀性，是指按照人本來的心理表現去覺察和記錄人一切的心理活動和規律，而不是離開客觀現實而單憑主觀猜測。研究的客觀性一直是心理學家不懈追求的目標，這也是心理學不斷獲得與自然科學對話可能的重要條件。中國心理學家高覺敷將實證論視為西方心理學發展的兩大基石之一。實證論的代表人物孔德認為一切知識必須以被觀察到的事實為出發點，馮特將傳統的內省法與生理學的實驗法相結合，創立了實驗內省，為心理學研究的客觀化做了首次嘗試；華生以客觀的行為代替主觀的意識，以實驗和觀察代替內省。

由於堅持客觀化的研究，心理學獲得了令人振奮的成就，使其得以在廣泛的領域被運用。隨著科學的進步和人類認知能力的提高，心理學將在更廣泛、更深層的領域進行客觀化的研究。但是，一味強調研究客觀化，而排斥、否定心理學研究中的主體參與也是不正確的。研究主體參與是必要的，也是不可避免的。皮亞傑（Jean Piaget）曾指出，知識或自然科學都涉及先

驗的方面，它們處於經常變動與建構中，因而不能被確證。

　　首先，研究者主體的參與很難避免。在科學研究中，研究者的知識背景、認知結構、個人經歷都會影響對資料的收集和整理，使研究的「客觀性」受到制約。孔恩（Thomas Samuel Kuhn）和費耶阿本德（Paul Feyerabend）認為，客觀觀察總是要受到理論的滲透和「汙染」，任何觀察都會因理論的轉換而導致不同的結果，支配科學理論的不是經驗陳述，而是高層背景理論或科學家的世界觀。尤為重要的是，心理科學的研究對象是活生生的人，具有特殊性，研究者一旦與被試者進行交流（在研究中主試者被試者之間的交流往往是必須的），其人格、對實驗結果的期待等因素就可能影響到實驗結果。「霍桑效應」就說明了因研究者主體的參與而影響到研究的客觀性。研究者主體對實驗結果還可能存在更多的潛在影響，只是沒有被我們認識到罷了。

　　其次，研究者主體的參與是必要的。科學發展的歷史顯示，有些科學發現是以高度主觀的方式產生的。科學理論有時是建立在枯燥的事實收集上，有時來源於研究者的頓悟。一個新理論的構建常常直接來源於主體的直覺和積極思考，而非來源於按照客觀性原則建立的實驗室。如佛洛伊德（Sigmund Freud）的人格結構理論、馬斯洛（Abraham H. Maslow）的需求層次理論的提出就並未嚴格遵循客觀性原則。因此，孔恩認為，科學發現是依靠天才、靈感、想像和機遇性。綜上所述，研究者必須嚴格遵從客觀性原則，背離這條原則，科學研究就不能稱之為科學。但是，研究者主體的參與也不容忽視，特別是一個新理論剛剛提出時往往缺乏足夠的資料作為根據，對其應採取寬容的態度。

　　可重複性問題是當前科學界面臨的共同問題。最近，心理學研究領域的可重複性問題也受到廣泛關注，引起了研究者的積極討論與探索。中國心理學學者胡傳鵬等人透過對 2008 年發表的 100 項研究結果進行大規模重複實驗，研究發現，心理學研究的成功重複率約為 39%，但該研究仍然存在著極大的爭議，不同的研究者對其結果的解讀不盡相同。針對可重複性問題，研

究者透過資料模擬、統合分析以及調查等多種方法來分析和探索其原因，這些研究顯示，可重複性問題本質上可能是發表的研究假陽性過高，可疑研究操作是假陽性過高的直接原因，而出版偏見和過度依賴虛無假設檢驗則是更加深層的原因。面對可重複性問題，研究者從統計方法和研究實踐兩個方面提出了相應的解決方案，這些方法與實踐正在成為心理學研究的新標準。然而，要解決可重複性問題，還需要心理學研究領域的多方參與，尤其是在政策上鼓勵公開、透明和開放的研究取向，避免出版偏見。心理學研究者為解決可重複性問題做出的努力，不僅會加強心理學研究的可靠性，也為其他學科解決可重複問題提供了借鑑，推動科學界可重複問題的解決。

二、系統性原則

　　心理是一個錯綜複雜、縱橫交錯的動態系統，是一個在與環境進行各種能量交換，特別是資訊交換中實現的、有序化的、開放的、可控制的、整體的自組織系統。在其內部存在著許多子系統，子系統又可細分。那麼，在心理科學研究中如何貫徹系統性原則呢？

　　系統分析的首要原則是整體性，即把研究對象作為一個有機整體來看待。心理是一個由許多要素按一定的相互關係和組合模式構成的有機整體。整體功能與單個要素的功能比較起來，具有本質的不同和全新的特性。同時，要素在功能上的簡單累加又不同於整體功能。只有各個子系統之間相互連結、相互制約和相互作用，心理的整體功能才能實現。因此，在研究人的心理時，我們應當始終從心理系統的整體性出發，著重考察整體與部分之間、整體與外部環境之間的相互連結、相互作用和相互制約，著重考察系統在整體層級上的運動和功能。當然，為了更精確的了解心理系統的整體特性，必須對組成系統的各個層次結構或要素進行充分的研究，但這應該把要素看作是系統整體有機連結的一部分的條件下進行，而不能抽象的、孤立的研究要素，更不能把系統的功能簡單的歸結為某個層次結構或要素的功能。在心理學發展史上，有不少心理學家犯此錯誤，如佛洛伊德只強調潛意識而

忽略了其他因素，華生只強調行為而忽視對意識的研究。我們應當牢記此類教訓。

此外，心理系統的各個組成部分之間並不是毫不相干、完全獨立的，而是彼此相互依存、制約和作用的，才構成了心理系統的整體。心理的各個要素是心理整體賴以存在的基礎，並對整體產生重要影響。在心理系統中，各個要素都不僅是各自獨立的子系統，而且是組成心理母系統的有機成員，是不可缺少的。因此，研究者就必須對心理的各個要素及其組成關係進行全面的分析研究，把心理各方面的研究結合起來。例如，對兒童心理的研究，就不僅應注重普通心理範圍的研究，也應注重其社會心理方面的研究。眾所周知，人是社會人，兒童亦如此。兒童是透過不斷與他人交流，與環境互動而成長的。他們必然會對社會環境中的人和風俗習慣、生活方式、行動準則等獲得認識、建立連結，並以一定的方式對其產生反映。兒童社會心理的發展是其心理發展的一個重要方面。因此，對兒童心理的研究不應只局限於普通心理學中所提到的心理現象，僅僅把他作為一個獨立的個體去研究，而應包括兒童的社會心理，把他放在與他人、與周圍環境的相互連結、交往、互動中去研究。只有這樣，才能真正全面的了解兒童的心理發展。

三、倫理性原則

社會心理學家在進行實驗時必須嚴格遵守一定的道德標準。其中，倫理性原則是在對第二次世界大戰中被關押在監獄或集中營中的囚犯遭受的一系列暴行進行研究的基礎上發展起來的（Dunn，2012 年）。第二次世界大戰結束後，紐倫堡法庭頒布了《紐倫堡原則》，列出了研究者在進行人體實驗時應遵循的十條行為規範，其中基本原則有二：一是必須有利於社會，二是應該符合倫理道德和法律法規。顯而易見，上述內容均與社會心理學實驗中應遵循的倫理性原則息息相關。

中國學者對 2008 ～ 2012 年 4 家心理學期刊刊載的人體對象論文的倫理性原則遵守情況進行了調查。共收集 2008 ～ 2012 年期間《心理學報》、

《心理科學》、《心理發展與教育》、《中國心理衛生雜誌》發表的以人體為對象的原研性論文 3,099 篇，從人體對象的身心健康保護、知情同意、隱私保護、權益保護、研究方案有無經過倫理委員會審查 5 個方面對論文中關於倫理性原則遵守的相關資訊進行分析，僅 1,156 篇（37.3%）論文對科學研究倫理問題進行了描述；描述人體對象的身心健康保護的僅 6 篇（0.2%），描述隱私保護的僅 75 篇（2.4%），描述研究經過了倫理委員會審查的僅 111 篇（3.6%）。由此可見，中國心理學領域科學研究論文的科學研究倫理性原則遵守情況不太好，且發展不均衡、不全面。

　　不僅如此，在一些經典的社會心理學研究中，也無法排除這點。1971 年，心理學家菲利普・津巴多（Philip George Zimbardo）在史丹佛大學進行了著名的史丹佛監獄實驗（The Stanford Prison Experiment）。實驗共招募了 24 名身心健康、情緒穩定的大學生，讓他們分別扮演囚犯和獄警的角色，在史丹佛大學的模擬監獄裡展開了一場監獄生活。這個實驗證明了特定處境完全可以改變一個人的行為。津巴多對囚犯和獄警們的不同表現進行了記錄。實驗中，這些原本非常正常甚至優秀的年輕人，迅速轉變為自己扮演的角色。扮演獄警的年輕人從第一天就表現出超乎尋常的冷酷和無情，對「囚犯」嘲諷、侮辱甚至攻擊；而「囚犯」也在壓力之下逐漸接受了自己是罪犯的身分。獄中情況的逐漸惡化啟動了這些被試者的心理適應機制。在實驗中原本善良的獄警用了可以用的一切手段對囚犯進行肉體和心理上的虐待，囚犯從開始的挑釁反抗到後來的逆來順受，最後甚至保持沉默，喪失了自我感。被試者這些極端的表現導致本來計劃持續兩週的實驗，在僅僅六天之後便被終止。從津巴多的實驗可以看出，社會環境對人的行為有強大的影響。當被試者擁有一項不受控制的權力，或者置身於一個不受控制的群體之中，其產生的可怕後果是難以想像的。史丹佛監獄實驗對所有被試者造成的心理傷害可能是終生的。扮演獄警的被試者在實驗終止之後無法相信自己會對待他人如此殘忍，並對自己的行為後悔不已；扮演囚犯的被試者則更是不敢回想在監獄中的黑暗生活，而這些被試者所獲得的報酬也僅僅是微不足道的實

驗津貼。

　　因此，進一步加強心理學領域的科學研究倫理意識的宣傳和教育，不斷提高相關人員的倫理意識，是不可或缺的環節。這裡需要注意以下幾個方面：

　　一是被試者的身心健康問題。有些心理學研究對被試者缺乏尊重，將被試者置身於惡劣的條件下，如睡眠剝奪實驗、感覺剝奪實驗等，對被試者的身體造成了相當大的傷害。還有些心理學研究傷害了被試者心理健康，如華生「小艾伯特」實驗、電擊實驗等。這些非人性化的心理學實驗違反了科學研究的倫理性原則。

　　二是實驗的欺騙性問題。社會心理學實驗中的「欺騙」是指在人體實驗中某些事實或真相被故意隱瞞或掩蓋，其中「欺騙」的類型主要分為兩種，一類是主動欺騙，另一類是被動欺騙（Rosnow and Rosenthal，1996 年）。主動欺騙是指被試者在參與實驗的過程中故意向研究者回饋錯誤的資訊。美國社會心理學家阿希（Asch）在 1956 年設計的從眾實驗和米爾格蘭於 1963 年進行的米爾格蘭實驗都屬於主動欺騙。另外，被動欺騙是指在人體實驗中，實施者有意向被試者隱瞞與實驗相關的事實或真相。總而言之，無論是在主動欺騙還是被動欺騙中，被試者都沒有意識到自己正在欺騙他人或被他人所欺騙（Dunn，2012 年）。很多心理學研究有必要向被試者隱瞞真相，否則無法進行，如阿希的從眾實驗。這就涉及實驗的欺騙性問題，容易傷害到被試者。有些研究沒有解決好這個問題，實驗一結束就對被試者不管不問，沒有做好實驗結束後對被試者的安撫工作。在社會心理學實驗中實施欺騙是否合理這一爭論仍然沒有定論，但毋庸置疑的是如果不採取一些欺騙行為，就無法對各類社會心理現象進行充分的研究。並且，社會心理學家都希望被試者能夠積極參與自身設計的研究，因此，研究者會用看似合理的謊言去欺騙被試者以達到擴大實驗參與度的目的。

　　三是被試者的隱私問題。有心理學研究涉及被試者的隱私問題，如情感問題、智商分數、情商分數、人際關係、性等。作為研究者一定要對被試者的隱私進行保護，不得洩露相關資料，否則就會造成無法挽回的損失，對相

關被試者造成極大的傷害。

四是保密原則。心理學家有責任並採取適當的措施保護參與研究的被試者的個人資訊。心理學家只能為了正當的科學或專業目的，而且只能在必須涉及某些被試者資訊時才能討論這些需要保密的資訊。那麼，在社會心理學實驗中，要如何遵循保密性原則呢？首先，調查問卷上不應附有被試者的姓名或其他私人資訊，研究者可以向每位被試者分配一個唯一的標識號，將該標識號與被試者的個人資訊相連起來，以此方式來避免資訊洩露。最後，妥善保管好與實驗相關的問卷或相關資料，盡量將其放置於安全隱蔽的地方。但整體來說，無論是手寫紀錄、自動紀錄，還是採用其他記錄工具，心理學家必須管理紀錄的建立、儲存、訪問、轉換和清除，以保證資訊的機密性。心理學家在個人同意、法律強制或有法律許可的條件下才能透露機密資訊。

五是被試者的知情同意權。在進行人體實驗時，研究者必須嚴格遵循知情同意原則，即在進行實驗前必須獲得被試者的同意。被試者的知情同意權是指被試者有權利知道實驗目的及實驗中可能存在的風險等內容（Dunn，2012 年）。這是因為，任何一項實驗都不可避免的存在著或多或少的風險，即使是程度最小的風險也可能會對被試者造成一定的傷害，因此被試者有權利知情並決定是否參與其中。另外，既定的道德準則明確規定，在實驗中，任何被試者都有權利在任何時候退出研究並不受任何處罰，也無須對此做出任何解釋。當然，被試者的知情同意權也與其法律地位息息相關，一般來說成年人（滿 18 歲及以上）被認為可以自主決定是否參與實驗。但如果要以未成年人為被試者，則一定要得到其父母或其他法定監護人的同意。

第四節　社會心理學研究的具體方法

社會心理學的一項基本原則是：許多社會問題可以用科學的方法來進行研究。在討論如何進行社會心理學研究時，有個問題值得我們關注——我們在看到一些社會心理學研究結論時，可能會說：這些我們都知道（或事實就

是這樣），為什麼還要研究啊？是這樣嗎？其實不是，儘管一個實驗研究沒有驚人之處，但是仍有理由要求我們進行實驗。

　　理由之一是人們容易出現後見之明偏誤（Hindsight bias），也叫後視偏差。後見之明偏誤是指人們往往傾向於利用事件發生之後的結果去理解事件發生的原因及過程，而傾向於過度高估自己的預測力。在評價社會心理學的實驗時，也會存在這種現象，即看到了實驗結果，會根據結果預測這個實驗，人們會說：肯定會有這樣的結果，這是事實。但實際上，我們在看到某個心理學實驗之前，不一定理解事件的原因和過程。例如，整潔與美德有什麼關係？大家一下子難以說出它們之間的關係來。英語中有一句諺語：整潔近於美德（Cleanliness is next to goodliness）。英國《心理學》雜誌 2008 年 12 月介紹了普利茅斯大學心理學家及其同事共同研究的成果。其研究結果顯示，如果一個人在做出道德判斷之前洗過手，那麼他對那些不道德的行為會較為寬容，更容易接受。研究證明，一個人做出的道德判斷是一個直覺的反應過程，而不是理性判斷結果，影響道德判斷的直覺之一就是生理上的清潔感，因為這種清潔感對心理有極大影響。

　　理由之二是平時生活中人們認為是對的，不一定事實就是對的。一些實驗結果看上去似乎顯而易見，但進行這類實驗仍然是重要的，因為許多被人們「認為」正確的事情，經過仔細的考察後被證實是錯誤的。例如，有這樣一個假定：人們受到做出某種行為要受嚴厲懲罰的威脅，最終他們可能厭惡這種行為。儘管看上去這一假定合乎情理，但是有實驗顯示，真實情況不是這樣的：當面對輕微懲罰的威脅時，人們會討厭被禁止的行為，而那些受到嚴重威脅的人，則恰好相反，對被禁止的行為的喜愛反而有所增加。

　　社會心理學是一門科學，已發展出一套系統的研究方法來解答社會行為的問題，例如下面我們所講的觀察法、相關法和實驗法等，都是從實證的角度來研究社會行為。

一、觀察法

　　觀察法（Observational Method）是指研究者觀察人們的行為，並對其測量值或行為的印象加以記錄的方法。許多著名的教育家、心理學家都曾用觀察法研究兒童。裴斯泰洛齊（Johan Heinrich Pestalozzi）早在 18 世紀下半葉就開始用觀察法記錄 3 歲半的兒子的發展情況；中國著名幼兒教育專家陳鶴琴用日記方式記錄兒子自出生起的發展，觀察了 808 天，於 1925 年出版了《兒童心理之研究》一書。

（一）結構化觀察法和非結構化觀察法

　　根據觀察程序的形式，可以分為結構化觀察法和非結構化觀察法。結構化觀察是指人們為認識事物的本質和規律，透過感覺器官或借助一定的儀器，有目的的對特定對象進行有計畫、系統化觀察，並作嚴格詳細的可量化紀錄的一種觀察方法。它是為進行量化研究提供資料的一種研究方法。如果我們需要研究地鐵乘客在進出站時對一幅廣告注意的時間和人數，那麼就不能只在上班人多的時候觀察。上班時人們的時間壓力更強，而且人多會產生遮擋，有些人可能根本沒有看到這幅廣告。因此，就需要進行精密的結構化觀察設計，如每隔 20 分鐘觀察一次，每次有三種觀察角度；每個被觀察者從一個角度一出現，都會被連續追蹤 15 秒；整個觀察序列持續 15 天，並且有人專門觀察男子的反應，還有人專門觀察女子的反應；同時觀察的記錄系統要準確而仔細，保證觀察不漏過任何一個有效的資訊的客觀紀錄。非結構性觀察或稱無控制觀察是指調查者根據整體觀察目標和要求，確定大致的觀察內容和範圍，依據具體情況有選擇的進行的觀察。一般作為一種輔助性的工具。例如，皮亞傑在研究自己的孩子的發展時，就採用非結構性觀察與一些非正式小實驗相結合的方法。如給嬰兒看一件東西（手錶），然後把它藏起來，看他會不會尋找，以觀察嬰兒有沒有客體的永久性的觀念；有人研究兒童的人際互動，那麼在制定研究方案前，最好花一定時間觀察兒童互動時的

各種行為活動，這就屬於非結構性觀察。

　　兩者相比較，結構性觀察能獲得大量詳實的觀察資料，並可進行定量分析和對比研究，但缺乏彈性，顯得模式化、費時；非結構性觀察機動靈活，簡便易行，適應性強，但所得資料零散，無法進行定量分析和嚴格的對比研究。

（二）自然觀察與實驗室觀察

　　根據觀察的場所和組織條件，可分為自然觀察與實驗室觀察。自然觀察是指調查人員在自然條件下對調查對象不加控制和影響的一種觀察，其特點是在自然狀態中進行觀察，結果真實可信。例如，英國科學家珍・古德（Jane Goodall）遠赴非洲坦尚尼亞，為考察靈長類動物的群體習性而展開了實地的自然觀察。

　　實驗室觀察是指調查人員模擬周圍條件和環境對調查對象實施有效控制而進行的觀察，具有嚴密性和精確性的特點。波波玩偶實驗就採用了實驗室觀察，在兒童觀察成年人如何對待波波玩偶之後，將兒童帶到放有波波玩偶的實驗室，對兒童的行為進行觀察。

（三）連續性觀察與非連續性觀察

　　根據觀察是否具有連貫性和持續性，可以分為連續性觀察與非連續性觀察。連續性觀察是指人員在某段時期圍繞某一目的或某一研究課題對同一調查對象反覆的進行觀察。一是研究問題的連續性，整段時間的觀察都圍繞某個研究課題展開；二是觀察的反覆性，觀察不是一次即止而是反覆進行；三是對象的同一性，即在反覆的觀察中，被觀察的對象始終如一。

　　連續性觀察有定期連續觀察和不定期連續觀察兩種形式，前者依一定的時間週期進行觀察，後者則不按嚴格的時間週期實施觀察。連續性觀察適用於動態性問題或事件的追蹤調查。

　　非連續性觀察就是一次完成的觀察，無觀察時間的週期性變化。間隔一

段較長的時間對事物的變化進行一次性觀察，一般適用於對過程性、非動態性事件的觀察。可以有效減少不必要的人力、財力、物力的消耗。

（四）參與觀察與非參與觀察

根據觀察者的立場，可以分為參與觀察與非參與觀察。參與觀察是指觀察者進入被觀察者的社會環境或社會關係之中進行觀察、收集資料的一種研究方法。在這種觀察狀態下，由於研究者或是作為被觀察群體的一員，或是作為被觀察群體可以信賴的「外人」出現的，它減少了對所要觀察對象的干擾，可以使被觀察者做出比較自然的反應。較早使用這種研究方法的是英國人類學家布朗尼斯勞‧馬凌諾斯基（Bronislaw Malinowski）。1914～1921 年，馬凌諾斯基先後三次在西太平洋上的特羅布里恩群島從事當地的土著文化的研究，時間長達 6 年之久。在此期間，他一方面學習土著的語言，一方面全面的參與土著人的社會生活，幾乎成了土著社會的一員。他的研究從被研究者的角度出發，希望能夠借助他們的目光去理解整個世界。

參與觀察法在社會學和社會心理學中也得到了廣泛的運用。1923 年，社會學家安德森（Anderson）就曾運用這種方法加入流浪漢的族群，寫成《流浪漢：無家可歸者的社會學》一書；而另一位社會學家威廉‧富特‧懷特（William Foote Whyte）在 1936～1940 年間對美國波士頓的一個義大利人貧民區的研究以及在此基礎之上寫成的《街角社會：一個義大利人貧民區的社會結構》，更是運用參與觀察法的典範之作。在從事研究的那些日子裡，懷特以被研究群體——「街角幫」一員的身分，置身於被研究者的生活環境和日常活動之中，對閒蕩於街頭巷尾的義裔青年的生活狀況、非正式組織的內部結構、活動方式，以及他們與周圍社會的關係加以觀察，並及時做出紀錄與分析，最後得出了關於該社群社會結構及互動方式的重要結論。1950 年代，美國中西部地區有一群人預測地球會因一場劇烈的大變動而在某一天毀滅。他們宣稱那時會有一艘太空飛船降落在其領袖家的院子裡，及時把他們救走。費斯廷格（Leon Festinger）等人為了了解這群人並記錄下他們在信

念與預測幻滅時的反應，研究者加入了這個群體，假裝自己也相信世界末日即將來臨，以便對這些人進行觀察和研究。

非參與觀察是指觀察者完全處於旁觀者的立場，不參與被觀察者的任何活動。這種觀察法，由於一般不需要被觀察者的配合，使觀察者能夠做到客觀冷靜。但是，這種方法往往會對觀察環境和被觀察者造成較大的干擾，從而導致觀察結果的失真。為了克服這方面的缺陷，觀察者必須採取最不引人注意的姿態出現，要做到不露聲色，不對觀察對象表露出過分的興趣。觀察者多聽、多看、不提問、不加評論，或者與被觀察者隔離，進行暗中觀察。

（五）完全參與觀察與半參與觀察

可以根據參與的程度，將參與觀察分為完全參與觀察與半參與觀察。完全參與觀察指的是，研究者本人在一定時間內作為被研究群體的一員，和其他人一樣正常的參加這個群體的活動，並且隱瞞了自己的真實身分，其研究目的也不讓被觀察者知道，完全參與的觀察者要用比較長的時間和被觀察者生活在一起。同時，研究者也用心體驗新的環境，努力使自己在情感和行為上融入這一新的社會群體之中。這樣，被觀察者就會將真實的想法和行為暴露於研究者面前。前述馬凌諾斯基和懷特的研究採用的就是這種完全參與的觀察。

在半參與觀察中，觀察者也參加被觀察群體的活動，但是他們的真實身分並不隱瞞，透過與被觀察者的密切接觸，使得被觀察者把他們當作一個可以信任的「外人」，從而能夠接納研究者。但是，終因研究者有著自己特殊的身分，不是群體中的一員，所以了解問題的深度不如完全參與觀察。比較隱祕的、與私人有關的事實很難了解到。這種方法由於較少帶有個人色彩，所以能保持觀察者的客觀立場。但是由於觀察者的特殊身分，被觀察者可能會故意的迎合觀察者，故意表現和誇大某種現象而隱瞞對自己不利的方面。或者由於觀察者深入生活不夠，對於一些現象做出錯誤的解釋，這些都使資料有可能被歪曲而造成偏誤。1950、1960 年代，一些去基層「深入生活」的作

家就常常採取這種半參與觀察的方式，來了解基層百姓的生活。

二、檔案法

　　檔案法（Archival Method）是指蒐集與研究對象相關的文獻資料以闡釋其心理和行為特徵的心理學輔助性研究方法。大多數文獻資料的初衷並不是為了從心理學角度對某一現象或行為進行闡釋。在使用檔案法時，首先要對所獲得的文獻資料的可靠性、可信性和準確性進行檢驗，然後再根據研究的要求，對資料進行加工、分類和選擇。例如，庫爾欽斯基（Kulchinsky）1973 年運用檔案法研究了色情文學與犯罪之間的關係。他從檔案資料中發現，丹麥 1965 年取消色情文學禁令之後，一般犯罪和性犯罪率出現了明顯下降的現象。開禁後性犯罪率從原來的 0.85‰ 下降到 0.5‰，一般犯罪率由原來的 2.2‰ 下降到 0.87‰。研究者分析後認為，色情文學開禁，為人們提供了一種替代性滿足的途徑。性驅力的累計減少，攻擊性的性犯罪也就降低了。性驅力作為機體緊張狀態的背景，會直接增加人們的攻擊性。性驅力及時釋放，攻擊性降低，因而一般攻擊性犯罪率也出現明顯下降。

　　文獻內容多種多樣，範圍甚廣：有第一手文獻（即行為者本人或經歷該事件者的親自描述）和第二手文獻（即不在現場者透過訪問目擊者或閱讀第一手文獻而撰寫的），私人文獻（如日記、給朋友或親屬的信件、筆記、自傳、自供詞）和非私人文獻（如企業或組織的會議紀錄），以及印刷的大眾傳播媒介（如報紙、雜誌）等。例如，要研究大眾傳播對中學生攻擊行為的影響問題，可以對中學生常看的報紙、雜誌及廣播電視節目的內容進行分析。這是控制程度最小的研究方法。

　　檔案法的主要優點是：（1）與其他研究方法不同，其他研究方法中，被試者因知道自己被觀察而產生不自然的反應。而這種反應可能會對研究結果造成影響，如「比馬龍效應」與「安慰劑效應」。檔案法不會受到這些影響。（2）它可以研究涉及廣大時空範圍的問題。例如，要研究年輕人的自我觀念，可以選擇不同時期、不同國家年輕人的日記進行研究。

　　檔案法的缺點是：(1) 難以蒐集到研究所需要的有效資料。例如，日記是研究青春期心理有價值的資料，但絕大多數青少年都不願提供自己的日記。(2) 不少資料真假難分，影響研究結果的可靠性。例如，青少年的日記和心得筆記等資料雖然能在一定程度反映他們的真實想法，但由於青少年防備心理較重，對自我描述往往混雜有誇大、自我歪曲等虛假內容。這就要求研究者對研究資料的真實性進行鑑別。(3) 由於缺乏客觀的標準形式，研究者對資料的分析難免帶有主觀色彩。檔案法主要應用於青少年研究、社會心理學、教育心理學、管理心理學和法律心理學等領域。

三、調查法

　　調查法是透過各種途徑，間接了解被試者心理活動的一種研究方法。調查法整體上易於進行，但在調查的過程中往往會因為被調查者記憶不夠準確等原因使調查結果的可靠性受到影響。調查的可能方法與途徑是多種多樣的，在社會心理學的研究中，最常用的調查方法主要有問卷法、訪談法等。

(一) 問卷法

　　問卷法是目前中外社會調查中廣泛使用的一種方法。問卷是指為統計和調查所用的、以設問的方式表述問題的表格。問卷法就是研究者用這種控制式的測量對所研究的問題進行度量，從而蒐集到可靠的資料的一種方法。問卷調查法需要具有從整體中挑選代表性樣本的能力，只有調查的結果能反映更多的人群而不僅僅是樣本時，調查才是有效的。

　　調查要注意的問題很多，其中樣本的代表性很重要，最好能做到隨機抽樣，即讓整體中的每個人都有同等的機會被選為樣本，以確保該樣本能夠代表這個整體。如果不注意樣本的代表性，其結果可能是不可靠的。美國《文學文摘》成功預測了 1924 年、1928 年和 1932 年美國總統的選舉結果，使其聲名大噪。《文學文摘》的方法創新在於將局部性民意調查推廣到全美國。其抽樣調查的抽樣架構來源於電話號碼簿上和汽車登記紀錄，但是在 1936 年

時，《文學文摘》卻做出了錯誤的預測。當時《文學文摘》共發出 2,000 多萬張選票，收回 237 萬張選票，並且根據統計結果宣布：蘭登（Alf Landon）將擊敗羅斯福！但投票結果是，羅斯福以 2,775 萬票贏得了 46 個州，比對手蘭登多 1,107 萬張選票，選舉人票是 523 票對 8 票。這次預測的失敗也使《文學文摘》的信譽一落千丈，不久後便停刊了。原因何在呢？一是問卷的回收問題；二是樣本的代表性問題，因為窮人很難買得起電話和汽車，所以樣本基本是富人。當時美國富人多數是共和黨人，他們基本上偏好蘭登。

問卷調查中要注意假卷。在自陳式問卷調查中，少數被試者表面持合作態度填寫問卷，但實際上不做真實填答或不完全做真實填答。如何處理？中國學者陶冶（1991 年）提出了系列方法[2]：(1) 研究者要熟知並掌握實施調查的每一個環節，安排具體調查時，對調查者和受調查者，都要結合實際情況講清楚各項調查的目的和意義，又不要太理論化太空洞，應盡量具體，並結合實際。(2) 對某些有反抗心理的青少年，在問卷設計時考慮在卷末安排一項開放性項目，請受調查者對前述項目中未提到但關於調查主題的重要事項，自行筆述。(3) 調查應盡量獲得受調查者所在單位或地方上的配合，在進行抽樣時盡量避免調查近期發生過異常事件和情緒的人。(4) 問卷回收集中後，須有較豐富調查經驗的人逐份審核問卷，抽出有明顯作假或疑似作假的問卷加以討論。(5) 若問卷資料用電腦處理，還可用邏輯檢驗程式檢驗。(6) 對於有作假內容的「假卷」，如果作假是受調查者基本狀況項目，有一、二項，可作為「不慎」處理，整份問卷仍可使用，如項目較多，則問卷作廢。

(二) 訪談法

訪談法指研究者透過與被調查者進行直接交談，來探索被調查者的心理狀態。在訪談調查時，研究者與被調查者能夠面對面交流，針對性強，靈活真實可靠，便於深入了解社會現象發生的內部原因，但訪談法比較花費人力和時間，且調查範圍比較窄。

根據訪談對象的人數可以分為個別訪談與集體訪談。個別訪談是與被調

查者逐一談話，集體訪談是以座談會的形式展開訪談。根據訪談的性質可以將訪談法分為非正式訪談或正式訪談。非正式訪談不必詳細設計訪談問題，自由交談，根據實際情況展開，而正式訪談有預先的較完善的計畫，按計畫進行訪談。

訪談過程有以下四個步驟：第一步，訪談開始，應向被調查者說明此次訪談的目的和基本要求。第二步，逐步提問，傾聽回答。對於談話要收集的內容可以用腦記，也可以用筆記，還可以用錄音機記錄，以備日後整理分析。第三步，訪談結束，要對訪談資料加以整理，形成陳述性資料，並做一定的統計性整理。第四步，形成訪談結論。例如，被調查問題的現狀、性質，產生問題的原因等，並提出意見、建議。

四、相關法

相關法（correlational method）指系統的測量兩個或多個變量，繼而評估其關聯性的方法。換言之，對一個變量在多大程度上能對另一個變量做出預測。這可以透過心理統計的相關分析求相關係數和迴歸分析求迴歸方程式實現。相關係數（correlation coefficient）是描述變量之間相關程度的指標。樣本相關係數用 r 表示，整體相關係數用 P 表示，相關係數的取值範圍一般介於 -1 ～ 1 之間。迴歸方程式，是從一變量的數值預測另一變量的相應數值的直線方程式，當兩個變量部分相關時，有兩個迴歸方程式。

社會心理學的目標是科學的描述、解釋、預測和控制人的社會行為。前面的研究方法有助人們描述、解釋社會行為，那麼如何做到預測人的社會行為？這需要研究與社會行為相關聯的變量，以此預測不同社會行為在何時發生。在橫斷研究中經常會採用相關法，系統的測量兩個或多個變量，繼而評估其關聯。舉一個例子：張梅、辛自強、林崇德等（2011 年）使用相關分析，研究青少年社會認知複雜性與同伴往來的關係。在該項研究中，研究者採用角色分類問卷測量被試者的社會認知複雜性（即分化和抽象兩種分數），採用同伴提名測驗考察被試者的同伴往來情況。相關分析法的結果顯示，分

化和抽象分數與除社會影響外的三類同伴往來的指標顯著相關（見表3-1）。[3]

　　不僅如此，在縱向研究中也使用相關法。例如，王莉、陳會昌、陳欣銀

表 3-1　社會認知複雜性分數與同伴關係各指標的相關

	分化分數	抽象分數
同伴接受	0.30*	0.31*
同伴拒絕	-0.30*	-0.28*
社會喜好	0.36*	0.36*
社會影響	0.04	0.03

注：* 表示 $p < 0.01$。

等（2002 年）考察兒童情緒調節的早期發展對以後社會行為的預測。他們在對 176 名兒童進行了 2 年的追蹤：被試者 2 歲時，觀察他們在陌生情境和延遲滿足情境下的情緒調節策略。4 歲時，對他們在陌生同伴情境中的自由遊戲活動的情況進行觀察，評價其社交能力和社會退縮性；在兒童完成分車票任務和收拾玩具過程中對其任務堅持性進行評價。迴歸分析發現，被試者 2 歲時的情緒調節策略能顯著的預測兒童 4 歲時的社會行為（社交能力、社會退縮性和任務堅持性）。

　　相關研究的結果往往取決於其選用相關研究法的前提條件是否得到了滿足，例如我們已經知道動機級別和任務績效之間的確存在非常明顯的相互關係，但是用相關研究法很可能得到一個極低的相關係數，並不能真實反映二者間的緊密關聯——因為這種關聯事實上是倒 U 型曲線關係，而不是一條直線。相關法只能告訴我們兩個變量有關聯，但社會心理學家的目的是確認社會行為的起因。一般來說，兩個變量相關有三種意義，以「兒童觀看暴力節目和攻擊性相關」為例，其三種意義分別是：一是觀看暴力節目使兒童本身變得更加暴力，二是具有暴力傾向的兒童更喜歡看暴力節目，三是父母對孩子的關心程度會影響兩者之間的相關關係。再看一例，20 世紀末的調查研究發現，婦女使用避孕方法與感染性病的可能性之間具有相關性，使用保險套的婦女比使用其他避孕方式的女性更容易得性病。這是否意味著使用保險套會提高女性感染性病的機率？答案是不一定：保險套使用者的性伴侶可能

更多。因此，相關關係不等於因果關係。這也是相關法的主要缺點，具體而言，即相關法只能告訴我們兩個變量之間是否相關，卻無法回答社會行為的起因。要解決這個問題，需要使用後面的實驗法。

五、實驗法

實驗法是判斷因果關係的唯一方法，實驗法是社會心理學中最常用的研究設計。使用這種方法時，研究者會將參與者隨機分派到不同的情境中，並確保這些情境中除了自變量之外，其他的條件完全一致。自變量是研究者操縱或改變的變量，目的是了解它是否會對其他變量產生影響。因變量是研究者所測量的變量，目的是了解它是否會受到自變量的影響。研究者假設，因變量取決於自變量的不同級別。自變量是會對人們的反應產生因果性影響的變量。

利用因子式設計可以很好的揭示兩種或多種因素之間是否存在交互作用。在一項研究中，研究者探討了結果和意圖兩種因素對中國人責任歸因的影響。被試者讀到的前半部分內容為阿明和阿麗是一對情侶，他們產生了嚴重的衝突。對情境的操作主要放在了後半部分，不同被試者會讀到阿麗對阿明做出的不同的傷害行為，共有四種。在這個情境中，前半部分和後半部分組合起來構成了一個 2×2 的因子設計，共有四個情境：有意—後果嚴重、有意—後果不嚴重、無意—後果嚴重、無意—後果不嚴重。

在實驗法研究中會存在以下問題：

（一）實驗研究中的倫理問題

社會心理學的實驗方法，是以人類為對象的研究活動。這樣的研究自然會涉及嚴肅的倫理責任問題。一位美國社會心理學家指出了社會心理學中的實驗研究中的主要倫理問題：在被試者沒有關於研究知識和同意的情況下，就把他們當被試者來使用；不讓被試者知道研究的真實性質，對被試者說謊；

哄騙、侵犯被試者的個人祕密以及給予被試者恐懼、失敗、擔心等情緒的衝擊等。在所有這些內容中，有三個方面的倫理問題最為明顯，這就是對被試者的實驗性欺騙、對被試者隱私的侵犯以及對被試者造成實驗性痛苦（包括精神上的和肉體上的）。

那麼，如何解決這些倫理問題呢？為此，社會心理學家進行了多種嘗試，提出了許多建議，歸納起來有以下幾個方法：應避免那些可能引起極大不安和痛楚的程度，即使使用其他方法得出的結果不太清晰，保護被試者也是研究者首先要考慮的問題；如果能找到其他行之有效的方法，最好在實驗中不使用欺騙手段，比如可以使用「角色扮演」的方法；如果被試者的不安心情變得十分劇烈，實驗者應給予他們退出實驗的自由；實驗結束以後，實驗者應該盡一切努力去消除實驗可能對被試者造成的羞恥感及其他不適情緒；研究者對實驗過程中關於被試者個人的任何資料，負有保密的責任；如果允許的話，應將實驗目的、實驗過程盡量向被試者講清楚，然後詢問被試者是否願意參加實驗。

（二）實驗研究中的傾向性問題

第一，實驗者的傾向性問題。我們將實驗者的願望、評價、態度及行為趨向等稱之為實驗者的傾向性。社會心理學的研究證明，人們之間會產生各種相互作用和相互影響。在實驗中實驗者的各種特徵對被試者也會造成不同的影響。如果實驗者在關於某種實驗目的的傾向性上表現得比較明顯，那麼它對被試者的影響將更大，同時，對研究結果的正確性的消極作用也更大。上述傾向性產生的原因在於，在實驗的條件下，被試者對實驗者的行為是非常敏感的。即使實驗者不向被試者提出如何做的要求，但出於對實驗目的的了解，也會使被試者有意無意受到一些暗示，從而使被試者的行為出現順乎實驗者願望或反抗實驗條件的傾向。有研究顯示：在實驗中，12%的主試者對男性被試者表示了微笑，但70%的主試者對女性被試者表示了熱情微笑。解決實驗者傾向性的辦法之一，是採取實驗中的「雙盲法」。即不僅被試者

不知道實驗設計的目的，實驗的主持者也同樣一無所知。解決實驗者傾向性的第二個方法，是盡一切可能將實驗情境同一化、規範化。如果一切都統一了，一切條件都毫無差異，傾向性自然就不存在了。

第二，被試者的傾向性問題。在社會心理學的實驗中，被試者的傾向性也會對研究結果產生不同的影響。因為被試者明確的意識到自己是在接受測驗，他不想讓人認為他是愚蠢的、易上當的，所以他將極力做出「正確」的反應。另外，在實驗的情境下，被試者更加注意自己的言行，大部分被試者都想做出社會能接受的反應，還有的被試者想取悅於實驗者，讓實驗者留下良好的印象等。這些被試者的傾向性，都會導致被試者不按自然的反應去行動。

（三）實驗的效度問題

在社會心理學實驗中，要注意內部效度與外部效度。實驗的關鍵是維持較高的內部效度，即要確保除了自變量以外，沒有其他因素會影響到因變量。要做到這一點，就必須控制所有無關變量，並且把人們都隨機分派到不同的實驗情境當中去。隨機分配是讓所有被試者都有同等機會被分配到實驗的任何一種情境中去的過程。透過隨機分配，研究者能夠相對的肯定被試者在人格或背景上的差異，能夠被平均分派到不同的情境中。

外部效度指一項研究的結果能夠被概化到其他情境或其他人身上的程度。一是在多大程度上能將某個研究者所營造的情境概化到真實生活情境中去，二是實驗的被試者能夠多大程度上概化到一般人中去。社會心理學受到批評的原因之一是其人為設定的環境不能被概化到現實生活中。

最理想研究要保證兩個方面：一是對情境有足夠的控制，以確保沒有額外變量影響結果和將人們隨機分配到情境中去（內部效度）；二是確保結果能夠外推到日常生活中去（外部效度）。對此，社會心理學經常透過下面的辦法達到這點：一是重複性實驗。重複進行的研究，通常針對不同的被試者整體或不同的場景來進行。二是統合分析。一種將兩項或更多實驗的結果加以平

均的統計技術，目的是了解自變量的效果是否可靠。三是跨文化研究。在不同文化成員中進行的研究，目的是探討人們所感興趣的心理過程在兩種文化中是否都存在，還是在不同文化中表現各異。四是現場實驗，在自然環境中而非實驗室內進行的實驗。

　　舉個現場實驗的例子。周欣悅等透過一系列實驗研究發現，當人們接觸或看到髒錢的時候，更容易從事不道德行為。研究者帶著準備好的實驗材料——三張髒的十元人民幣進入農貿市場內部進行實境研究。在實驗中，實驗員挑選了一些蔬菜，結帳的時候拿出了提前準備好的髒錢／乾淨的錢，確定賣家接觸到錢並準備開始找零時，實驗員要求稍等一下，然後換了一張普通的紙鈔付款。實驗員回去之後對蔬菜稱重，發現當賣家接觸過髒錢之後就容易短斤缺兩。

---

[1]　舒爾茨（Schultz）．現代心理學史［M］．北京：人民教育出版社，1981.

[2]　陶冶．問卷調查中的「假卷」現象和解決方法［J］．社會，1991（11）：10-11.

[3]　張梅，辛自強，林崇德．青少年社會認知複雜性與同伴交往的相關分析［J］．心理科學，2011，34（2）：354-360.

第四章
自我

【開篇案例】

一樣的鞋子真沒意思

……這下蘇菲沒辦法了，無奈的說：「爸爸，請——幫我把鞋帶繫上吧。」爸爸剛低下頭，蘇菲穿著的那雙「特別」的鞋子馬上引起了他的注意：「妳穿了雙不一樣的鞋子。左邊一隻是紅色的，右邊一隻卻是棕色的。」蘇菲得意的點點頭。爸爸說：「這樣穿太傻啦，這兩隻鞋在一起不合適。」蘇菲看了看自己的鞋子，說：「它們正好相配呢！」

……這時他又察覺到：「妳的兩隻襪子也是不一樣的，一隻綠，一隻藍。」蘇菲點點頭說：「鴛鴦鞋子和鴛鴦襪子正好相配。請幫我繫鞋帶吧。」這回爸爸終於被說服了：「好吧……反正穿著它們上街的是妳，外面肯定人人都會笑妳傻的。」

「肯定不會。」蘇菲可自信了。終於，爸爸把她的鞋帶繫好了。

蘇菲立刻跑去按了盧卡斯家的門鈴。開門的是他的媽媽，盧卡斯站在媽媽身旁。蘇菲把兩隻褲腿拉得高高的，得意的說：「瞧！」盧卡斯也說：「瞧！」哦，原來他穿的是兩隻一樣的鞋子，但卻配了兩隻不同顏色的襪子，一隻黃一隻綠。蘇菲得意揚揚的說：「看起來不俗啊。」「才不是呢。」盧卡斯的媽媽說。蘇菲反駁道：「襪子就很好看！」盧卡斯附和道：「明天我也要穿上兩隻不同的鞋子，就像蘇菲一樣。」他的媽媽問道：「非得這樣嗎？」盧卡斯和蘇菲異口同聲的說：「當然囉！」

——《蘇菲偏要這麼做》

我們通常覺得鞋子要穿一樣的，襪子也要穿一樣的，穿得不一樣就是不對的。但是小孩子卻覺得大家都一樣沒意思，想要與別人不一樣。很多時候家長會強制性的要求孩子按照他的規則來，而忘記了孩子也是一個獨立的個體。隨著年齡的增長，孩子的自我意識開始發展，他們不再盲目的聽從父母

的安排，而是有了自己的想法，想要按照自己的意願做事。如果家長不了解這一點，往往會影響到孩子的發展。這一章，我們來討論一下什麼是自我。

第一節　自我概念概述

一、相關概念辨析──自我、自我意識與自我概念

自我、自我意識與自我概念這三個概念會經常出現在大家的眼前，很多人對這三個概念感到迷惑。它們到底是什麼意思？它們之間的關係又如何呢？

（一）自我

從邏輯上講，自我（self）是包含了自我意識與自我概念的。在心理學中，自我是指一個人與其他人區分開來的單一的、統一的、自主的存在的經驗，這種經驗具有跨越時空的連續性。「單一的」是指每個人的自我都是獨一無二的；「統一的」是指個體即使是多方面的，依然能夠統一起來（比如你 3 歲時的身高是 95cm，你現在的身高有 175cm，客觀上的差異可謂極大，但你還是會把 3 歲的你和現在的你看作是同一個人）；「自主的」是指個體具備的主觀能動性。

自我的經驗展現在個人的生理特徵、人格特質、社會角色、過去經驗、未來目標等方面上。關於自己本身，我們知道些什麼內容呢？首先，對於一個特定的具體的環境來說，自己是活動的參與者，即知道自己此時此刻在做什麼事，應該怎麼做，做得怎麼樣等。比如說此刻我正坐在電影院裡，看一部非常有名的電影，這是我盼望已久的偵探故事片。也就是說，對今天發生的關於我的各種事件，我是清楚的。第二，對於自己經歷的事件和關係也是知道的。過去的經驗在頭腦中留下了痕跡，當某些類似的事件和人物再次作用於感官時，我們能夠做出某種判斷，意識到這些事件與我們自己的關係，知道事件的性質對自己是具有積極意義還是消極意義。第三，對於自己的生

理、心理特徵以及在社會中所扮演的社會角色，同樣也是清楚的。比如知道自己身高 175cm，相貌堂堂；知道自己性格果斷、聰明伶俐；知道自己在父母面前是兒子（女兒），在兒子面前是父親（母親），在妻子（丈夫）面前是丈夫（妻子），在學生面前是教師等。總之，對於不同環境的不同對象，我們所扮演的角色是不同的，我們也非常清楚自己在什麼情況下扮演什麼，而不是固著於一個特定的角色。以上三方面的內容，都是我們對自己的認識，並以一定的形式表徵在我們的頭腦中。

另外，自我有不同的形式或級別，它們之間存在著差異，常見的有三種形式：一是實際自我（actual self），即當前我是什麼樣的。二是理想自我（ideal self），即自己願意或喜歡的形象。三是「應該」自我（ought self），即認為自己應該是什麼樣的。這三個自我之間一致的時候不多，在大部分時間裡它們是不一致的。比如說作為丈夫，理想的自我是在家裡體貼妻子、分擔家務，在外面會賺錢、能出人頭地等；實際的自我卻只表現在某一方面，如能幹、會賺錢、受人尊敬等，而在家裡飯來張口，衣來伸手。它們之間的不一致會出現什麼樣的情況，或者說對個體來說會有什麼樣的反應呢？希金斯（E. T. Higgins）的自我差異理論（self-discrepancy theory）認為，在實際自我與理想自我之間不一致時，會產生與沮喪有關的諸如失望、不滿意、悲哀等情緒；在實際自我與應該自我之間不一致時，則產生與焦慮相關的諸如害怕、煩躁、憂慮等情緒。一般來說，它們之間不一致時，會促使人們採取建設性的行動來減少差異。希金斯等人的實驗研究證明了這一點：他們首先讓大學生回答關於自我方面的一系列問題，如自己的理想是什麼樣的、感到自己應該是什麼樣的等與內容相關的問題；回答這些問題的角度是不同的，一是完全從自己的角度來回答，二是從自己父親、母親和最親密的朋友的角度來回答。結果發現，實際自我與理想自我之間的差異，會產生與沮喪相關的情緒，如想成為學校球隊的核心前鋒，但失敗了，則產生失望、悲哀等沮喪情緒，而沒有產生與焦慮有關的情緒；在實際自我與應該自我（朋友、父母的理想）之間不一致，則會產生與焦慮相關的情緒，如父親的願

望是自己成為一名腰纏萬貫的商人，但基本上已無實現的可能，則產生諸如恐慌、害怕等焦慮方面的情緒。

（二）自我意識

自我意識（self-awareness）顧名思義就是對自己存在的覺察，是指向自己的注意。杜瓦爾與維克蘭（Duval and Wicklund，1972 年）認為自我意識是個體把自己意識成客體的一種狀態，就好像你意識到自己身邊有一棵樹，或有另外一個人一樣，他們覺得自我意識這個概念更準確的說是客觀性自我意識（objective self-awareness）。因此，自我意識通常被定義為從事反思意識的能力。根據大多數理論家的看法，這需要特定類型的認知能力。即使是在它初級的形式上（視覺的自我再認，即從鏡子中認出自己的能力），自我意識的表現也只局限在一個很小的動物集合裡，包括人類、黑猩猩、紅毛猩猩與海豚等。

為了研究動物是否有自我概念，研究人員將一面鏡子放在動物的籠子裡，直到動物對鏡子感到熟悉。然後對動物進行短暫的麻醉，在牠的額頭或耳朵上塗上一種無味的紅色染料。當動物醒來照鏡子時會發生什麼事呢？

類人猿家族的成員，如黑猩猩和紅毛猩猩，會立即觸摸頭部有紅斑的區域，而較小的類人猿，如長臂猿，則不會（Suddendorf and Collier-Baker，2009 年）。

這些研究顯示黑猩猩和紅毛猩猩有一個基本的自我概念。牠們意識到鏡子裡的形象就是自己，而不是另一種動物。牠們意識到自己看起來和以前不一樣了，那麼其他動物呢？如前所述，較小的類人猿不能通過鏡像測試，但也有其他物種的成員通過測試的情況，包括海豚、亞洲象和兩隻喜鵲。這就提出了一種有趣的可能性：除了類人猿，其他一些物種也有一個基本的自我概念。

在人類中，這種能力在剛出生時並不存在，只有在 12 ～ 18 個月大時才開始出現。此外，喬治‧賀伯特‧米德（George Herbert Mead）的觀點似

乎也得到了一些支持。米德認為，人類這種能力的發展需要一段社會養育歷史，即需要進行社會化。透過社會化，個體開始了解到自己與他人不同。

自我意識可以分為兩種：私下性自我意識（private self-awareness）和公開性自我意識（public self-awareness）。私下性自我意識是指對個體內部狀態的注意，包括情緒、思想、欲望和特質等。公開性自我意識是指個體如何被他人感知，包括他人會把你想像成什麼。公開性自我意識是從外部評價來了解自己。

自我意識通常包含了對自己的評價，而不僅僅是意識到了自己。人站在鏡子面前會拿各種標準來對照自己進行比較。不僅僅是「我站在鏡子前面了，我就是那個樣子，無所謂」，而是「我的髮型太糟糕了。這件襯衫穿在我身上挺好看的啊。我需要減肥了」。自我意識的實質就是與這些標準進行比較，進而獲得對自己好或壞的評價。

「人比人，氣死人。」當人們意識到自己低於這些標準時，感受自然不好，接著就會產生兩種主要的反應：改變或躲避（圖 4-1）。一種反應是設法解決問題，把自己的某些方面提升至標準之上。簡單一點的比如說改善一下髮型，複雜的則需要改變自己生活的基本面，比如說考研究所、考博士班、考公務員等。有的時候個體會去改變評價的標準，這比改變自己要來得容易。另外一種反應就是設法避免或減少自我意識，以避免讓自己產生糟糕的感受。

▲ 圖 4-1　自我意識的評價作用

需要注意的是，人們並不會把所有的時間都花在思考自己身上，自我意識的來臨與離走有很多不同的原因，也會產生許多不同的結果。

人們產生了自我意識之後，知道這個世界上有自己這麼一個人存在著，就會在心理上產生許多微妙的作用。其中一個就是人們往往把自己視為舞臺的中心，高估了別人對自己的關注程度。例如，我們高估了自己的顯著性。聚光燈效應（spotlight effect）就是指人們傾向於認為自己在舞臺的中心，所以我們直覺的高估了別人關注我們的程度。

湯瑪斯‧吉洛維奇等（Thomas Gilovich et al.，2000 年）研究了聚光燈效應，他們讓康乃爾大學的學生在和其他學生進入一個房間之前穿上令人尷尬的印有巴瑞‧曼尼洛（Barry Manilow）圖像的 T 恤（巴瑞‧曼尼洛是一位成名於 1970 年代的美國明星，到這個實驗時肯定過氣了，故讓年輕的大學生穿上印有他頭像的 T 恤會使大學生尷尬）。那些穿上 T 恤的大學生猜測，應該有近一半的同齡人會注意到自己身上穿的這件 T 恤，而事實上，只有 23% 的人注意到了。

不僅那些古怪的衣服和糟糕的髮型會讓我們產生這種體驗，我們的情緒也會如此。比如我們認為別人會輕易的看出了自己的焦慮、憤怒、厭惡、欺騙或吸引力，而實際上注意到這些的人比我們想像的要少。我們能夠敏銳的意識到自己的情緒，然後經常產生一種透明度錯覺（illusion of transparency，或稱為被洞悉錯覺）：我們內隱的情緒洩露出去並被他人輕易獲悉的錯覺。如果知道自己快樂，那麼我們一定會表現出來。同時我們認為，其他人會注意到這一點。但事實上我們是自作多情了，別人注意到的要比自己預想的少。

（三）自我概念

1. 什麼是自我概念

自我概念（self-concept）是指個體關於自身的看法和觀念，即人們對自己是誰、像什麼所持有的特徵觀念。這些特徵包括自己的一切，例如自己

的生理狀況（如身高、體重、形態等）、心理特徵（如興趣愛好、能力、性格、氣質等）以及自己與他人的關係（如自己與周圍人們相處的關係、自己在群體中的位置與作用等）。總之，自我概念就是自己對所有屬於自己身心狀況及社會屬性的認知。

儘管心理學家經常談及自我概念，但一個人的自我概念是一種鬆散的集合，而不是一個關於自己的單一、統一的概念。比如，當在學校時，你會認為自己是一個學生、一個同學、一個球員；當回到家時，你就會覺得自己是一個兒子或女兒、一個親戚、一個鄰居。

自我概念是一種主觀體驗，這意味著一個人的自我概念既可能與他的實際表現很吻合，也有可能與其實際上的表現有差異。但歸根結柢，自我概念就是一個人對自己形成的概念。

自我概念具有複雜性，有的人可能會用許多不同的方式來看待自己，而有些人只以有限的幾種方式看待自己。林維爾（Linville，1985 年，1987 年）用自我複雜性（self-complexity）來指代這種差異。用許多不同的方式看待自己的人被認為具有高自我複雜性，反之則被認為自我複雜性較低。

林維爾認為，自我複雜性上的差異會影響人們對積極事件和消極事件的反應。個體的自我表徵越不複雜，他對於積極事件或消極事件的反應就越極端。例如，假設你是個優秀的運動員，你生活的全部重心都圍繞著比賽。如果贏得了冠軍，你就會感到欣喜若狂，但如果沒有贏得冠軍，你就會覺得受到了沉重打擊。林維爾認為，這是因為你沒有其他的東西可以依靠。但是如果你既是一個優秀的運動員，又是一個善解人意的朋友，一個情意綿綿的戀人，一個充滿愛心的家長等。那麼輸掉一場比賽並不會讓你感到深受打擊，因為你還有很多其他的方式來緩衝這種打擊。

具有多種特性可以讓我們更健康的生活，但需要注意的是，複雜的自我概念也可能讓我們陷入衝突之中。眾多的特性之間如果不相搭配，這些特性之間就會發生衝突。例如，努力工作和照顧家庭有些時候就是衝突的，你想要努力工作就意味著你沒有更多的時間去照顧家庭。

自我概念的另一個方面是確定性。我們對於關於自己的某些觀點是非常確定的，如我們絕對會相信我們善交際。而我們的另一些自我概念則模稜兩可，如我們不確定我們是否具有直覺。有研究顯示，人們的自我概念越確定，他們對自我的感覺越好（Baumgardner，1990 年； Campbell，1990 年）。

除了要考慮自我概念的確定性，也要考慮自我概念的重要性。人們的一些自我概念非常重要，而另一些則不那麼重要。一般而言，一個特性的重要性隨著目標而發生變化。

儘管自我、自我意識與自我概念有著不同的內涵，但我們統一用「自我概念」來指各種關於「自我」的討論，因為與自我有關的問題，說到底是人們的反省意識，即以自己為對象，形成對自身的看法和觀念的問題。

2. 自我概念的結構與功能

自我概念是由自我認識、自我體驗與自我控制三種心理成分所構成的。這三種心理成分相互連結、相互制約，統一於個體的自我意識之中。

（1）自我認識

自我認識，是指主觀的我對客觀的我的認知與評價。自我認知是指對自己身心特徵的認識，自我評價是指在這基礎上對自己做出的某種判斷。例如「我是一個身高 160cm，體重 45kg 的人」，這是自我認知；「我是一個瘦子」，這是自我評價。有句古話是「人貴在有自知之明」。正確的自我認識對個人的心理生活及其行為表現，對協調社會生活中的人際關係有較大的影響。

（2）自我體驗

自我體驗，是指對自己懷有的一種情緒體驗，也就是主觀的我對客觀的我所持有的一種態度。例如，自信、自卑、自責、自我欣賞等都屬於自我體驗。自我情緒體驗反映了主體的我的需求與客體的我的現實之間的關係。客體的我滿足了主體的我的需求，就會產生積極肯定的自我體驗，表現為自我滿足，否則就會產生消極的自我體驗，表現為自我責備。

（3）自我控制

自我控制，是指自己對自身行為與思想言語的控制，也就是主觀的我對客觀的我的制約作用。自我控制表現為兩個方面：一是發動作用。人們在克服困難的過程中，命令自己的言語器官和運動器官進行各種活動。例如，堅持每天鍛鍊，每天記單字等，都是自己發動與支配自己行動的結果。二是制止作用。主觀的我根據當時的情境，抑制客觀的我的行動和言語。例如，不隨地吐痰，不亂扔垃圾，公共場所不大聲喧譁等，都是自我抑制的結果。

二、自我的結構與功能

（一）自我的結構

1. 詹姆士的觀點

早在西元 1890 年，被譽為美國心理學之父的威廉·詹姆士（William James）在其著作《心理學原理》中就提到，人們在兩種意義上體驗他們的自我。他建議使用不同的術語主我（I）和客我（me）來區分自我的這兩個方面。用主我來指代自我中積極的知覺、思考的部分，用客我來指代自我中被注意、思考或知覺的客體。當人們說「我看見他」時，其中只牽涉到主我，當人們說「我看見我自己」時，兩個術語都涉及了。我是看的主體，也是看的客體。人類自我反思的本性使自我既是客觀的又是主觀的，也就是說，有一個「客我」需要「主我」去反思性的思考。

「主我」是認知過程（大多數時候是自動發生的，有時也是故意的），「客我」是以自我概念形式表現出來的認知結構。在「主我」和「客我」之間存在著緊張的或者是辯證的關係，其原因在於，雖然「主我」對建構「客我」負責，但是「主我」在完成這一任務的過程中，受到它已經建構起來的「客我」的具體內容的規制和影響。比如說，如果我的「客我」是「建築工」，那麼，「主我」將不容易對自身建構一個作為「律師」的「客我」。

詹姆士也把「客我」稱之為「經驗自我」，並將經驗自我分成三類：物質

自我、社會自我以及精神自我。

（1）物質自我（material self）

物質自我可進一步分為軀體自我和軀體外自我（超越軀體的自我）。羅森伯格（Rosenberg，1979 年）認為軀體外自我是延伸的自我。

物質自我的軀體部分並不需要作任何解釋。一個人談及自己的手臂或腿，很明顯，這些實體是其身體的組成部分。但人們對於自我的感知卻並不僅限於身體。它還包括其他人（我的孩子）、寵物（我的狗）、財產（我的汽車）、地方（我的家鄉），以及我的勞動成果（我的繪畫作品）。

但並不是這些物理實體才構成了物質自我。相反，是我的心理主宰了它們（Scheibe，1985 年）。例如，一個人也許有一張她最喜歡坐的椅子，椅子本身並不是她自我的一部分。相反，是句子「我最喜歡的椅子」表達了一種占有感。所以延伸的自我包括所有的人、地方和關於表達我們是誰的心理部分。

有大量研究支持詹姆士關於所有物和自我之間緊密相連的經驗性論述。

首先，當要求人們描述自己時，人們往往提及他們的所有物（Gordon，1968 年）。人們也熱衷於聚斂所有物，例如，年幼的兒童就是積極的收集者。他們收集瓶蓋、石頭、貝殼等。他們收藏這些東西並不是看重它們的物質價值（它們往往沒有什麼價值），而是由於它們代表了自我的重要方面。把所有物當作自我的一部分的趨勢將貫穿人們一生，這就解釋了為什麼那麼多人捨不得丟棄舊衣服或早已沒有用處的東西。關於人們不願意丟棄自己的所有物，有以下幾個原因。

①所有物具有象徵功能，它們幫助人們定義他們自己。我們所穿的衣服、駕駛的汽車以及我們裝飾房間和辦公室的風格都在提醒我們（和其他人）是誰，以及我們想要被如何看待。當人們感到他們的身分不明確或受到威脅時，他們就會展示這樣的信號或符號（Wicklund and Gollwitzer，1982 年）。例如，一個剛獲得博士學位的人可能會突出他的學位以說服自己（他人）立志成為博學的學者。這些功能支持了沙特（Sartre，1958 年）的主

張，他認為人們累積所有物是為了擴展他們的自我感。

②所有物也及時的延伸了自我。大多數人設法讓自己的信件、照片、財產和紀念品在死後分配給別人。儘管這種分配反映了允許他人享有這些物品的使用價值的願望，但昂魯（Unruh，1983 年）認為這種分配依然具有符號功能。人們總是希望透過將他們的所有物傳遞給下一代而獲得永恆。

③人們對他們的所有物的情緒反應也證明了這些東西對於自我的重要性。例如，許多車主會為汽車的損壞而感到極度憤怒，哪怕那只不過是很輕微的損傷；許多因自然災害而損失財產的人會體驗到與失去他們心愛的人一樣的悲痛體驗（McLeod，1984 年）。

其次，關於所有物是延伸自我的一部分的進一步證據來自於貝根（Beggan，1992 年）的一系列調查。在初始的研究中，展示給被試者大量不昂貴的物品（如鑰匙環、塑膠梳子、紙牌），從中挑選一樣，要求他們保管。後來，被試者對於他們的東西的評價要高於其他的東西。接下來的調查發現，這種趨勢先前在無關實驗測驗中失敗的被試者身上顯得尤為明顯。對於這種「純粹所有者效應」（mere ownership effect）有多種解釋，而一種可能性是，一旦所有物成為自我的一部分，人們就會賦予其價值並利用其來提升積極的自尊感。

最後，賦予與自我有關的物體和實體以價值的傾向甚至延伸到了字母表。當要求人們判斷他們對於不同字母的愉悅程度時，他們表現出對於構成他們名字（尤其是字首大寫字母）字母的偏愛（Greenwald & Banaji，1995 年； Nuttin，1985 年，1987 年）。「人名字母效應」為詹姆士的觀點（我們的自我感遠遠超越了我們的身體，它還包括我們的［ours］物體和實體）提供了又一有力證據。[1]

（2）社會自我（social self）

社會自我是指我們被他人如何看待和承認。可以把自我的這些方面歸為個體的社會特性（social identities）。

迪克斯等人（Deaux，Reid，Mizrahi & Ethier，1995 年） 區分出

五類社會特性：私人關係（relationships，如丈夫、妻子）、種族／宗教（religion or ethnicity，如非裔美國人、穆斯林）、政治傾向（political affiliation，如民主黨人、和平主義者）、烙印群體（stigmatized identity，如酒鬼、罪犯），以及職業／愛好（vocational or avocational role，如教授、藝術家）。某些特性是歸屬特徵（生來就有的，如兒子或女兒），其他是後來獲得的（生活中得到的，如教授或學生）。

每一種特性都伴隨著一系列的期望和行為。我們處於「父親」角色時和處於「教授」角色時的行為是不同的。我們如何看待自己在很大程度上取決於我們所扮演的社會角色（Roberts and Donahue，1994 年）。在不同的社會情境中，我們的自我是不同的。當置身於與兩個或兩個以上自我相關的情境中時，就會產生問題。比如在家庭聚會中，某人既是父母，又是孩子的情況時。當只在固定情境或角色中出現的人出現在其他場合或以其他角色出現時，人們也會感到驚訝。比如在校外（如電影院、餐廳或運動場）遇到老師的學生往往會感到慌亂，因為他們很少看到老師穿得如此隨便，而且如此不拘禮節。

（3）精神自我（spiritual self）

是我們的內部自我或我們的心理自我。它由除真實物體、人或地方，或社會角色外的被我們稱為我的（my 或者 mine）的任何東西構成。我們所感知到的能力、態度、情緒、興趣、動機、意見、特質，以及願望都是精神自我的組成部分。簡言之，精神自我指的是我們所感知到的內部的心理特質，它代表了我們對於自己的主觀體驗——對自己有什麼樣的感受。

儘管主我和客我是自我的兩個重要方面，但心理學家更關注客我的性質。

2. 現代心理學的觀點

詹姆士關於自我的觀點是從宏觀上進行剖析的，現代心理學則從微觀、具體的層面對自我的結構進行了分析，並且不同的模型有不同的看法。

（1）相關網絡模型（associative network models）

該模型認為自我知識是以一系列的命題表徵在大腦中，這些命題以自我

節點（self node）為中心，連結著特定的自我相關的情節或特質。圖 4-2 是
簡單的自我知識的相關網絡模型。在這一模型中，自我節點有系統的連結著
特質概念（如運動的、冒險的）、行為概念（如經常打網球、到尼泊爾旅行）
以及其他由自己定義的資訊（如喜歡京劇）。這些自我知識可以按照某一角
色或概念來進行組織，如作為研究者的自我和作為父母的自我，是與多重自
我的概念相一致的。網絡表徵允許在各種不同的自我知識之間發生關聯，例
如特質與行為相連，「工作勤奮」與「在週末工作」發生相連；特質和行為又
與某一領域或角色發生關聯，如「工作勤奮」與「作為研究者的自我」相連；
還有不同特質之間的關聯，不同行為之間的關聯；一般的語義知識（如「研
究者做實驗和寫論文」）與自我知識也有關聯。在網絡模型中語義特質可能直
接與中心概念「自我」節點相連結，因而我們能對語義特質相關的問題做出
快速的反應，同樣在網絡模型中自我知識的提取是透過擴散的激發活化而進
行的。

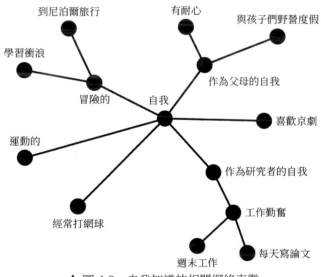

▲ 圖 4-2　自我知識的相關網絡表徵

（2）自我庫模型（The self bins model）

威爾等（Wyer and Srull）認為，在社會資訊加工模型中有一個自我儲存庫（Self bins），自我庫中包括把自己作為客體已經獲得的和曾經思考過的資訊。有幾種不同的自我庫，每一種自我庫都涉及不同的經驗領域，並用資訊頭表示諸如作為教授、丈夫、網球運動員等不同社會角色的自我經驗。構成這些領域的資訊頭的自我特徵可能是不同的，如作為教授自我的資訊頭可能包括「聰明」的屬性，而作為社會情境中的自我，其資訊頭可能是「害羞」的特徵。在自我庫中的知識單元可能有幾種類型，包括自我的抽象特徵（如特質描述）、個人在特定情境的個體行為表現、自我和他人一起參與的相關事件基模，也可能包括自己沒有實際參與但設身處地思考過的事件。威爾等所涉及的自我庫的資訊單元，也像他們所描述的其他對象庫中的資訊單元一樣，彼此獨立的儲存，提取也是彼此不受影響的。這意味著自我知識的任何一個集合或單元的提取，一是依賴所給予的提取線索，二是依賴所要提取的知識單元是否處在儲存庫的頂部。因而啟動效應的頻因和近因都是影響自我的知識單元位置的重要因素，從而也影響自我知識的提取。

（3）多重樣本模型（The exemplar models）

多重樣本模型認為，一個類別的知識是透過該類的樣本或例子來進行表徵和記憶的。如何判斷新來的刺激或資訊呢？它是透過把新刺激與所儲存的特定樣本進行比較，根據它們之間的類似性而得出結論。按照這個模型，自我知識是透過大量的自我樣本或例子來表徵的，每一個自我樣本可能由一系列描述自我及其內容的特質和命題所組成，有些樣本可能是描述特定的情節記憶的，其他的則是描述關於自我的內容特定的普遍規律。在從長時記憶提取資訊的加工中對於自我記憶的巨大儲存，都將有一個特定的結構用來幫助完成這一加工。為了提取某一特定內容的知識，人們可能形成這樣的記憶線索：「自我，大學」，它將用來激發活化包括兩個概念的記憶痕跡，如，「自我，大學，在專業課上」和「自我，大學，爭論，不同意教授的觀點」；又如，為了提取自己作為家庭成員的資訊，就需要一個不同的記憶線索或提取

結構，像「自我，家庭」，它能幫助人們激發活化記憶中相關的樣本。人們可以根據不同的任務要求，採取不同的面向，如情景、特質、時期等來提取和建構關於自我的資訊，並且在每一個背景或面向下表徵自我的可變性。這就是自我樣本表徵的靈活性和機動性。上面的例子也說明了樣本模型的一個重要性質，即一個樣本可以按照特定行為情節對細節進行編碼（如「不同意教授的觀點」），也可以抽象出關於自我的特質資訊（如「好爭論」），或者兩方面兼而有之。事實上我們既需要對特定經驗的細節非常敏感，也同樣需要對一系列經驗抽象出典型特徵，而自我知識的複雜性則要求自我模型能夠較好的解決這兩方面的問題。

（4）平行分配加工模型（parallel distributed processing models，PDP）

PDP 記憶模型在表徵關於自我的抽象知識和具體實例方面，已經證明是非常有用的。它是一種相互連結的網絡單元形式，網絡的基本元素一是單元，二是單元之間連結的強度。在前面所涉及的相關網絡模型中，對應於節點的有意義的概念是專門為特定的知識服務的，概念的提取則是由於該節點的激發活化；而在 PDP 模型中，單元並不與概念一一對應，而是與該概念的詳細特徵對應，因而每一個概念對應於單元集合中的一種激發活化模式，每個單元表徵許多不同的概念，在不同單元集合中，激發活化的不同模式代表不同的概念。網絡由三個層面組成：輸入層面，知覺通道的輸入激發活化相應的單元；輸出層面，其單元接受從更低級別而來的激發活化，並由此激發活化反應機制；中間的層面是一個隱蔽的單元，它們從更低級別接受輸入並把它們向上傳輸。每個單元都有一個激發活化級別，它透過連結傳輸到其他單元，連結之間的強度可能具有正向性也可能具有負向性，反映了從一個單元到另一個單元是興奮或者是抑制的效應，而單元之間連結的強度決定了在一個單元之間的激發活化到另一個單元之間的效果。因而從單元 A 到單元 B 之間信號的傳輸依賴兩個因素：一是單元 A 的激發活化級別，二是從單元 A 到 B 連結的強度。

圖 4-3 說明了自我知識在 PDP 模型中的表徵形式。圓圈中的數字代表

特定的記憶情節，而由箭頭表示的單元連結是相互興奮的，在同一組中的單元是相互抑制的（如害羞與友好）。記憶情節 1 代表「工作的自我」，是競爭的、害羞的、認真的；情節 2 代表「作為父母的自我」，具有認真、合作的特徵；圓圈 3 代表「作為父母的自我」，具有合作、友好、幽默的特徵。網絡表徵了在這些單元之間的連結並預估到了具體說明的自我方面。比如「作為父母的自我」的正向激發活化引起情節 1 和情節 2 的記憶，它也很強烈的喚起「合作」特質，微弱的喚起「友好」特質。這說明，PDP 模型較好的總結了具體的事例和關於事例的普遍規律。

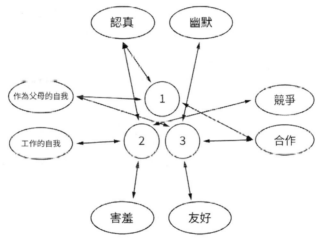

▲ 圖 4-3　表徵多重自我的簡單 PDP 模型

（二）自我的功能

　　自我的功能主要從三個方面來說明，一是自我評價，二是自尊，三是自我調節。

　　首先來看自我評價。大多數人都能做出關於自己的判斷，包括內隱的透過與別人比較來了解的。聰明、乾淨、神經質或友善等都是相對的而不是絕對的條件，這除了理解其他人在這些方面有相似外，基本上沒有什麼意義。以某些自我的標準來對照真實自我才是自我評價的基礎。自我評價不是一個「冷」的認知過程，包括對自我可利用資訊的客觀匯編，它受自我評價的動機

影響。自我評價動機影響人們對自己資訊的搜尋、注意、回憶和歸因的方式。

　　傳統上，研究者認為有一個或三個以上主要的自我評價動機：自我評價（self-assessment）、自我增強（self-enhancement）和自我肯定（self-verification）。自我評價動機導致個體搜尋精確的和診斷性的資訊，因此能夠產生關於實際的自己的看法。自我增強導致個體盡可能集中於可能的自我的資訊資源。自我肯定是鼓勵個體確定他們的自我存在信念。泰勒等（Taylor et al.，1995 年）認為有第四種自我評價動機，即自我改進（self-improvement）。泰勒認為以改進自我為目標的自我評價與其他三種動機，在概念和經驗上存在明顯的不同。特別是自我改進動機允許自我評價過程的未來定位，這就能獲取自我潛在的改變和渴望。

　　自我功能的第二個方面是自尊。自尊是「關於自我的個人評價的積極性……它做出基於自我知識的有價值的判斷」。儘管自尊與自我評價相關，但二者並不是同一件事。自我評價顯示了一個人關於自己相關的表現或能力或所擁有的某些特質的看法，自尊是從評價中提取自我的推論。因此，把自己看成是不合群的人可能會為自尊帶來嚴重的後果或者只有輕微的後果，這取決於做出什麼樣的歸因以及這些方面在個體自我概念中的重要性。

　　保護和提高自尊是社會心理學中一個重要的研究主題。特塞爾（Tesser）認為，自尊的維持包括在很廣的心理加工的範圍內，如社會比較、歸因、恐怖管理、資訊加工和人際暴力。儘管自尊的發展在西方社會被廣泛認為是一個重要的目標，但不清楚為什麼個體對維持自己的自尊有那麼多的投入。非常清楚的一點是，高自尊與積極的情緒經驗高度相關。

　　自我的最後一個功能是自我調節（self-regulation）。大多數時候人們的行為都有潛在的意圖。自我調節包括對行為有意的參與和監控，目的是帶來自我想要的結果的行為，或者是避免不想要的結果的行為。自我調節理論可以分為兩類：關注內驅力和關注誘因。

　　根據動機和自我調節的內驅力理論，個體參與行為的計畫是為了降低由未滿足的需求引起的喚醒水平。這些理論通常根據不同的個體經驗和一個或

更多共同需求的程度來解釋動機，例如對成就的需求，或者是從屬關係的需求。當這些需求沒有被滿足是與一種令人不愉快的緊張狀態相關聯的，個體為了移除這一緊張狀態而被激發並開始行動。激發行為的次級內驅力模型是基於費斯廷格（Festinger）的認知失調理論。認知失調理論模型的基本理念是當人們處理不一致的態度或行為時，他們認識到這一失調後體驗到一種消極的喚醒狀態。經驗上的失調是與心理上的不適相關聯的。人們要麼改變態度，要麼改變行為，失調才被移除，並且不適得到減輕。與之相反的是，自我調節的不一致降低模型，它強調目標沒有達成的消極結果，而誘因模型強調目標成功的積極好處。

第二節　自我認識

在古希臘阿波羅神廟的廊柱上鐫刻著一句名言：「認識你自己。」一般認為出自蘇格拉底，也有人認為出自比蘇格拉底早一百多年的另一位古希臘哲學家泰利斯（Thalcs）。據記載，有人問泰利斯：「世上何事最難？」泰利斯回答說：「認識你自己。」進而又問：「世上何事最容易？」泰利斯答道：「向別人提建議。」班傑明・富蘭克林（Benjamin Franklin，西元1706～1790年）也把自我認識與鋼鐵、鑽石相提並論，並稱為最難被攻破的三樣堅固東西。如果沒引用上述先哲的觀點，也許有很多人認為自我認識似乎是一件輕而易舉的事情。社會心理學的研究顯示，自我認識的研究中有許多讓人著迷的東西。

詹姆士認為客我是由物質自我、社會自我與精神自我構成的，自我認識的對象涵蓋了這三種自我。但相對而言，物質自我與社會自我的自我認識會比較淺顯、容易一些，故學者們對自我認識的研究主要是放在精神自我上面，即自我認識主要是針對人們的心理內容而言的。

一、自我認識的動機

人們在進行自我認識時，背後有不同的動機驅使人們朝特定的方向進行，而且這些不同的動機有時還會混雜在一起，情況就更為複雜了。

（一）自我提高動機（self-enhancement motive）

自我提高動機涉及人們被激勵去體驗積極情緒和避免體驗消極情緒的原因。人們喜歡自我感覺良好，並最大限度的體會到自尊。客觀上任何人都有自己的優缺點，但基於自我提高動機的影響，人們往往在提及自己的優點時眉飛色舞，但對自己的缺點卻諱莫如深。

（二）準確動機（appraisal motive）

人們會努力尋找關於自己的真實的資訊，而不管這個資訊是令人開心的還是失望的（Trope，1986 年）。人們想要減少不確定性，在知道自己是什麼樣子時，他們可以體驗到一種純粹的喜悅，因此人們總是會尋求與自我相關的準確資訊。

在很多時候，知道自己的真實情況是非常重要的，因為只有這樣才能有效的幫助人們實現目標。例如，我今年畢業打算找工作，如果知道自己擅長人際交流，那麼我可能去應徵的職位是銷售類的，這樣我能夠成功的找到一份適合自己的工作。要知道社會情境能對人們產生很大的影響，如果不了解自己的真實情況，輕易隨波逐流，對個體就會有所損失。例如現在演藝娛樂界很熱門，明星對青少年有極大的吸引力，許多青少年想要朝這個方向發展，比如想要成為一名歌手。拋開其他方面的考量不說，如果客觀上自己五音不全，還要滿懷信心的逐夢歌手，結果可想而知。

維護正面的自我形象的動機，以及正確了解世界的動機，是人們最主要的社會動機。有時，自我提高動機和準確動機把人們引向同一結果。比如，你在班上的學習成績排在前三，你為此驕傲。但有時這兩種動機會是矛盾

的，並讓我們左右為難——如果要準確的認識自己，就要求我們面對自身的缺點，這會讓我們感到很沒面子。那麼，是為了讓自己有好的自我感覺而扭曲世界，還是真實的反映世界呢？

在過去半個多世紀中，社會心理學家發現，人類行為最有力的決定因素之一源於我們希望維護一個穩定、正面的自我形象的需求；大多數人都認為自己是高於平均水準的，自己比大多數人更有道德和能力，更擅長判斷人的性格，更有吸引力。例如，歐拉·斯文森（Ola Svenson，1981 年）在一項研究中問道：與路上你所碰到的司機相比較，你的駕駛技術是超出一般水準、屬於一般水準還是低於一般水準呢？82%接受調查的大學生認為他們的駕駛水準是超出平均水準的。可見，人們通常會從超出實際的積極面來看待自己。因此，如果讓人們在扭曲真實世界以滿足維持良好自我感覺的需求和真實的反映世界之間做選擇，人們通常會選擇前者。

那麼，哪些因素會影響到人們良好的自我感覺呢？試想一下你認為自己是一個很好的乒乓球手——事實上，你在你們學校可以打敗其他同學。後來，你轉學到了一個新的學校，並發現你最喜歡的新同學打乒乓球像個國家隊選手。你有什麼感受？你可能對此感到很不舒服，因為你的同學在你長期得意的地方超越了你。

現在假設你最喜歡的新同學是個非常棒的歌手，而不是乒乓球明星。在這種情況下，你會覺得不舒服嗎？當然不會。事實上，你可能會沉浸在這位同學歌唱藝術上的成功當中。你可能會向你的親朋好友誇耀說：「我交了一個新朋友，他在著名的歌唱選秀節目中獲得了評審的青睞！」

這就是亞伯拉罕·特塞爾（Abraham Tesser）提出的自我評價維護理論（self-evaluation maintenance theory）：即個人的自我概念可能會因為別人的行為而受到威脅，威脅的程度則取決於對方與我們的親密程度，以及該行為與我們的相關程度。如果親密的朋友超越我們的領域並不是我們重視的，就不會有什麼問題。事實上，有這樣出色的朋友，我們對自己的感覺也會更好。問題會發生在親密的朋友在對自我定義很重要的領域勝過我們，這

樣的話會使我們的自我感覺變得糟糕。

（三）一致性動機

　　人們除了上述兩種動機之外，還有保持自我一致性的動機。這種動機促使人們尋求和信奉與他們自己所認為的自我相一致的資訊，迴避與他們所想的不一致的資訊。例如，認知不協調理論（cognitive dissonance theory，Festinger，1957 年，詳見第六章態度方面的內容）認為兩種不一致的想法會引起讓人感到不舒服的狀態，使人們努力想避免這種狀態。在這個過程中，人們喜歡透過自我驗證（self-verification）的過程去尋找那些與現有自我概念相一致的資訊來證實他們所知道的關於自己的資訊（Swann，1987年）。例如，討論會剛剛結束，一個同學走到面前對你說：「喂，你在課堂上說話不太多啊，是嗎？」有可能就是這一天，你在課堂上沒怎麼發言，但是你認為自己平常不是這樣的。這樣，在下一次課上，你會發現自己的發言比平常要多，以便使你的同學相信你平常的發言本來就是比較多的，你關於課堂參與的自我概念是正確的。

　　斯旺和瑞德（Swann and Read，1981 年）在進行了一系列研究後提出，這種保持自我一貫性的需求是非常普遍的。在一個研究中，他們設立了兩種實驗條件，分別讓大學生們相信其他同學對他們的評估與他們的自我形象是一致的，或是不一致的。結果顯示在閱讀這些評估時，大學生們在一致的回饋上花費的時間比不一致的回饋更多。甚至他人評估的特徵與知覺到的負性自我特徵一致時也會出現這一現象（Swann and Schroeder，1995年）。

　　在與他人交際時，人們會使用能夠加強自我概念的行為策略。也就是說，人們故意以強化已經存在的自我形象的方式來行動（McNulty and Swann，1994 年），特別是當人們對自己的看法很確定時，這種表現就顯得更為突出了（Pelham and Swann，1994 年）。當人們相信他人對他們有著不正確的信念時，這種傾向會特別強烈。在上文中提到的例子就很好的說明了這一點：在課堂上更加主動以消除同學對自己產生的不良印象。

二、自我認識的途徑

如果有人問你，你是怎麼認識自己的？你可能會認為：「這是多大的事啊！很簡單，我只要想想自己就知道啦，大驚小怪的！」你這樣做所用的是內省的方法，你向自己的內心深處探索，蒐集出與自己的想法、感受及動機有關的內在資訊。

人們可以透過內省的方法來認識自己。但是：(1) 人們並不是經常依賴這些資訊來源——事實上，人是很少花時間去思考自己的。(2) 即使人們進行內省，他們的感受或行為的原因也可能會隱藏得讓意識察覺不到。(3) 人們透過內省獲知的是何種資訊？是準確性資訊、積極性資訊還是一致性資訊呢？簡言之，自我無法僅靠自我省察來了解。

(一) 反射性評價

一個極具影響力的理論認為人們是從他人那裡來了解自己的。人們每天都要與他人進行社會互動，透過這些互動可以得知別人是如何看待自己的。比如「你的乒乓球打得真不錯！」、「你好聰明啊！」、「你好漂亮啊！」諸如此類的他人評價可以幫助人們獲知關於自己的資訊。

兩位 20 世紀的社會學家查爾斯・庫利（Charles Cooley，1902 年）和喬治・賀伯特・米德（George Herbert Mead，1934 年）從符號互動的視角提出了自我概念的社會起源，其核心觀念是人們是透過自己生活裡重要他人對自己的觀察與評價來奠定認識、評價自己的基礎的。庫利提出了「鏡像自我（looking-glass self）」的概念，認為人們的自我概念主要是透過將別人對自己的態度當作鏡子來看到自己的「鏡映過程」獲得的。這個過程可以分為三個階段：第一，想像你是怎樣出現在他人面前的。第二，想像他人是如何評判你的。第三，想像他人如何評判你的結果後，你就產生了情緒反應（比如驕傲或羞愧）。這個過程就好像是別人舉著一面鏡子，你透過這面鏡子認識了自己。我們所感知到其他人對我們的反應叫作反射性評價（reflected appraisals)。

關於反射性評價有一個非常有趣的例子。鮑德溫等（Baldwin et al.，1990 年）招募了一些學生（部分信仰天主教）來參加研究。在研究中，他們首先向被試者呈現一張照片，照片上是一個皺著眉的人。這個研究有兩種不同的實驗條件：一是照片上的人是教宗，二是照片上是一個普通人。隨後，實驗者讓參加實驗的學生對自己的人格特徵做出評價。結果發現，信奉天主教的人在看過皺著眉的教宗照片後，對自己的評價要遠遠比其看到不知名人士的照片後的自我評價苛刻，也比看過同樣照片的非天主教教徒做出的評價更為苛刻。可見，教宗皺眉的形象足以影響信仰天主教的學生的自我形象。

米德則在庫利「鏡像自我」概念的基礎上進一步精細化了，他認為特定的個體固然可以影響到我們的自我概念，但與我們互動的他人數不勝數，「一千個人的眼中就有一千個哈姆雷特」，被許多不同的人來看待自己之後，我們的自我認識將何去何從？米德提出了「概化他人（generalized other）」的概念，這是一種將他人平均起來如何評價自己的心理表徵。他人回答了我們是誰，我們像什麼。

（二）內省

內省（introspection）也是自我認識的一種途徑。內省是指一個人檢視自己心理與精神狀態內容的過程。很多人認為自己簡單的就能夠擁有關於他們是誰、像什麼的直接答案，無須依賴他人來告訴自己這些知識，他們只要朝自己的內心瞧一瞧，就知道答案了。因為他們是這樣想的：我經歷過的心理、行為等內容會儲存在自己的長時記憶系統中，而且也只有自己才擁有訪問這個系統的特權，我可以直接提取這些資訊。如果我不告訴你，你只能透過觀察我後進行推斷才能間接的獲知我的這些資訊。你的這些二手資料哪能比得過我的一手資料呢？

這當然是有道理的，人們確實可以直接獲知自己的思想與感受。內省是自我認識的一條途徑，但它卻有自身的局限性。例如發展性的問題。要想成

功有效的進行內省，需要人們具備一定的認知能力。兒童認知能力的發展需要經過一定的階段，在他們幼小的時候其認知能力很有限，在進行自我認識的時候他們的內省就經常不能與他們父母對他們的看法相適配。

在一項實驗中，兒童們被問道：「關於你是一個什麼樣的人，誰最懂你？」「訪問特權」有道理的話，所有的兒童應該這樣回答：「我最懂我自己。」但研究顯示，在兒童 11 歲之前，他們更有可能回答說是自己的父母最懂自己（Rosenberg，1979 年）。如果兒童與其父母在其兒童時期具備什麼樣特質的問題上觀點不一致的話，兒童往往會認為父母的意見更正確一些。這一點讓人印象深刻：兒童相信父母能比自己更好的認識兒童自身。

1977 年，尼斯貝特和威爾森（Richard Nisbett and Timothy Wilson，1977 年）寫了一篇系統性的對內省進行抨擊的意義深遠的文章。他們指出，因為人們並沒有多少對自己內心進行訪問的特權，所以當人們檢視自己的內心時，他們要麼會出錯，要麼就是靠猜，或者是給出一些似是而非或是社會讚許性強的答案。

尼斯貝特和威爾森進行了一系列的研究，這些研究顯示人們經常不知道他們的內心是如何工作的。例如，有個實驗讓參與者選購襪子，實驗時研究者對每個參與者呈現到其面前的襪子順序都是不規則的，於是研究者知道大多數參與者購買的是最後呈現的那雙襪子。但是參與者對此卻沒有意識到，當研究者問他們為什麼要購買這雙襪子時，參與者並沒有說：「我就是要選最後這雙襪子。」而回答「因為這雙襪子顏色漂亮」或「因為這雙襪子很柔軟」等。

還有一項能夠證明內省失效的研究（Smith and Engel，1968 年）。在這項研究中，要年輕男性觀看一些汽車廣告，每一則廣告都宣傳了汽車的某項特性，比如一則廣告說這部汽車很省油，另一則廣告說這部汽車很安全等。其中一則廣告還會配有一名性感的廣告模特兒。在不同的廣告中，這位性感廣告模特兒會搭配出現在不同的汽車裡。參與者看了廣告後，研究者問他們會選購哪部汽車？

研究顯示參與者選購的是有性感廣告模特兒出現的那部汽車。但當問到他們為什麼要選購這部汽車時，參與者根本沒有提及那位廣告模特兒，而是回答說他們看中的是汽車的某項性能，比如「良好的安全紀錄對我來說真的太重要了」等。

總之，內省可以使人們得知自己的思想與感受。但他們也許並不清楚為什麼對某些事是那樣思考和感受的。

（三）社會比較

第三種想要知道自己是誰、自己怎麼樣的途徑就是拿自己與別人進行比較。利昂‧費斯廷格（Leon Festinger，1954 年）在他的社會比較理論（social comparison theory）中首先描述了這個過程。他指出，人們經常不知道衡量自身某種特徵的客觀方法。比如說，你在某場考試中得了 80 分，或者是你花了 40 分鐘游了 2,000 公尺的距離，這些成績是好是壞？光靠這些數字本身並不能為你提供答案。想要知道答案，就得與別人的成績進行比較才行。

那麼，要與誰比呢？費斯廷格的社會比較理論認為，與他人進行比較有三種情況。第一種是相似性比較（similarity comparison），即與那些在某個方面與自己類似的人進行比較。相似性比較的主要目的就是認識自己。你考了 80 分意味著什麼，那要看與你同場競技的其他同學考得怎麼樣。如果他們的平均成績只有 70 分，那你的 80 分就是一個好成績，你的這場考試就是成功的。如果他們的平均成績達到了 90 分，那你的 80 分就是一個糟糕的成績，你的這場考試就是失敗的。同樣，你花了 40 分鐘游了 2,000 公尺的距離意味著什麼，也要與他人進行比較才知道。如果你與手握 23 面奧運金牌的費爾普斯（Michael Phelps）相比，那沒有任何含義。

第二種是下行比較（downward comparison），即與那些在某個方面要比自己更差的人來進行比較。下行比較的目的是要讓自己體驗到自尊，當我們看到這個世界上還有比自己差的人，會讓我們感覺好受一些。

第三種比較是上行比較（upward comparison），即與那些在某個方面要比自己更好的人來進行比較。上行比較的目的則是讓自己知道「山外有山，人外有人」，這樣就能激勵自己更加努力，以向這些優秀人物看齊。

（四）自我知覺

關於自我認識途徑的另外一個理論認為，人們認識自我與認識他人的邏輯是一樣的，即觀察行為表現，再從行為推斷出相應的心理。在某種意義上講，這依然是與內省相對的，因為這也並非是透過「特許訪問」而達成的。

這就是貝姆（Daryl Bem，1965 年，1972 年）提出的自我知覺理論（self-perception theory），其要義就是我們想要知道自己是誰的方法與我們對他人形成印象的方法是一樣的。在對他人形成印象的過程中，首先觀察他的行為，當我們認為他的行為不是由情境因素造成的話，我們就會認為是由他的某種內在特質引起的。同樣的，我們在對自己形成印象時，也是先要觀察自己做了什麼，再對自己的所作所為進行歸因。如果自己的行為可以被情境因素所解釋，我們就進行外歸因。否則的話，自己的行為不能被明顯的情境因素所解釋，那我們就會進行內歸因，認為此種行為是由我們的態度或特質導致的。

當我們身處一種新的或不尋常的情境時，我們極有可能透過自我知覺的過程來認識自己的。想像一下一位朋友邀請你和他一起去洞穴探險，此前你從未進行過洞穴探險，而你想嘗試一下新鮮事物，所以你就答應了。你深入到了地下 20 公尺處，進入到了一個緊密的廊道，這時你發現自己心跳加速，掌心出汗，想要撤退。而你的朋友則平靜如常，你又回想起自己早上並沒有喝咖啡，只喝了一杯不是很濃的茶。那麼，你將如何解釋你的行為呢？你會在你的生活中第一次意識到你有幽閉恐懼症。

其實，我們在日常生活中也經常運用自我知覺理論。比如說問你一個問題：「你叛逆嗎？」你可能猛的一下不知該如何回答。稍過一會，你可能就有了答案。不管這答案是什麼，你是怎麼得出這個答案的呢？大概還是運用

了自我知覺理論。推斷的過程大致是這樣的：回憶了一下你與叛逆相關的行為，如果你在兒童時期總是頂撞父母，求學時經常要與老師討論些問題，工作時向老闆提了不少建議，那麼，你就會認為自己是比較叛逆的。如果你在家裡是個乖孩子，求學期間從不主動向老師發問，工作了主管要你做什麼就做什麼，那你就會認為自己是不叛逆的。

我們不僅利用自我知覺過程來推斷自己的人格與能力，我們還會利用它們來推斷自己當前的情緒。我們對所觀察到的東西做出反應（如一隻具有威脅性的狗，一位有吸引力的夥伴），並透過對我們的思維和生理反應進行思考來確認情緒。但是很多情緒反應在生理變化上都是類似的。儘管我們能夠對喚醒水平的高低進行區分，但卻無法確定具體的情緒是什麼。

斯坎特（Schachter，1964 年）認為我們對自己的情緒的知覺依賴於：(1) 我們的生理喚醒水平。(2) 我們所賦予的認知標籤，如生氣或高興。為了能夠賦予認知標籤，需要對我們的行為和情景進行回顧。例如，如果感覺到自己的生理喚醒，同時發現我們正對著電視上的喜劇哈哈大笑，那麼就會推斷出自己很高興。正像貝姆所提出的自我知覺理論一樣，這種觀點強調內部狀態的模稜兩可，認為人的自我知覺至少在一定程度上是歸結為明顯的行為及外部環境的。

第三節　自尊

自我概念的成分裡包含了對自己的評價與體驗，這已經含有自尊之意。之所以要把自尊單獨拿出來介紹，是因為自尊本身的普遍性與重要性，以及目前社會心理學對自尊研究的深入性，其中的一些內容會讓你感到驚訝。

一、自尊的概念

你對自己的感覺如何？你對自己的相貌、人格、學業成績、運動能力、成就以及與朋友間的友誼等感到滿意嗎？你對未來感到樂觀嗎？當提及自

我，人們並非是一個冷靜、客觀、毫無感情的觀察者，而是對自我帶有濃厚的評價性、動機性、情感性以及保護性，我們對自我有著強烈的情懷，這就是自尊（self-esteem）。

英文單字中的「esteem」來源於拉丁文「aestimare」，它是「評價」的意思。自尊是指個體對自己持有積極性感受的程度，是對自己進行評價的程度。自尊在一般情況下被認為是一種特質，是關於自我從非常積極到非常消極的普遍性態度。研究者把此類自尊看成是整體自尊或者特質自尊。研究者開發了許多自陳式工具來測量人們的自尊，利用這些工具對人們的自尊進行縱向研究，發現人們在其一生中自尊是相當穩定的（Trzesniewski et al.，2003 年）。

自尊也可被看作是一種狀態，是由那些好的或者差的結果引發的對自我暫時性的情緒，人們說到某個經驗會支持自尊或威脅自尊，指的就是這個意思。例如，一些特質自尊低的人在考試獲得了好成績，或有人誇其漂亮後，他們的自尊也會暫時性的提升。同樣的，一些特質自尊本來很高的人們在經歷降職或離婚之後，他們的自尊也會暫時性的下降。

自尊還可以用來指個體評價自己能力和特性的方式。比如，在學校裡，一個對自己能力持懷疑態度的學生就被說成是學業自尊低，認為自己很受歡迎、被很多人喜歡的人則被說成是具有高的社交自尊。按照同樣的方式，人們可以說自己具有高的工作自尊或者低的運動自尊。在這裡，自尊和自我評價是有關係的，高自尊的人比低自尊的人認為自己有更多的積極特質。但是兩者並不是同一個東西，在學校裡缺乏自信的人同樣會非常喜歡自己。相反，認為自己很受歡迎的人對自己的感覺可能卻很差。

高自尊者會對自己持有相當良好的觀點，他們會認為自己是能幹的、可愛的、迷人的以及道德高尚的人。那麼，按道理說，低自尊者會是相反的情況，他們對自己會有糟糕的評價，認為自己是一個無能的、醜陋的、不討喜的以及道德惡劣的人。

如果真是這樣的話，那低自尊者將會是一個多麼可怕的人啊！但實際

上，極少有人會用如此極端負面的詞來描述自己。換句話講，哪怕是低自尊者也是有自尊的。可見，維護自尊的動機是多麼的強大和普遍。低自尊者的普遍表現形式是，他們只是對自己缺乏非常積極的認可。所以，高自尊者對自己說：「我很棒！」而低自尊者對自己說：「我一般般。」而不會對自己說：「我糟透了。」

自尊心強的人認為自己有很好的特質，他們希望別人對自己也有同樣的觀點，他們願意冒險和嘗試新事物，他們認為自己會成功。

但自尊心低的人究竟想要什麼？成為他們中的一員會是什麼樣子？關於低自尊有很多不同的理論和假設，但隨著研究的深入，學者們對低自尊的表現獲得了一些共識。以下是關於低自尊者的一些主要結論：

（1）他們也不想失敗。（這與早期的一些理論相悖，包括那些基於一致性的理論，比如自我驗證理論，這些理論認為，自卑的人會用行動證實他們對自己的壞印象。）

（2）事實上，低自尊者和高自尊者有著相同的目標，比如想要成功，想讓別人喜歡自己等，並同樣會為之努力奮鬥。他們的不同之處在於，低自尊者對實現這些積極目標缺乏信心（McFarlin and Blascovich，1981 年）。

（3）他們對自己的看法是衝突和不確定的，這種模式被稱為「自我概念困惑」。當被問及關於自己的問題時，低自尊者比其他人更有可能說他們不知道或不確定；更有可能給出矛盾的答案，比如說自己既「冷靜」又「緊張」；更有可能在不同的時期用不同的方式描述自己（Campbell，1990 年）。

（4）他們注重自我保護而不是自我提升。（自我保護意味著盡量避免失去尊重。）低自尊者一生都在尋求避免失敗、尷尬、拒絕和其他不幸，即使這意味著不去冒險或失去機會也要如此（Baumeister et al.，1989 年）。

（5）他們更容易出現極端化的情緒，時而高漲，時而低落。生活中的事件對他們的影響比其他人更強烈，因此他們的情緒更容易波動，更容易在情緒上出現過度反應（Campbell et al.，1991 年）。

二、自尊的來源

人們的自尊來源於何處呢？關於這個問題，有兩種觀點給予了解釋。

(一) 詹姆士的觀點

詹姆士在《心理學原理》（西元 1890 年）一書中提出了關於自尊的經典公式：

$$自尊＝成功／抱負$$

這個公式很好理解，人們的自尊既來源於其成功的程度，也來源於其抱負的高低。單獨的從分子來看，一個人成就越大、越成功，他的自尊程度就會越高；一個人成就越小、越不成功，那他的自尊程度就會越低。但單獨從分母來看，一個人的抱負越大，他的自尊程度會越低；一個人的抱負越小，他的自尊程度就會越高。把這兩者結合起來，就是自尊取決於成功，還取決於獲得的成功對個體的意義。

(二) 社會認同理論

詹姆士的公式有一個明顯的不足，就是帶有典型的美國式個體主義特色，只看見個體自身的情況，忽視了人們的自尊還來源於其身處的群體與社會，社會認同理論（social identity theory，SIT）則彌補了這個缺憾。

社會認同理論是亨利・泰菲爾（Henri Tajfel）等人在 1970 年代提出，並在群體行為的研究中不斷發展起來的一個理論。後來約翰・特納（John Turner）提出了自我歸類理論，進一步完善了這一理論。社會認同理論強調了社會認同對群體行為的解釋作用，它的提出促進了社會心理學在相關領域的發展，為群體心理學的研究做出了重大貢獻。下面對這個理論的主要觀點進行介紹。

1. 社會認同的概念

特納和泰菲爾區分了個體認同與社會認同，認為個體認同是指對個人的

認同作用，或通常說明個體具體特點的自我描述，是個人特有的自我參照；社會認同是指社會的認同作用，或是由一個社會類別全體成員得出的自我描述。泰菲爾將社會認同定義為：「個體認識到他（或她）屬於特定的社會群體，同時也認識到作為群體成員帶給他的情感和價值意義。」

社會認同最初源於群體成員身分。人們總是爭取積極的社會認同。而這種積極的社會認同是透過在內群體和相關的外群體的比較中獲得的。如果沒有獲得滿意的社會認同，個體就會離開他們的群體或想辦法實現積極區分。

泰菲爾認為對社會認同的追求是群體間衝突和歧視的根源所在，即屬於某群體的意識會強烈的影響著人們的知覺、態度和行為。

2. 社會認同的基本過程

社會認同理論認為，社會認同是由社會分類（social-categorization）、社會比較（social comparison）和積極區分原則（positive distinctiveness）建立的。

（1）社會分類

泰菲爾和威克斯（Tajfel and Wikels，1963 年）在一個實驗中安排有一系列長短不等的線，其中四條稍短的線被標為「A」，四條稍長的線被標為「B」。實驗者要求被試者判斷這一系列線中每一條線的長度。兩位學者發現，A 類型的線和 B 類型的線兩者之間的差異被明顯的誇大了。被試者也傾向於過高的高估同一類型的線之間長度的相似性。這種現象稱為增強效應（accentuation effect，或譯為加重效應）。

增強效應也發生在對社會刺激（即人）的判斷中。例如，西科德等（Secord et al.，1956 年）向被試者呈現一系列的臉部圖片，從純種的白人到純種的黑人。他們要求被試者對每張臉在面容和心理上與黑人相似的程度進行排序。結果發現，被試者會生成他們自己的邊緣二分法——黑人—白人，在範疇內部增強或誇大相似性，而對於落入兩個不同範疇的圖片則增強或誇大他們之間的差異。

特納（1985 年）進一步提出了自我歸類理論（self-categorization

theory），對泰菲爾的社會認同理論進行了補充。他認為人們會自動的將事物分門別類；因此在將他人分類時會自動的區分內群體和外群體。當人們進行分類時會將自我也納入這一類別中，將符合內群體的特徵賦予自我，這就是一個自我定型的過程。個體透過分類，往往將有利的資源分配給己方群體成員。

（2）社會比較

社會比較使社會分類過程的意義更明顯，這樣使積極區分的原則產生作用，而積極區分滿足了個體獲得積極自尊的需求。群體間比較透過積極區分原則使個體尋求積極的自我評價的需求得到滿足。在進行群體間比較時，人們傾向於在特定的面向上誇大群體間的差異，而對群體內成員給予更積極的評價。這樣就產生了不對稱的群體評價和行為，偏向於自己所屬的群體，即從認知、情感和行為上認同所屬的群體。

（3）積極區分

社會認同理論的一個重要假設是，所有行為無論是人際的還是群際的，都是由自我激勵這一基本需求所激發的。在社會認同級別上的自我尊重是以群體成員關係為中介的，社會認同理論認為，個體為了滿足自尊的需求而突出某方面的特長。因此，在群體中個體自我激勵的動機會使個體在群體比較的相關方面上表現得比其他成員更出色，這就是積極區分原則。個體過分熱衷自己的群體，認為它比其他群體好，並且從尋求積極的社會認同和自尊中體會群體間的差異，這容易引起群體間偏見、群體間衝突和敵意。

3. 自尊假設

人們透過積極區分來獲得評價性的積極的社會認同，而積極區分是為了滿足個體獲得積極自尊的需求。這就暗示自尊的需求激發了個體的社會認同和群體行為；也就是說社會認同是滿足自尊的需求。

自尊通常只注重個人特質，就像前面詹姆士的公式指出的那樣，但群體成員的身分也很重要。當一個人所屬的重要社會群體受到重視，並在與其他群體比較後處於一個有利地位時，他的自尊心就會增強。因此，自尊不僅是

個人層面的，它還包括一個人對其所屬群體的評價。社會認同理論指出，人們都需要積極的自我概念，而其中的一部分來自於人們對特定群體的認同。

　　傑西・歐文斯（Jesse Owens）就是一個生動的例子。傑西・歐文斯出生於美國南方一個貧窮的農民之家，是土著黑奴的後裔，是奧運歷史上最輝煌的田徑明星之一，是一名奧運英雄。他在 1936 年的柏林奧運會上拿下了 4 面金牌，這讓希特勒大為光火。眾所周知，希特勒上臺後大行種族清洗，宣揚日耳曼民族是世界上最為優等的種族，其他的種族，尤其是猶太人、黑人等是下等民族。希特勒上臺不久，恰逢舉世矚目的奧運會在柏林召開，又是主場作戰，他要求德國運動員要拿下多數的金牌，尤其是最為重要的田徑金牌，以佐證他的極端的種族主義觀點。結果是傑西・歐文斯在 100 公尺預賽第一輪中，就平了當時的世界紀錄，在決賽中，他領先第二名 1 公尺多，率先衝過終點奪取金牌。在跳遠比賽中，他也輕鬆獲得金牌，他第三好的成績都超過其他運動員的最好成績。第二天，歐文斯毫無懸念的拿下 200 公尺賽跑項目金牌，這是他在三天之內奪取的第三面奧運金牌。四天後，他代表美國隊參加 4×100 公尺接力比賽，創造了新的世界紀錄，並奪取個人第四面金牌，他們這項紀錄保持了長達 20 年之久。希特勒和納粹分子極力想利用奧運會標榜日耳曼民族的優越，但傑西・歐文斯在奧運會上的表現贏得了全柏林人民的歡呼，他們不顧納粹的威脅和禁止，勇敢的為歐文斯慶祝。傑西・歐文斯在柏林享盡了榮光。

　　當傑西・歐文斯回國之後，卻很難高興得起來。因為他的群體成員身分改變了：他在德國奧運會時，他主要的群體成員身分是美國人，當他回到美國之後，他的主要群體成員身分是黑人。而在 1930 年代，美國的種族歧視還很嚴重，黑人是被嚴重歧視的對象。因此，傑西・歐文斯在德國參加奧運會時因為他個人獲得的優秀成績，也因為他代表了美國隊，他的自尊程度達到了一個極高的水準。但當他回到美國後，因為自己的黑人身分，所以其自尊程度嚴重的下降了。

三、自尊的影響因素

自尊作為一種特質是穩定的，而作為一種狀態則容易發生變化。這說明影響自尊的因素是多方面的，下面對影響自尊的主要因素進行介紹。

（一）遺傳因素

特質自尊從兒童時期一直到成人都表現出很強的穩定性，有學者認為人們的自尊部分來源於先天遺傳特定的人格特質或氣質（Neiss et al.，2002年）。這種穩定性還說明，人們童年經歷的反射性評價和社會比較對自我價值感有持久的影響。有研究支持這一觀點（Harter，1998年）。在其他條件相同的情況下，如果一個孩子能更好的達到父母和其他人所傳達的價值標準，那麼他很可能會得到更多積極的反射性評價和更有利的社會比較，從而擁有更強的自尊。

（二）家庭因素

1. 教養方式

鮑姆林德（Baumrind，1971年）將父母的教養方式分為專斷型、放任型和權威型三種。不同的教養方式對兒童的自尊發展具有重要影響。

專斷型父母的特點是控制、限制以及過分保護。這種父母不鼓勵他們的孩子提問、探索、冒險和主動行為，傾向於把嚴格的規則強加給孩子而不作說明，甚至用懲罰來強制執行。一項對五、六年級學生的研究發現，專斷型的教養方式與低自尊有關，因為子女在這種家庭氛圍中被認為不能獨立從事活動，而且沒有能力去做。

放任型父母傾向於對孩子採取放任的態度，不加控制，不提要求，也不懲罰。這種不加干預的方式同樣不利於兒童自尊的發展。

權威型的父母對孩子溫和而關心，他們鼓勵孩子爭取成就、獨立和探索，他們雖然也用輕微的懲罰來貫徹提出的規則，但是會加以說明，並且

會隨兒童對它們的反應而顯示出靈活性。在鮑姆林德的研究中，權威型父母的子女比其他兩種教養方式下的子女能力更強、自尊感也相對較高（Comstock，1973 年）。

2. 家庭結構

家庭結構是指家庭中的基本人員構成。現在社會發展迅速，離婚率逐年增高，單親家庭越來越多；外出工作人員也越來越多，大量留守兒童與祖父母生活在一起。不同的家庭結構對兒童的自尊發展有著不同的影響。

張文新等（1997 年）研究發現，核心家庭環境的兒童（父母與子女兩代人生活）的自尊程度要明顯高於生活在非核心家庭的兒童；獨生子女兒童的自尊程度也顯著高於非獨生子女。另外，單親家庭成長的兒童自尊程度普遍低於完整家庭的兒童。

此外，有研究顯示，父母的教育程度、社會地位、家庭的經濟狀況等，都會影響兒童對自己的評價和自尊程度。

（三）學業成績

學業成績在很大程度上影響著教師、學校、家長和社會對一個學生的整體評價，因此學業成績的好壞，會影響到學生的自尊程度。有研究顯示，學業成績和自尊的發展程度呈正相關關係（金盛華，1993 年，1999 年）。

（四）個人因素

1. 年齡

隨著個體的成長，個體的人格、自我意識都會隨著年齡的增長發生變化。有研究認為小學階段的兒童自尊程度是相對穩定的，而國高中生的自尊程度會明顯下降（Wigfield and Eccles，1994 年）。國高中時期的孩子一方面渴望獨立，另一方面又有很強的依賴性，因此這一階段的青少年自尊程度容易波動或受外界影響而降低。

2. 個體經歷

自尊作為個人內心的感受，意味著不同的個體經歷會影響個體的自尊程度。詹姆士早期強調個體的自尊程度與成功經驗的關聯。個體通常關注其渴望獲得成功的領域，自尊往往來自這些領域的成功。同時，正如詹姆士早期揭示的，個人抱負過高可能會對自尊產生負面影響。即個體對一種成功或失敗的價值評估越小，其對自尊的影響也越小，甚至不產生影響。反之，成功或失敗的價值越大，其對個體自尊的影響也越大。

四、自尊的作用

自尊作為產生中介作用的人格變量，它以深層次的心境的形式存在於人的心理背景中，直接制約著人的情緒情感，間接影響人的活動動機和行為，其心理作用具體表現在學業成績、人際關係、主觀幸福感、心理健康和攻擊性等方面。

（一）自尊與人際關係

李瑞（Leary）等人提出自尊是一種社會計量器，是人際關係的監控者。通常人們認為，高自尊的個體在與他人的互動中，比低自尊的個體更容易受到他人的歡迎和喜愛，但事實上，一些研究得出了不同的結論。在布洛克納和勞埃德（Brockner and Lloyd，1986 年）的研究中，他們首先讓被試者對自尊進行自我評定，然後與陌生異性進行約 10 分鐘的談話，然後對交談對象進行評定。高自尊的個體通常會認為在與人互動中，他們讓對方留下深刻印象，並且與低自尊的個體相比，他們讓對方留下的印象較好。但實驗結果顯示，高自尊的個體接觸的陌生異性給予他們的評定與對低自尊的個體的評定並沒有顯示出差別。研究還發現，高自尊的自我評定與同伴的評定之間的差異大於低自尊個體的自我評定與同伴評定之間的差異。坎貝爾和費爾（Campbell and Fehr，1990 年）的研究也得到類似的結論，他們還發現，高自尊的個體對同伴的評定高於低自尊個體對同伴的評定，並且他們對於同

伴的評定非常接近同伴的自我評定。

　　希瑟頓和沃斯（Heatherton and Vohs，2000 年）在前人研究的基礎上，採用一種更為複雜的方法對自尊與人際關係二者的關係進行研究。與以前研究不同的是，他們要求被試者與他人進行交談之前參加一個智力測試，並且把他們平均分為兩組，一組為控制組，另一組為實驗組。控制組所完成的智力測試是難度適中，並且沒有反饋，而實驗組所要完成的智力測試難度很高，然後給予他們即時、消極的反饋，以達到打擊其自尊的目的。接著所有被試者都和另一個陌生的被試者就親密性分別為高、中、低的話題進行談話，然後相互評定喜愛對方的程度。研究結果顯示，高自尊的個體在其自尊受到威脅時，被同伴喜愛的程度低於自尊受到威脅的低自尊個體。高自尊的個體的自尊一旦處於受到威脅的狀態，容易變得不能控制自己，會讓其他人留下壞印象。同時，研究也發現，如果人們的自尊或能力不受到打擊、威脅時，他們的人際關係則不受自尊這一因素的影響。

（二）自尊與主觀幸福感

　　在以往的研究中，有很多研究支持自尊和主觀幸福感（Subjective Well-Being，SWB）之間有緊密關聯，在人口統計學變量、自尊、社會支持、人格特質、應付能力、適應能力等預測指標中，自尊是預測生活滿意度的最佳指標之一。羅森伯格（Rosenberg，1995 年）發現，個體整體自尊與快樂感的相關是 0.50，與消極情感的相關是 -0.43。迪納（Diener）等人對 31 個國家 1 萬多名大學生參加的跨文化研究發現，自尊與生活滿意度的相關係數達到 0.47。雖然有很多研究顯示，自尊與主觀幸福感關係很密切，但是迪納等從跨文化角度研究自尊和個體主觀幸福感的關係時發現，在不同的文化背景下，自尊與主觀幸福感的關係是不同的。在個人主義文化背景下，自尊對主觀幸福感的預測作用要高於集體主義文化中自尊對主觀幸福感的預測作用。另外也有研究顯示，研究自尊和主觀幸福感的關係要考慮到自尊這一因素本身的複雜性。帕拉迪斯和克尼斯（Paradise and Kernis，2002 年）考察了

自尊程度、自尊穩定性和主觀幸福感之間的關係，研究發現，高且穩定自尊的個體傾向於較高的心理幸福感等級。克尼斯（2003 年）在探討高自尊時，對最佳自尊和高自尊作了區分。他們認為具有防禦性質的自尊就不是真正的高自尊，而只有真正的、穩定的和一致性的自尊才是最佳的自尊。目前還沒有足夠的研究探討脆弱的高自尊和安全性的高自尊與主觀幸福感之間的關係。近來，一些研究者從內隱社會認知的角度出發，來研究自尊和主觀幸福感之間的關係，結果發現，外顯自尊可以較好的預測個體在積極和消極情緒上的差異，內隱自尊可以較好預測個體的積極情緒（Bosson，2000 年），個體外顯自尊和主觀幸福感相關較為顯著，內隱自尊與主觀幸福感之間呈較低的相關（Schimmack and Diener，2003 年）。然而，中國學者卻得出了不同的結論。徐維東等（2005 年）的研究發現，外顯自尊和主觀幸福感之間相關不顯著，內隱自尊和主觀幸福感之間呈顯著相關，並且內隱自尊對主觀幸福感有預測作用。

（三）自尊與心理健康

許多研究者和臨床專家認為，自尊是社會行為的主要驅動力，是心理健康重要的決定因素。很多具體研究也顯示，自尊對於青少年和成人心理健康有很強的預測作用。鍾傑等（2002 年）對自尊在大學生人格、羞恥感與心理健康關係模型中的作用進行研究，結果顯示自尊對心理症狀有顯著的直接影響作用。高自尊個體通常自我感覺較好，對自己的評價較積極，傾向於認為自己有能力、自信，因此能體驗到積極的情感，能夠接納和喜歡自己，能夠保持較好的心理狀態。而低自尊個體通常對自己持消極否定的態度，看不到自己的價值所在，從而表現出嚴重的自卑心理，自我評價過低，經常有消極的情感體驗，社會適應嚴重不良，害怕與人互動（錢銘怡等，2002 年）。有研究顯示低自尊的人在面臨消極生活事件時比高自尊的人更容易產生憂鬱情緒（Brown，2004 年）。

第四節　自我呈現

一、自我呈現概述

(一) 自我呈現的概念

　　人們大部分的時間都是和他人一起度過的，在他人一起活動的過程中，我們會對他人形成不同的印象；反過來，他人也會形成許多關於我們的印象。而在這一過程中，我們並不是被動的，我們會主動的採取一些策略來控制自己在他人心目中的形象。我們將這種行為稱為自我呈現（self-presentation），它是指任何旨在創造、修改和保持別人對自己的印象的行為。按照這個定義，當人們試圖引導別人按照特定的方式看待自己時，就是在進行自我呈現，也叫作印象管理（impression management）。

　　自我呈現通常是一種有意的行為。例如，當要和一個心儀的男生初次約會時，我們在約會前會精心打扮自己，如果事先知道對方喜歡的是乖巧可愛型的女孩，那麼我們就會打扮得可愛一些，而不是濃妝豔抹，打扮得很成熟；然後在約會的過程中，我們也會刻意的表現得很乖巧可愛。但是，在熟悉的情境下，自我呈現也可以是自發的行為（Baumeisterm et al.，1989 年）。當和朋友在一起的時候，我們就會習慣性的表現出自己本來的樣子來。當特定情境下的自我呈現成為一種習慣時，我們就不會再有意識的進行自我呈現了，而是會將注意力投向其他情境中。

　　社會學家厄文・高夫曼（Erving Goffman，1959 年）曾經把自我呈現比作演戲。就像演員一樣，我們通常會特別注意自己的外表——我們看起來怎麼樣、我們的服裝以及我們的習慣等等。當為一次約會而精心打扮時，或者牢記在圖書館不能大聲喧譁時，都是在控制我們的外表以傳達我們希望留給他人的印象。有時在自我呈現時我們會需要一些道具的幫助，比如開一輛法拉利，戴一枚閃耀的戒指等，這都是人們借助物理方式表達特殊印象的途徑。自我呈現的另一個特徵是預演。在一件事情發生之前，我們通常會想

好我們要怎麼做、怎麼說，還會設想如果遇到各種突發狀況時自己要怎麼應對，在心理上做好各種準備。

高夫曼觀察到，人們通常會在社交中區分「前臺」和「後臺」。後臺是人們為表演做準備的地方，前臺是進行表演的地方。

自我呈現的一個重要方面是了解你的觀眾。就像前面的例子，如果妳約會的男生喜歡的是乖巧可愛的女孩子，而妳卻是一副成熟嫵媚的打扮，那麼對方肯定不會喜歡妳。因此，在社交中，我們需要學會在不同的情境下，依據自我呈現的目標和觀眾的屬性做出不同的適宜的行為。

（二）自我呈現的功能

1. 促進社交

高大曼首次強調了自我呈現的這個功能，他認為社會生活是高度結構化的。在某些情況下，這種結構是非常正式的，如白宮舉行的國會晚宴就有嚴格的禮儀規範；但更多情況下它卻是大家默認的、非正式的，如社交活動中的禮貌。

在這些標準中，其中一條就是要求人們支持，而不是詆毀他人的公眾身分。高夫曼稱之為面子工作（face work）。社交中的每個參與者都有義務尊重和維護他人的社會角色。為了這個目的，人們可能會說假話，或者隱藏自己內心的真實感受和想法。例如，人們總是表示他們喜歡收到的禮物，讚美別人的新服裝或者新髮型，為不能參加某個聚會尋找藉口等等。此類行為的一個主要目的就是避免社會衝突並降低緊張度（DePaulo et al.，1996 年）。

2. 獲取獎賞

人們努力控制自己在他人心目中的形象的另外一個原因是為了獲得物質和社會獎賞（逃避物質和社會懲罰）。例如員工努力在老闆心目中留下聰明、敬業、勤奮的形象，這樣子他們得到提升以及加薪的機會就會大大增加。學生想要得到老師的表揚，就要表現出努力刻苦；我們想要得到他人的尊敬就要表現得友好善良，樂於助人。

在社交中，如果能夠控制別人看待我們的方式，就可以使得社交以有利於我們的方式進行。這在有些人看來，似乎是欺騙性的行為。但事實並不是這樣的，我們更多的是把自己優秀的一面展現給別人，欺騙和說謊只是例外，而不是必然的原則。

3. 自我建構

自我呈現的另一個功能是為自己建構一個特定的身分（Rosenberg，1979年）。有時，自我建構是以創建一個身分開始的。羅森伯格（Rosenberg，1979年）認為這個現象在青少年期特別突出。為了替自己塑造一個合適的形象，他們通常會嘗試各式各樣的角色。在其他階段，自我建構是為了再次肯定已經建立起來的自我觀念，即上一節所說的「自我驗證」。

透過自我建構，人們可以滿足自我增強的需求。人們都喜歡別人認為自己是聰明的、能幹的、受人喜歡的等。透過呈現自己的優良特質，讓別人相信我們是優秀的人，反過來就會使得我們的自我感覺更好。

自我建構能夠產生激勵的作用。當公開宣布自己的決定時，我們就會感到更多的壓力，從而更好的履行決定。有時候高三的班導師會讓學生當著全班同學的面說出自己想要考的大學，就是為了激勵學生更努力的學習。

二、自我呈現的策略

為了在他人心目中留下一個我們所期望的印象，瓊斯等（Jones and Pittman，1982年； Jones，1990年）提出人們通常會採用五種自我呈現的策略。

（一）逢迎討好

逢迎討好（ingratiation）是最常見的自我呈現策略。為了讓別人更喜歡自己，人們通常會透過效仿、恭維、支持別人和表現積極的個體特質來討好別人。

但是逢迎討好過度也會產生相反的效果。例如，如果知道某個一直讚美

你的朋友其實說的都是假話，或者是有著其他目的，那麼你還會喜歡他嗎？答案是不會。不過我們總是願意相信自己是受別人喜歡的，而不願意相信別人對我們的誇讚是假的。因此，逢迎討好是一種很有效的自我呈現策略。

（二）自我提升

自我提升（self-promotion）是另一個常見的自我呈現策略。逢迎討好是為了讓別人喜歡我們，而自我提升則是為了讓別人覺得我們是有能力的。

通常情況下，我們都會更喜歡那種又有能力又很友善的人，這種人也更容易獲得成功。然而，想要同時呈現這兩種特質是非常困難的。比如，為了讓別人喜歡我們，我們會表現得很謙虛，然而這卻不會讓別人留下能力強的印象；反之，為了讓別人覺得我們能力強，我們可能會自吹自擂，但是這會讓別人不喜歡我們。因此，通常我們會混合使用這兩種策略，並尋求兩者之間的平衡點。

（三）威脅

威脅（intimidation）不是常用的自我呈現策略，但當人們希望別人怕自己的時候，人們就會使用這一策略。例如，大學老師通常會希望學生怕自己，他們會使用「當掉」這一手段來威脅學生，這樣學生就不會逃課，並且在上課的時候積極回答問題。白宮前助理約翰・蘇努努（John Sununu）曾經說道，只要能被人尊重和敬畏，他不會在乎別人是否喜歡他。

（四）榜樣化

自我呈現的另一種形式是榜樣化（exemplification）。為了在別人心目中塑造出品德高尚和有正義感的形象，人們通常會採用榜樣化的策略。例如人們會透過誇大自己所遭遇的悲慘待遇或者承受過的苦難，表現出自己的堅韌不拔，讓別人對自己肅然起敬，以自己為榜樣。

（五）哀求

自我呈現的最後一種策略是哀求（supplication）。哀求通常發生在人們無助或者想要獲得某個東西時，這時人們會誇大自己的軟弱和缺陷來尋求他人的憐憫和幫助。例如，有些女性會表現很嬌弱，做出一副楚楚可憐的樣子，以此來吸引男性；有些男人也會透過聲稱自己不會使用洗碗機或洗衣機來逃避做家務。

如果透過哀求可以獲得想要的東西，人們有時會誇大自己的無知和脆弱。但是在一些極端情況下，這種傾向會造成憂鬱和其他心理困難（Gove et al.，1980 年； Leary and Miller，1986 年）。

瓊斯等研究發現，這五種特殊自我表現策略，人們會根據時間、場合選擇其中一種加以運用，也可能同時運用多種。不同人對策略的偏好不同。但是，幾乎每個人都會使用某種策略來幫助自己達到預定的目的。

---

[1]　喬納森‧布朗‧自我［M］‧陳浩鶯，等譯‧北京：人民郵電出版社，2004：19-20.

第五章
社會認知

【開篇案例】

美國多地引發強烈抗議和連日示威

〔新華網芝加哥2014年10月9日電〕（記者徐靜）據美國媒體9日報導，一名黑人青年8日晚間在密蘇里州聖路易斯市南部地區被一名白人警察開槍打死。事發後，當地數百名民眾走上街頭，抗議警察暴力行徑。

警方負責人在9日清晨舉行的記者會上說，涉案警察下班後前往私人保安公司從事第二份工作途中遇到4名男子，警察準備上前盤問時，4人拔腿便跑。警察追逐其中一人。被追男子掏出手槍向警察開了3槍。警察開槍還擊，將這名男子打死。

警方稱，在事發現場找到一把9毫米口徑手槍。

不過，當地媒體援引抗議民眾的話報導說，被這名白人警察連開16槍打死的青年並未攜帶槍枝，手中只拿著一個三明治。

今年8月9日，18歲黑人青年麥可‧布朗（Michael Brown）在聖路易斯市佛格森地區遭白人警官達倫‧威爾遜（Darren Wilson）攔截並開槍打死。此事在聖路易斯及美國多地引發強烈抗議和連日示威。

相信很多人都看到過這個報導，試想，如果那個18歲的青年是一個白人，當他看到警察拔腿便跑的時候，警察會將他手裡拿著的「東西」判斷為槍嗎？並隨即做出連開16槍的決定嗎？警察知覺到了什麼？是什麼影響了他的認知判斷？

第一節　社會認知概述

社會認知是從1970年代興起的，它象徵著社會心理學家對人研究的徹底改變。1970年代以前，行為主義心理學統治了社會心理學，它主張為了研究的科學化，心理學只須對人可見的行為進行研究，不要去推斷在人的內部發

生了什麼，比如思維、感情等。但社會心理學家逐漸意識到，不去研究人們的思想和情感，很難說我們理解了人。於是到了 1970 年代，社會心理學家著重於研究人們的思想和情感。研究人員開發了直接和間接觀察心理過程的方法和技術，以便對這些過程進行科學研究。社會心理學家研究的第一個心理過程是態度和保持與態度一致的動機（見第六章）。1960、1970 年代歸因理論的發展是社會認知研究中最重要的步驟之一。歸因理論關注的是人們如何解釋事件的原因，比如外部壓力或內部特徵。「社會認知」一詞在 1980 年代被普遍使用。至此之後，社會認知的研究一直引領著社會心理學。

一、社會認知的定義

美國社會心理學家菲斯克和泰勒（S. T. Fiske and S. E. Taylor，1984 年）在他們所著的第一本社會認知教科書中是這樣定義的：「社會認知是一種對別人和自己的思考。」1984 年威爾和斯路爾（R. S. Wyer and T. K. Srull）出版了《社會認知手冊》（*Handbook of Social Cognition*），共三卷，該手冊的第二版也於 1994 年問世。儘管第一本社會認知研究的專著問世已近四十年，但是對於什麼是社會認知仍然難有一致的意見。

此後，國外陸續有學者對其進行定義。謝爾曼（S. J. Sherman，1989 年）等認為，社會認知是透過研究社會現象的認知結構與加工來理解社會心理現象的一種概念性和經驗性的途徑或方法。奧古斯提諾斯（Augoustinos，2006 年）等認為社會認知是社會心理學的一個領域，狹義的解釋就是人們如何理解社會及他們在其中的位置。霍格（Michael A. Hogg，2011 年）認為，社會認知是社會心理學中的一種方法，側重於認知如何廣泛的受到社會情境的影響和調節，以及認知又是如何影響人們的社會行為。《美國心理學大辭典》（2015 年）將社會認知定義為：(1) 認知。人們認識、思考、解釋、分類和判斷自己的社會行為和他人的社會行為。社會認知的研究涉及認知心理學和社會心理學兩個方面。主要研究領域：歸因理論，人的感知，社會影響和道德判斷中涉及的認知過程。(2) 在動物行為

中，個人對其社會群體的其他成員的知識及基於這種知識推理他人行為的能力。例如，在黑臉猴子中，處在母系 A 中的個體攻擊母系 B 中個體之後，B 的其他成員更可能攻擊 A 中的成員。它特別強調了文化和社會群體對社會認知的影響。鮑邁斯特與沃斯（Baumeister, R. F., and Vohs, K. D.，2007 年）主編的《社會心理學百科全書》中將社會認知定義為「社會認知是主要利用認知心理學和社會心理學中的資料來檢驗基本認知操作與基本社會問題之間的關係」。這個領域研究顯示，在人的一生中，個人的思想和行為受人們以前的社會經驗的影響，但同時，這些經驗又被當前的個人行為所影響。認知和社會經驗之間的這種動態關係意味著社會認知幾乎影響人類生存的每一個領域。人們以互動的範例來感知周圍環境，進而收集和使用資訊。社會認知有兩個核心內容，一是主體會不斷努力簡化和建構他們對世界的認識，二是對自我的理解和欣賞。

中國也有學者也對其進行了定義。時蓉華（1998 年）認為社會認知是「個人對他人的心理狀態、行為動機和意向做出推測和判斷的過程」；鄭全全（2008 年）認為，社會認知是指人們理解、儲存、回憶關於他人社會行為資訊的方式，那麼社會認知心理學則是指研究人們理解、儲存、回憶關於他人社會行為資訊的方式的一門科學。

綜上所述，我們把社會認知定義為：人們對社會性世界進行意義建構的過程。下面我們對這個定義進行闡釋。

是什麼決定了我們對社會性世界進行思考與感受的？我們對他人是如何形成印象的？什麼決定了我們的社會行為？大多數時候，人們面對的社會性世界是非常複雜、不斷變動的，沒有兩種情境是完全一樣的。人們需要了解彼此與遇到的每一種情境，才能恰當的應對身處的社會性世界。表面上看，了解社會情境似乎是一件簡單的事情，實際上卻面臨著大量的挑戰。社會事件並不是簡單展現在人們眼前，完整的顯示其固有的意義和內涵，靜待在那裡等著人們去抓取。相反，在理解社會事件意義的過程中，人具有非常重要的作用，是人們賦予它意義。人們對社會性世界的理解不僅受自身的目標和

情感的影響，也受人們的觀念、信仰和理論觀點的影響，而人們在這些方面又是各不一樣的。這就好比不同的人戴上了不同的有色眼鏡，他們對同一社會事件或情境會有完全不同的理解。比如，被一個人看成是詼諧玩笑的評論，可能會被另一個人看成是對自己的無禮和侮辱；同一個榜樣，既可能鼓舞一個人，也可能引起另外一個人的挫折感；一次冒險的行為對一個人來說就像是場有把握獲勝的賭博，而在另一個人看來則注定要失敗。

而且，即使是同一個人，如果他在不同的時間場合有著不同的思想、目標和情感，那麼他可能在不同的時間場合對同樣的情境有不同的理解。對於同樣的推擠動作，如果我剛好想到暴力，我會把它看成是攻擊行為；但是，如果我正好想到開玩笑，我會把它看成是嬉戲。同樣的言論，當我相信的時候它就有說服力，當我不相信的時候就會認為它很荒唐。當我休閒時戀人湊上前來，我會覺得她（他）可愛有趣，而當我忙的時候就會覺得她（他）很煩人。因此，社會認知不是對刺激的被動反映，而是一個對刺激進行主動建構的過程。

社會認知研究的核心內容包括：客觀情境是如何轉譯為人們的主觀現實的？有哪些過程在特定的情境輸入與人們的行為之間進行了調節？為什麼同樣的刺激輸入卻導致了人們不同的解讀？人們的先前經驗與知識是如何影響對刺激解讀的？社會認知的研究涉及人們在建構其主觀現實時所需要的社會知識及心理過程，這些過程包括人們如何對情境賦予意義，在記憶系統裡如何儲存資訊，以後如何提取這些資訊，以及人們如何進行判斷與決策的。

二、社會認知的三要素

人們是如何建構其社會現實的呢？整體而言，它離不開三個方面的要素：首先是來自當前情境的資訊輸入，其次是人們會把自己先前的知識經驗帶入當前的情境，最後就是對上述的資訊進行綜合加工，形成社會認知。

（一）來自當前情境的輸入

情境是建構社會現實的資訊輸入之一。如開篇所舉例子中，在涉案警察的眼中，他遇到 4 名男子，準備上前盤問時，4 人「拔腿便跑」。警察追逐時，被追男子「掏出手槍向警察開了 3 槍」。之後事發現場「找到一把 9 毫米口徑手槍」。但在其他目擊者的眼中，被這名白人警察連開 16 槍打死的青年「並未攜帶槍枝，手中只拿著一個三明治」。這些屬於感知者感知到的外部資訊輸入。此外，還有感知者內部的資訊輸入，比如我們會感到自己飢餓或緊張等。在我們建構社會現實時，在特定情境中的這些資訊產生了重要的作用。

（二）來自認知者先前知識經驗的輸入

情境的資訊輸入僅僅是決定解釋的一部分，另一部分則是來自於感知者在此情境中自己帶入的先前的知識經驗。這些知識經驗有各種不同的形式。一方面，它可能包含相當普遍性的知識：個體關於某個群體正確或不正確的概化假設（例如，男人是果斷的），他們關於特定社會情境中事情順序的知識（例如，當他們去餐廳時事件順序的腳本），他們一般假設什麼是誠實和可信的（例如，一個善意的謊言是否反映出不誠實），他們關於在特定社會情境中某些社會規範的知識（例如，去參加婚禮時該怎麼做），他們關於在特定情況下自己或他人該如何反應有著普遍的預期等等。另一方面，先驗知識也可能包含特定的情節。例如，某一個體可能認識許多不果斷的男人，他們可能會記得一個不符合腳本的特定的晚餐，他們可能有作弊或被騙的個人經歷，他們可能會回想起自己或他人在表現情境中的行為等等。因此，先驗知識以多種形式出現，並且構成了個體可以帶到一個情境中去的資訊的極大差異的來源。例如，「幫助一個朋友在考試中作弊」的資訊輸入可能與先前對誠實的認知有關，但同樣的資訊輸入也可能與先前對友誼的認知有關，因此就可能導致對同樣的資訊輸入有了不同的解釋。

人們的先驗知識會影響對當前對象的認知，而且還是潛移默化的。比如

美國警察看到黑人青年就會下意識的覺得他們危險，容易把黑人青年手中拿的東西判斷為是危險品（如槍枝）。如果是白人青年，美國警察也許就不會這樣看待了。

（三）對輸入資訊的加工

社會現實建構的第三個主要成分是對直接刺激和先驗知識進行加工的過程。加工可以採取非常不同的形式，並且在不同的面向上有所不同。例如，有的人可以非常快速且相當淺顯的加工資訊，或者他們可以慎重的考慮相當長一段時間。加工可以自動運行，也可以以更受控制的方式運行。此外，他們可以基於直接的資訊輸入進行加工，也可以更多的依賴於先驗知識進行加工。

在試圖理解個體如何建構他們的社會現實時，需要考慮二個因素——情境的刺激因素、先驗知識及對它們進行加工的過程。這三種成分並不像這一初步概述所表示的那樣明顯和容易區分。事實上，它們是高度交織的，只有在理想化的情況下才會分離開來。

三、社會認知的隱喻

社會認知的隱喻，指人們是如何進行社會認知的，並用一個直觀的比方來形容社會認知的總特點。有很多關於社會認知的隱喻，在此我們對其中一些經典且重要的隱喻進行介紹。

（一）一致性尋求者（consistency seekers）

很多時候，人們認識世界，是朝著自己相信的那個方向去進行的。因此，從一般意義而言，可以把這樣的人們稱為是一致性尋求者。人們在社會認知時有了先前信念，並繼續用這一信念來對某一特定的新資訊進行解釋。例如，某同學自認為很聰明，當他得知自己在一場考試中考得很差時，他的解釋是這場考試一點都不重要，它考察的是人們次要的能力，這個解釋就維

持了他的先前信念。研究顯示，一致性需要廣泛影響著人們對社會性世界的建構，費斯廷格的認知失調理論有力的證明了這一點，這個理論在第六章中會有詳細的介紹。

(二) 樸素科學家（naive scientists）

我們知道，自然科學如數學、物理、化學等的科學性很強，表現在這些學科對某一現象研究出來的結論是「放之四海而皆準」，不會因人因時而異，非常客觀。而社會科學的學者們經過研究之後所得出的結論常有不一致之處，故社會科學家們總是對自然科學懷敬羨之情，進而模仿自然科學的典範，如早期的社會學家提出的「有機還原論」，就是模仿了生物學家的研究典範。經典科學的研究方式主要表現在對問題的資訊收集要齊全，並且對收集到的所有資訊要進行邏輯嚴密的加工才行。想像一下，你在考試時要正確的解出一道數學題，必須把題目中所有的已知條件和未知條件分析出來，與這道題有關的定理或公式也得記住，缺一不可。接下來要對這些資訊進行邏輯嚴密的推導，才能解出這道題來。社會心理學家依樣畫葫蘆，認為人們的社會認知也是這樣的。尤其是有時候人們需要非常精確的認識社會性世界，人們就會收集所有相關的資訊，並且以一種無偏差的方式來建構社會現實。但即使是這樣，也不能達到自然科學家那樣的效果。所以，以這樣的方式來進行社會認知的人，我們稱其為「樸素科學家」，意思是比真正的自然科學家還差那麼一點。比如，你在某一科目的考試中考砸了，原因是什麼？你需要收集其他同學考試的分數，你在其他科目中考試的成績，還要考慮是不是考試時考場的環境與情境影響了你的考試等，經過綜合分析後才找出你考砸這門科目的原因。總之，樸素科學家的隱喻認為人們要詳盡的收集與加工一切可得的資訊，以一種無偏差的方式來找出一件事的原因。

(三) 認知吝嗇者（cognitive misers）

人們在特定的情況下會像樸素科學家那樣去加工資訊，以獲得一個精確

的結果。但大多數時候，人們並沒有能力或動機去進行系統化且精細的資訊加工。在日常生活中，需要面對大量的資訊，人們只能在很短的時間內對這些資訊進行快速的加工。在這種情況下，人們就發展出了心理捷徑來簡化資訊加工過程，此時的人們就成了「認知吝嗇者」。認知吝嗇者具體表現在收集資訊時不夠齊全，然後對收集到的有限的資訊也不會進行邏輯嚴密、條分縷析的加工。比如，我們在看電視時，面對大量的廣告資訊，我們不太可能注意、加工每一則廣告資訊，而是經常採用簡化的方式來加工資訊（比如，「那個明星喜歡這個產品，這個產品肯定不錯」）。粗看上去認知吝嗇者的資訊加工方式所產生的結果會令人擔心，有可能影響到人們的生活。事實上，雖然它不如樸素科學家的結果精確，但是它在大部分時候已經足以讓人們適應生活了。一旦人們覺得情況不對，人們的動機就會增強，又會變成樸素科學家。否則，人們不管什麼事都全力以赴，那得多辛苦啊！這樣反而不能很好的適應生活了。因此，人們的頭腦中會儲存大量的心理捷徑，以便省力高效能的來應對社會生活。

（四）目標明確的策略家（motivated tacticians）

　　人們在建構其主觀社會現實時所採用的認知策略彈性十足。人們有時是一致性尋求者，有時是樸素科學家，有時又變成了認知吝嗇者。這樣的人被稱之為目標明確的策略家，意思是人們備有多種認知策略，會視情況拿出相應的策略去應對刺激。對此，布魯爾（M. B. Brewer，1988 年）提出了一個「印象形成雙重加工模型（the dual process model of impression formation）」：一種是基於類別的加工（category-based procession），其特點是自動的，無須意識控制、注意的加工，所需的加工資源很少，無須人們多大的努力，這是一種自動化的加工；一種是基於特徵的加工（attribute-based processing），它需要意識的參與，需要較多的時間與努力，這屬於控制性的加工。這兩種加工方式人們都會使用，至於使用哪種加工方式更多，取決於認知對象的特點和人們在加工時具備的動機和能力。具體如圖 5-1 所示。

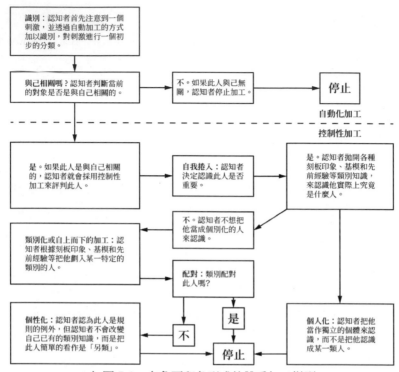

▲ 圖 5-1　布魯爾印象形成的雙重加工模型

（五）被觸發的行動者（activated actor）

　　有時候，人們的思想和行為是高度自動化的，此時的人們就像是一架安裝了自動導航儀的飛機，無須駕駛員操作，就能有效的向目的地飛去。自動化的加工過程也無須人們付出多少努力和時間，可以自動將情境中的線索與頭腦中相關的知識進行配對，迅速的做出有效評估並採取行動，菲斯克與泰勒（S. T. Fiske and Taylor，2017 年）把這樣的人稱之為被觸發的行動者。例如，遇到交通號誌變紅，人們會下意識的踩下剎車，這個過程無須花多少時間來考慮。

四、社會認知的步驟

　　社會認知包括三個加工階段，從過程來看，社會認知主要包括社會知覺、社會判斷與歸因三個階段。

（一）社會知覺

　　社會知覺是指人透過感官對社會客體屬性直接的整體的感知。社會知覺是社會認知的第一步，區別於普通心理學中的知覺反應，它帶有社會性。其差異主要表現在以下三個方面：首先，知覺對象的區別。社會知覺的對象是人，普通心理學所講的知覺的對象是物。人與物相比，更具複雜性與動態性。其次，知覺的內容也不同，人們對物體的知覺比較客觀的反映了物體的基本屬性。即使是不同的人，其反映的結果也基本一致。而社會知覺的內容重點不是反映物體本身，更多的是要建構出刺激的社會意義。第三，不同點在於普通心理學的知覺主要受刺激的物理強度的影響，而社會知覺更多的是受刺激的社會因素的作用。

　　正如普通心理學中的知覺有它的特徵一樣，社會知覺也有自己的特性，歸納起來主要有四點：

　　1. 直接性。人對社會物、社會人、社會事件的知覺，首先是透過人的感知器官來完成的，即社會刺激物進入人的感知器官，人就有一個自動的、直接的反應。由於是自動的、直接的反應，也就沒有多少思考的成分，這種知覺往往被稱為第一感覺。

　　2. 整體性。社會知覺是對社會刺激屬性的整體感知，產生的是一個整體形象，是一個綜合的結果，而非社會刺激的各個屬性或部分。例如看到某人的照片後，感知的不僅僅是該人的某些外部特徵（著裝、面容等），還包括該人的個性心理特徵，如內向或外向、聰明與否等，並會產生是否喜歡的整體性判斷。

　　3. 選擇性。社會知覺的選擇性是指知覺者首先感知有重要社會意義的社會刺激，即知覺者有選擇知覺對象的特權。

　　4. 恆常性。社會知覺的恆常性是指所感知的社會刺激的整體屬性在一定的時間和範圍內不會發生變化的現象，它往往表現為「司空見慣」、「熟視無睹」或「習以為常」等社會心理現象。

社會知覺一般指的是初次見面的人相互交流並認識，其結果是彼此對對方形成一個比較粗淺的社會印象。印象形成是指人透過與社會刺激的相互作用，形成並留在記憶中的關於認知對象的形象。這些形象往往是以表象的形式儲存。

（二）社會判斷

我們結交的人之中，有一些是經常接觸的人，對這些人我們就不會只有一個粗淺的認識了，而是會對他們進行更加深入的了解，這就牽涉到了社會判斷。社會判斷是指在社會知覺和印象形成的基礎上對社會刺激的推理和決策。它有兩個基本的含義：一是社會判斷在社會知覺和印象形成的基礎上進行，沒有社會知覺和印象形成，便不可能對社會刺激進行推理和決策，即它是透過感覺器官對各種形式的社會刺激進行識別，把有意義的、與自己頭腦中預存知識有關聯的刺激物按特性分門別類；二是在社會知覺的基礎上把社會刺激以表象的形式儲存起來，為社會判斷做好進一步的準備。沒有對社會刺激的識別，沒有社會刺激的表象和表徵，就無法對社會刺激進行更抽象的推理和評價。

社會判斷有四個特點：

1. 實踐性。社會判斷是對未來實踐的方向、目標、原則及方法等進行評價、推理及決策過程，具有很強的實踐性。離開了實踐性，社會判斷變得毫無意義。由於這一特性，社會判斷有別於一般的純邏輯推理。

2. 預見性。它是指在社會知覺和社會印象的基礎上所形成的正確的社會判斷，即可以預見某種社會現象或社會行為在另一種場合或情境出現的可能性和條件性。

3. 文化制約性。這主要反映在文化對社會判斷的邏輯法則的制約和對社會現象、社會行為因果關係的解釋方面。在實際生活中，每一個文化群體的人都有自己的思考方式，對社會行為總有自己的解釋。

4. 超標準化趨勢。它是指雖然社會判斷是有標準的、穩定的，但是事實

上社會判斷又常常受到現實生活的衝擊和破壞，無法具有穩定性。根據社會心理學家的研究，社會資訊和社會規範是影響社會判斷的兩大社會因素：一方面社會資訊複雜多變，有時甚至前後矛盾，這無疑會對社會行為做出正確的推理和決策產生影響；另一方面是社會規範，即社會化以後社會規範成為人們內在的心理尺度，它具有很強的文化制約性，從而也影響對社會行為或社會刺激的推理和評價。

（三）歸因

　　無論是社會知覺還是社會判斷，都只能讓認知者認識到「是什麼」。如果要想使認知者的認識更進一步，必然得使認知者對認知對象產生的認識中，既包含知道「是什麼」，還要包含知道「為什麼是這樣」。當我們問一個人「為什麼是那樣」時，我們就是在進行歸因。

第二節　印象形成

一、印象形成的一般規則

（一）評價的中心性原則

　　奧斯古德（C. E. Osgood，1957 年）等在一項實驗中發現，人們在印象形成中，往往會從評價（好或壞）、力量（強或弱）、活動（積極和消極）這三個角度來進行描述。在一般情況下，評價是其中最重要的一個角度，也就是說在實際的認知過程中，一般我們評價判斷完一個人的好壞之後，對此人的整體印象也基本確定了。這是第一原則：評價的中心性原則。

　　羅森伯格（S. Rosenberg，1968 年）等發現人們往往根據社會特徵和智慧特徵去評價他人，見表 5-1。

表 5-1　印象形成中評價的面向

評價	社會特徵	智慧特徵
好的評價	助人的	科學的
	真誠的	果斷的
	寬容的	有才能的
	幽默的	聰明的
	平易近人的	有恆心的
不好的評價	不快樂的	愚蠢的
	自負的	輕浮的
	易怒的	笨拙的
	令人厭煩	不可靠
	不受歡迎的	優柔寡斷的

漢密爾頓（D. L. Hamilton，1974 年）等的研究顯示，一個人的社會特徵會影響人們對他的喜歡程度，一個人的智慧特徵會影響人們對他的尊重程度。

（二）一致性原則

在形成對他人的印象時，人們會把關於該對象的各種特徵組織起來，形成一個統一的印象。也就是人們傾向於將他人視為某種「內部一致」的人，當然這種一致並不是說個體對於他人的印象只有好壞兩種，而是指對他人的某一特質的評價沒有截然相反的兩面。一個人不會被看成既是完美無缺的又是十惡不赦的，既是誠實的又是虛偽的，既是熱情的又是冷酷的，既是體諒人的又是虐待人的。而生活中為了印象的「一致性」，人們在與他人有了基本了解後往往去推論他的大多數行為和性格特徵。即使在獲得的資訊存在矛盾時，個體也通常會重新整理或歪曲資訊資料，以消除或減少不一致性。

（三）綜合性原則

印象形成遵循綜合性原則。對社會客體要形成一個完整的社會形象，必須將獲得的社會知覺資料綜合起來。印象形成雖然以知覺資料為基礎，但

是，印象不是知覺資料的算術和。

在這種綜合過程中如果獲得的社會知覺資料不太全面，或資料貧乏、模糊，就會產生「以偏概全」的傾向，導致社會印象的偏差。此外，在綜合過程中，具有不同社會重要性的社會知覺資料對社會印象的形成具有不同的貢獻率，社會客體的「中心特徵」往往在社會印象的綜合過程中發揮著主導作用。

二、印象形成的方式

（一）累加方式

累加方式是指以特性的價值的總和來形成對別人的印象。我們對一個人的判斷依據全部特性的價值總和而定。一個人在肯定評價上的特徵越多，強度越大，給人的整體印象就越好，越容易被人接納；一個人在消極評價上的特徵越多，強度越大，給人的整體印象就越差，越難被人接納。例如同學 A 的真誠、善良、聰慧、多嘴的得分值分別為 +3、+2、+1、-2，同學 B 的此四種特質的得分為 +1、+4、+5、﹣3，透過累加，同學 A 的得分為 3 ＋ 2 ＋ 1 － 2 ＝ 4，同學 B 的得分為 1 ＋ 4 ＋ 5 － 3 ＝ 7，因為 4 小於 7，所以同學 B 會給人更好的印象。

（二）平均方式

安德森（Anderson，1978 年）研究發現，有些人在總印象形成上，並不是簡單的將人們各個評價分值進行累加，而是透過將各個特徵的分值加以平均，然後根據平均值形成對一個人的整體印象。以上述的 A、B 同學為例，按照平均方式，同學 A 的得分 $(3 ＋ 2 ＋ 1 － 2) ÷ 4 ＝ 1$，同學 B 的得分 $(1 ＋ 4 ＋ 5 － 3) ÷ 4 ＝ 1.75$，因為 1 小於 1.75，所以同學 B 會給人更好的印象。

（三）加權平均方式

在上面的案例中，無論是累加方式，還是平均方式，得到的結果都是同學 B 會給人更好的印象。但並不是每次用這兩種方法得到的印象結果都會一致，有時候兩種方法得到的結果並不一致。如 A 同學的四種特質及其分數為善良（6）、自信（6）、偏激（3）、虛偽（1），B 同學的三種特質及其分數為有恆（6）、理智（6）、固執（3），那麼按照累加方式，A 的總印象分為 6 ＋ 6 ＋ 3 ＋ 1 ＝ 16，B 的總印象分為 6 ＋ 6 ＋ 3 ＝ 15，A 的總分高於 B，對 A 的印象要好於 B；而按照平均方式，A 的整體印象分為 16÷4 ＝ 4，而 B 的印象分為 15÷3 ＝ 5，對 B 的印象要好於 A。

此時，兩種方式得到的結果是矛盾的，為了解決這個矛盾，安德森又提出了「加權平均方式（weighted averaging model）」，在對別人形成整體印象時，不只考慮每一個特徵的重要性，而且考慮特徵的重要程度。在計算時，並不是將每一個特徵值簡單的累加，或者是相加後算平均，而是將這些特徵值乘以它們相應的權重之後再算平均，即加權平均。例如上述 A 同學的四種特質及其分數為善良（6）、自信（6）、偏激（3）、虛偽（1），但是四種特質的權重不一，分別為 2、4、3、1，則 A 同學的印象分為（6×2 ＋ 6×4 ＋ 3×3 ＋ 2×1）÷4 ＝ 11.75。

（四）中心特質理論

1946 年阿希（Solomon Asch）開始了關於社會印象形成的實驗研究。他以大學生為被試者，採用一組描述人格特徵的形容詞作為實驗資科，研究關於人格印象形成的過程。這組人格形容詞為：精幹、堅信、健談、冷酷（熱情）、機智、進取、有說服力等。實驗分為兩組進行，兩組之間的差別主要是所呈現的第四個形容詞不同，其中一個組為「冷酷」，另一個組為「熱情」。實驗結果顯示，儘管兩組被試者都是根據所呈現的形容詞來描述該人的形象，但是這兩個組所描述的形象卻有很大的差異，即呈現「冷酷」形容詞

的大學生認為該人是個「冷酷型」的人，呈現「熱情」形容詞的大學生認為該人是個「熱情型」的人，兩組被試者都認為，在所呈現的形容詞中最關鍵的形容詞是「冷酷」或「熱情」。當不呈現「冷酷」或「熱情」時，大學生關於該人的印象則沒有差別。

阿希透過一系列實驗發現，印象的形成並不是社會知覺對象的各種特徵的平均或簡單相加，知覺對象的各種特徵在印象形成過程中並不是處於同等重要的地位。特徵的性質不同，所產生的作用也不同。在人的印象形成過程中，可以把認知對象的特徵分為兩類，即中心特徵和邊緣特徵。中心特徵對印象形成往往具有關鍵性作用，甚至中心特徵對邊緣特徵有一種限制和變更的作用。隨後，有人用聲調刺激代替人格形容詞來重複阿希的實驗，其結果在一定程度上驗證了阿希的理論。

三、印象形成的心理效應

(一) 首因效應和近因效應

1. 首因效應

首因效應（Primacy Effect）是指認知者與他人初次接觸時，首先接觸到的關於他人的資訊，會讓認知者留下強烈的印象，影響到認知者的判斷。

阿希是最早進行關於首因效應對認知影響的社會心理學家。1946 年，他做過一個實驗，即讓兩組大學生被試者評定對一個人的整體印象。第一組大學生被試者被告知這個人的特點是「聰慧、勤奮、衝動、愛批評人、固執、嫉妒」，六個特徵按從肯定到否定來排序；而第二組被試者被告知的同樣是這六個特徵，只是其排序方式是從否定到肯定。結果顯示，大學生對這個人的整體印象受特徵排序的影響。先接受肯定特徵的第一組被試者對評價者的印象，要遠遠優於先接受否定資訊的第二組。這說明，最初印象具有高度的穩定性。

美國社會心理學家洛欽斯（A. S. Lochins）在 1957 年對首因效應做了

一個經典性實驗。他在實驗中向四組大學生介紹某個陌生人：在向第一組介紹時說這是個性格外向熱情的人；在向第二組介紹時說這是個性格內向冷漠的人；在向第三組介紹時，先說這是性格外向熱情的人，後說是一個性格內向冷漠的人；在向第四組介紹時與向第三組介紹時的說法一樣，只是次序顛倒了。隨後洛欽斯要求四組被試者描述這個陌生人。第一、二組在描述時並無異常，第三組被試者中有78%的人認為此人性格外向熱情，第四組被試者中只有18%的被試者認為此人性格外向熱情。

2. 近因效應

認知者在與他人的接觸過程中，所依據資料的先後順序對印象形成具有強烈影響。最初出現的資訊影響最大，被稱為首因效應；最新獲得的資訊在時間上距離認知者最近，對認知者影響也較大，被稱為近因效應。

近因效應沒有首因效應這麼明顯。之所以會產生近因效應，是因為在形成印象的過程中，不斷出現足夠吸引人的新資訊，或是原本的資訊隨著時間的推移而被遺忘掉。心理學家發現，人們在難以回憶舊有資訊，對一個人的判斷要依賴於目前的情境時，就傾向以最近資訊為依據，從而產生近因效應。

近因效應和首因效應看似矛盾，其實它們是在不同條件下分別發生作用。一般來說，如果關於某人的兩種資訊連續被認知者感知，認知者總是會對第一種資訊印象較深，此種情況產生的是首因效應；但如果認知者對關於某人的兩種資訊的感知存在一段時間間隔，這種情況下近因效應會發揮作用。此外，認知者面對不同對象也會產生不同的效應。認知者在感知陌生人時，首因效應是明顯的；在感知熟人時，近因效應會更明顯。

（二）光環效應

個體一旦對認知對象的某種特質形成傾向性印象，就會用它評價認知對象的其他特質。最初的傾向性好似一個光環，使其他特質也因光環影響產生類似色彩，這類現象叫光環效應。光環效應，也叫暈輪效應、光圈效應或成見效應。當一個人對他人的印象較好時，就會認為他各方面都好；當一個人

對他人印象較差時，就會認為他各方面都很糟糕。社會心理學家發現，外表有吸引力的個體在其他方面容易得到更好的評價。相反，外表缺乏吸引力的個體，人們對他們的特徵評價會更差。

　　美國心理學家凱利針對麻省理工學院的兩個班級的學生做了一個實驗。上課之前，實驗者向學生宣布，臨時請一位研究生來代課。接著告知學生關於這位研究生的一些情況。實驗者向一個班的學生介紹這位研究生具有熱情、勤奮、務實、果斷等特質；向另一班學生介紹的資訊中除了將「熱情」換成了「冷漠」，其餘各項都相同。而學生們並不知道這一區別。實際結果是：下課之後，前一個班的學生與研究生一見如故，親密攀談；後一個班的學生對他卻敬而遠之，有意迴避。可見，僅介紹中的一詞之別，竟會影響到對一個人的印象。學生們戴著這種有色眼鏡去觀察代課者，這位研究生就被罩上了不同色彩的暈輪。

（三）投射效應

　　投射效應也稱為假定相似性，即人們總是假設他人與自己是相同的。

　　在一項實驗中，李·羅斯（Lee Ross）和他的同事們詢問大學生，是否願意在身上掛一塊印有「到 Joe's 餐館用餐」的廣告牌在校園裡進行宣傳。結果發現，那些同意佩戴廣告牌的人會認為，大多數學生會同意這麼做；那些不願意佩戴廣告牌的人則預估，沒有多少學生會願意佩戴它。

　　投射效應在生活中非常普遍，而且人們會在不知不覺中這樣做。例如，美國電影《金剛》上映之後，某雜誌的一篇影評寫道：「看完《金剛》，我走在電影院外的馬路上，看到一群人嬉笑著走過。我不禁為他們感到悲哀──你們連《金剛》都沒有看過，人生還有什麼可歡樂的？」意思就是說，我看了《金剛》，你們也應該去看；我覺得《金剛》很好看，你們也應該覺得它好看，不接受任何反駁意見！

（四）刻板印象

刻板印象（stereotype）也稱類屬性思維，是指人們透過整合相關資訊及個人經驗形成的一種針對特定對象的既定認知模式，即人們對某一類人或事所產生的一種比較固定、概括且籠統的看法。

社會文化理論認為，刻板印象是社會情境和文化傳承的產物，強調刻板印象形成和維繫過程中社會（包括家庭、傳媒、文化傳統）的影響作用。人們透過社會學習獲得社會環境中所流行的群際的觀念和態度，反過來這些系統又會得到社會的強化，其焦點在於如何透過社會經驗、夥伴群體的影響及媒介渲染獲得和保持刻板印象。

菲斯克（Fiske）和紐伯格（Neuberg）提出的印象形成的模式就強調了印象形成中目標的關鍵作用：當一種關係對於印象形成非常重要時，認知者將基於目標對象的特殊資訊，分配充足的認知資源去形成印象；當關係不重要時，他將簡化形成印象的任務，把目標歸入某一範疇，根據刻板印象形成印象。

性別刻板印象，即關於男女行為差異的相對穩定的、傾向性的信念和看法。職業刻板印象，即人們對男性和女性在專業、職業方面的期望、要求和一般看法。在現實社會的傳統職業定向中，人們普遍認為女性學習數理等理工科專業的能力明顯弱於男性，不易獲得成就，她們更適合學習中文等人文科學專業。地域和種族刻板印象，即人們口中通常所說的「德國人嚴謹，法國人浪漫，中國人含蓄」等。

近年來，對刻板印象的研究越來越多，其測量方法也得到了發展，如內隱刻板印象的新型測量方法。刻板印象的積極作用是使社會知覺過程簡化，但由於刻板印象是根據以往的印象和經驗對現有認知對象加以判斷，因此很難避免主觀性與偏執性，有時會造成認知失誤。

經過學者們對刻板印象數十年的研究，有了如下幾項清晰的認知（Brigham，1971 年； Katz and Braly，1933 年； Oakes et al.，1993

年；Tajfel，1978 年）：第一，人們僅憑少許幾個粗淺的共同特徵，就迅速的刻劃出某一群體的形象，形成了對此群體的刻板印象。第二，刻板印象很難改變。第三，當社會、政治、經濟發生了廣泛而深刻的變化，人們的刻板印象才會發生改變。第四，刻板印象很早就形成了，經常是在孩子沒有習得關於某一群體的任何知識時就能夠形成。第五，當群體間關係緊張、發生衝突時，人們的刻板印象就容易凸顯出來，並變得有敵意，而且極難改變。第六，刻板印象並非總是不精確或錯誤的，刻板印象能夠幫助人們理解特定的群際關係。

第三節　社會推斷

　　社會推斷（Social Inference）在許多方面都是社會認知的核心，社會推斷重點研究的是人們進行推斷的過程（推斷可以是條分縷析及抽象的，或是直覺與具體的），人們利用它來識別、挑選資訊，並對這些資訊進行加工以形成印象、做出判斷。

一、背景的影響

　　普通心理學關於圖形與背景的關係的研究指出，人的認知能力是有限的，人們不可能對周邊的所有資訊都做出同等的反應。讓人們選擇做出反應的刺激就成為人們的對象（即圖形），其他的刺激就是背景，我們不會對其做出反應。也就是說，這些成為背景的刺激，不會對我們的認知產生任何影響。

　　但果真如此嗎？隨著社會心理學家研究的深入，他們發現那些屬於背景的刺激依然會對人們的認知產生作用，甚至有時人們還會被這些背景刺激所影響。

（一）參照點與對比效應

　　假如你要買一臺液晶電視，現在有如下兩臺液晶電視擺在你面前，你覺

得哪臺更划算，你會買哪一臺？

- 產品 A：70 吋，4K 超高清。原價人民幣 10,499 元，售價人民幣 4,999 元。
- 產品 B：70 吋，4K 超高清。原價人民幣 8,799 元，售價人民幣 4,999 元。

相信多數人會購買產品A。為什麼呢？簡單的說，答案就是：對比效應。對比效應（Contrast Effects）是指對某一對象做出的判斷，取決於將它與其他對象進行對比的結果。也就是說，某一對象看起來可以比實際上更好，也可以比實際上更差，這取決於將它與什麼東西相比較。如果人們將某一認知對象與和它類似但不如它好（或者不如它漂亮、不如它高大等等）的東西相比時，會認為該認知對象實際上比一般東西更好、更漂亮或者更高大。如果人們將某一認知對象與和它類似但比它更好（或者比它更漂亮、比它更高大等等）的東西相比時，會認為該認知對象實際上要比一般東西更差、更醜或者更矮小。

對比效應可以巧妙的發生，可能具有強大的影響力。一個二手車經紀人，可能會在賣場擺上一部年久失修的舊汽車，以讓那些擺在旁邊的汽車看上去更好。女生第一次相親時，總喜歡帶上自己的閨密一起去，是帶一個比自己漂亮的，還是帶一個不如自己的？答案很明顯。

普通心理學指出，人們不太關注處於背景中的刺激，這就大大增強了如政治家、廣告商、記者、銷售代理等的「背景製造者」的影響力。他們所創設的背景可能影響人們的感知與判斷，誘導人們做出在其他情況下不可能做出的決定。

人們所做出的一些針對自己的重要判斷，也可能受到對比效應的有力影響。例如，某個高中畢業時致辭的優秀畢業生代表，在進入知名大學後，面對著眾多同樣優秀的畢業生代表時，會感到沮喪。由於自己不再是周圍孩子

中最聰明的那一個，他可能僅僅因為表現平平，便認為自己愚笨。同樣，有研究顯示，如果讓被試者面對著一個長相漂亮的人的圖像來對其自身的魅力評分，會比面對著一個長相一般的人的圖像時評分低。

（二）為決策設置框架——框架效應

我們先看一個丹尼爾‧康納曼（Daniel Kahneman）和阿摩司‧特沃斯基（Amos Tversky）所做的實驗。研究者告訴一組大學生參與者，「假定你是美國總統，而且這個國家正面臨著一場突然爆發的罕見瘟疫，預計將會有 600 人喪生。為了抗擊疾病，你的高階顧問為你準備了兩套方案，而且已經盡他們的最大努力預測了採取每種方案可能出現的後果。」兩套方案如下所示：

- 如果採用方案 A，可以挽救 200 條生命。
- 如果採用方案 B，600 人獲救的可能性為三分之一，全部喪生的可能性為三分之二。

研究者問參與者，如果你是美國總統，你會選擇哪一套方案？結果是有 72% 的參與者選擇了方案 A。

研究者告訴第二組參與者同樣的背景資訊，但列出的兩套方案是這樣的：

- 如果採用方案 A，400 人會喪生。
- 如果採用方案 B，全部獲救的可能性為三分之一，600 人喪生的可能性為三分之二。

研究者也問第二組參與者，如果你是美國總統，你會選擇哪一套方案？這次的結果是有 78% 的參與者選擇了方案 B。

這是一個具有深遠意義的研究，對很多學科，尤其是對經濟學來說是

革命性的。傳統經濟學的一塊基石是理性假設，認為所有人都是追求利潤最大化或效用最大化的「經濟人」。就拿這個假設下著名的預期效用理論（Expected Utility Theory）來說，這個理論也稱馮紐曼—摩根斯坦效用定理（von Neumann-Morgenstern utility theorem）。預期效用理論是 1950 年代馮紐曼和摩根斯坦（von Neumann and Morgenstern）在公理化假設的基礎上，運用邏輯和數學工具，建立了不確定條件下對理性人（rational actor）選擇進行分析的框架。

如果某個隨機變量 X 以機率 P_i 取值 x_i，$I = 1，2，\cdots，n$，而某人在確定的得到 x_i 時的效用為 $u(x_i)$，那麼，該隨機變量給它的效用便是：

$$U(X) = E[u(X)] = P_1 u(x_1) + P_2 u(x_2) + \cdots + P_n u(x_n)$$

其中，$E[u(X)]$ 表示關於隨機變量 X 的預期效用。因此 $U(X)$ 稱為預期效用函數，又叫作馮紐曼—摩根斯坦效用函數（VNM 函數）。以雙人零和博弈為例，兩個人出同樣多的錢（100 元）賭博，贏者獲得 200 元，輸者為 0 元。不考慮其他因素情況下，輸贏機率均為 0.5，故每個人的預期效用便是 $E(u) = 0.5 \times 200 + 0.5 \times 0 = 100$。

經濟學認為，在備選的方案中，人們會選擇預期效用更大的行動。以上述康納曼的實驗為例，在第一組參與者的兩個方案中，方案 A 的預期效用 $E(u) = 1.0 \times 200 = 200$，方案 B 的預期效用 $E(u) = 1/3 \times 600 = 200$。也就是說，兩個方案的預期效用是一樣的。同理，第二組參與者的兩個方案中的預期效用也是一樣的。既然預期效用是一樣的，那麼理論上參與者對 A、B 兩個方案的選擇偏好應該是等同的。參與者對這兩個方案選擇的占比應該都是 50% 左右，在統計學上不應該有顯著性差異才對。但是實際結果卻是：第一組參與者中有 72% 選擇了方案 A，第二組參與者中有 78% 選擇了方案 B，這兩組參與者的選擇都有著顯著性差異。尤其是第一組參與者中的多數選擇了方案 A，而第二組參與者中的多數選擇的卻是方案 B。這是怎麼回事呢？

特沃斯基和康納曼的解釋是，人並非是像經濟學家所說的「理性人」，人是有情緒的。而人的情緒帶有動力作用，使人的反應具有偏向性。情緒又分

為積極情緒與消極情緒兩種，一般而言，消極情緒的作用往往會大過積極情緒的作用。比如，失去 20 美元所體驗到的痛苦，要比得到 20 美元所帶來的快樂強烈得多。所以，人們不喜歡失去，總是試圖避免受到損失。在上述實驗中，總統顧問為第一種決策設置的框架，使得方案 B 看上去就像一種重大的損失（方案 A 中的關鍵字眼是「挽救」，而方案 B 中不僅有「挽救」，更有「全部喪生」的字眼）；在第二種形式中，總統顧問所設置的框架，使得方案 A 看上去似乎必然受損（方案 A 中只有「喪生」的字眼，方案 B 中不僅有「喪生」，還有「全部獲救」這一關鍵字眼）。因此，如何對問題設置框架，是極為重要的。

　　一個重要的概念就此產生了，這就是框架效應（Framing Effect），指決策過程中由於備擇方案描述方式（即框架）的改變而導致決策者選擇偏好發生改變的現象。有很多研究證實了框架效應的存在，比如林維爾等（Linville et al.，1992 年）的研究顯示，如果說保險套預防愛滋病的成功率是 95%，那麼 90% 的大學生相信它是有效的；但如果說它預防愛滋病的失敗率是 5%，那麼只有 40% 的大學生相信它是有效的。

　　1982 年，特沃斯基和其他三位學者提交了一份精心挑選的對美國醫生的測試統計採樣，它的基礎是實際的臨床診斷資料。這些資料說明，絕大多數診斷者犯了「框架」錯誤。假如他們被告知某種手術在 5 年內的死亡率是 7%，那麼，他們就會猶豫不決，不知是否應該向病人介紹該手術。相反，如果他們被告知這種手術在 5 年後的存活率是 93% 時，他們就會毫不猶豫的向病人推薦該手術。

　　康納曼因這一系列的研究獲得了 2002 年諾貝爾經濟學獎，委員會的頒獎詞是：把心理學研究和經濟學研究有效的結合，從而解釋了在不確定條件下如何決策（特沃斯基 1996 年去世，沒能分享這份殊榮）。康納曼的研究給予傳統的經濟學強大的警醒，也催生了經濟學的一門新學科：行為經濟學。

　　康納曼與特沃斯基所做的研究意義十分重大，它又一次告訴我們，那些看似毫不起眼的邊角資訊，很有可能讓我們駛離理性的軌道，而且並不自

知。下面是一個關於蘇丹君主的故事。蘇丹夢見自己牙齒掉光，於是就召人來解夢。第一個解夢人說：「天啊！掉牙齒說明您將會目睹所有家庭成員的死亡。」怒不可遏的蘇丹下令給這個傳遞壞消息的解夢人 50 鞭子。第二個解夢人聽了這個夢以後，他解釋說這預示著蘇丹的好運：「你將比你整個家族的人都要長壽！」於是，安下心來的蘇丹下令管家獎賞給這個傳遞好消息的解夢人 50 個金幣。途中，迷惑不解的管家向第二個解夢人請教：「你的解釋和第一個沒有什麼區別呀？」「哦，沒錯，」那個睿智的解夢人回答道，「不過，請記住一點，重要的不僅是你說了什麼，還在於你是怎麼說的。」

（三）展望理論

展望理論（prospect theory）是康納曼和特沃斯基在 1979 年提出的。所有關於行為經濟學的著作，都繞不開這個理論。曾有一位著名的財經編輯問過康納曼，為什麼將他們的理論稱為「前景理論」，康納曼說：「我們只想取一個響亮的名字，讓大家記住它。」不知這是不是玩笑話，不過現在這個理論已經是如雷貫耳了。

展望理論是一種非傳統的過程化的理論（Procedural Theories），即試圖一直構造導致選擇的心理過程的理論。其顯著特徵包括：有限理性（Bounded Rationality）的存在和直覺推斷式（Heuristics）決策結論的使用。

有限理性蘊含著參與者不但在複雜和動態決策環境中處於不完全資訊下，而且只具備有限計算能力，參與者的目標可能也不是十分清晰的。在時間、可計算資源和通常相互衝突目標的約束下，這樣最優的概念就變得更加複雜了。在這種情況下，直覺推斷的應用是必要的，這樣就產生了一個簡化決策程序的可計算的捷徑。

在面對未來的風險選擇時，人們透過一個價值函數來進行價值評估。這個函數具有四個重要的性質，即確定效應（Certainty Effect）、損失厭惡（Loss Aversion）、參照依賴（Reference Dependence）和敏感度遞減

（Diminishing Sensitivity）。

1. 確定效應

康納曼和特沃斯基做了一個實驗，問參與者面對如下兩個備擇方案將做何選擇？

· 　你一定能賺 30,000 元。
· 　你有 80% 可能賺 40,000 元，20% 可能什麼也得不到。

實驗結果是，大部分人都選擇了 A。

傳統經濟學中的「理性人」認為選擇 A 是錯的，原因是 B 的期望值 40,000×80% = 32,000，要大於 A 的期望值 30,000×100% = 30,000。

康納曼和特沃斯基則認為：人們願意體驗的是積極情緒，而不願意體驗消極情緒。方案 A 是讓參與者處於完全的收益狀態，人們體驗到了積極情緒。而方案 B 固然有收益的喜悅，但也有失去的恐懼和擔憂，這能讓參與者體驗到消極情緒。這就使得參與者的決策偏向了方案 A。康納曼和特沃斯基把這種現象稱為「確定效應」，即處於收益狀態時，大部分人都是風險厭惡者。

所謂確定效應，就是在確定的好處（收益）和「賭一把」之間做一個抉擇的話，多數人會選擇確定的好處。用一個詞形容就是「見好就收」，用一句話打比方就是「二鳥在林，不如一鳥在手」，正所謂落袋為安。

2. 損失厭惡

康納曼和特沃斯基認為，失去 20 美元所體驗到的痛苦，要比得到 20 美元所帶來的快樂強烈得多。即等量的損失要比等量的獲得，對人們的感覺產生更大的影響。如圖 5-2 所示。

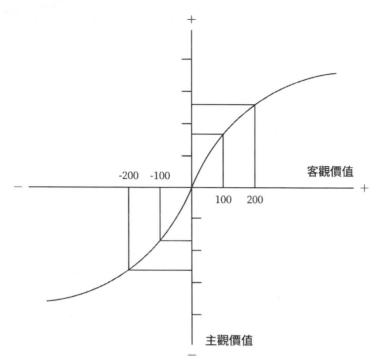

▲ 圖 5-2　收益與損失時的反應差異

從圖 5-2 中可以明顯的看出，負數區域（即損失區域）的函數圖像要比正數區域（即獲得區域）的陡峭。「在金錢方面（或在其他的『損失』和『獲得』能夠被衡量的領域），人們對『損失』的價值感知通常是相同數量『所得』的兩倍。」一般人會因這種「損失規避」（loss aversion）而放棄本可以獲利的投資。

3. 參照依賴

同樣，我們先看一個康納曼所做的實驗，問參與者在以下兩項中如何選擇？

A. 其他同事一年賺 6 萬元的情況下，你的年收入為 7 萬元。

B. 其他同事年收入為 9 萬元的情況下，你一年有 8 萬元進帳。

康納曼的這項調查結果出人意料：大部分人選擇了前者。那為什麼參與者會選擇一個期望效用小的選項呢？

前述的對比效應說明，人們對得與失的判斷，也是來自比較。人們的自尊程度是在社會比較的過程中形成的。選項 A 雖然預期效用相對較小，但在與同事進行比較時能體驗到高的自尊；選項 B 儘管預期效用較大，但在與同事進行比較時自尊變低了。最終還是情緒戰勝了效用，所以參與者更多的選擇了 A，而不是 B。

因此，所謂的損失和獲得，一定是相對於參照點而言的。康納曼稱為「參照依賴」。

4. 敏感度遞減

敏感度遞減的狀況在人的認知領域中無處不在，不論是獲得還是損失，其邊際價值隨其不斷增大而減小（Tversky and Kahneman，1979 年）。從圖 5-2 中可以看出，在零點的右側，即獲得區域內，函數圖像是上凸的；而在零點的左側，即損失區域內，函數圖像是下凹的。

從對上述價值函數的四個特性分析後，前景理論引申出的四個基本結論：

第一，大多數人在面臨獲利的時候是風險規避的。

第二，大多數人在面臨損失的時候是風險喜好的。

第三，人們對損失比對獲得更敏感。

第四，大多數人對得失的判斷往往根據參照點決定。

（四）資訊的數量

亨利‧朱奇爾（Henry Zukier，1982 年）做了一項實驗，先提供給參與者如下的資訊資料：

- 平均每個星期，提姆要花 31 個小時的課外時間學習。
- 平均每個星期，湯姆要花 31 個小時的課外時間學習。湯姆有一個弟弟、兩個妹妹。他每隔 3 個月去看望一次爺爺奶奶。他曾經赴過一次約，去見別人介紹給他的女朋友。他每隔兩個月打一次撞球。

然後問參與者：提姆和湯姆誰的成績更好？

大多數參與者認為提姆比湯姆聰明、成績更好。朱奇爾發現，與手頭問題無關的一些不相干的和不典型的資訊（例如關於兄弟姐妹、家庭探訪、日常習慣方面的資訊）會稀釋相關資訊（提姆和湯姆都花了大量的時間學習）的影響，或者說導致了相關資訊效力的降低。朱奇爾把這種現象稱之為稀釋效應（dilution effect），指的是中性的或無關的資訊弱化判斷或印象的趨勢。稀釋效應產生原因是：關於一個人的非相關資訊使該人似乎與他人相似，因此更普通，與他人別無二致。

人們在思考一項困難的決定時，經常可以聽到的一個託辭是：「要是我能夠得到更多的資訊就好了。」儘管有時候擁有更多的資訊可能會有幫助，但這也可能透過所謂的稀釋效應改變我們對事物的感知與評價。

二、社會基模及其作用

一個年輕的衣著隨便的婦女走到學校咖啡館的櫃臺前。她說：「我想預訂明天下午一個 6 人左右的包廂，以供學生學術討論之用。」櫃臺後面的年長婦女答道：「哦，明天下午我們這裡有個會議，妳問問你們教授具體什麼時候要用包廂，好嗎？」年輕女子莞爾一笑：「我就是教授。」

（一）社會基模的概念

社會基模（Social Schemas）簡稱基模（Schemas），它是一個概念、此概念關聯的屬性以及這些屬性之間關係的認知表徵。例如，在前面的例子中，店員腦中的「教授」基模或許至少包括如下屬性：年長、男性、組織學生的學術討論、有女祕書。最後兩個屬性可能相連在一起：由女祕書去預訂學術討論的地方。

社會基模是社會概念的表徵，它包含了外貌、特質、行為資訊、功能等方面的觀念。社會基模可以是具體的（如社會心理學老師），也可以是抽象的（如可愛的人）。當一個基模被刺激時，特定概念的特性也就同時被活化了。

例如，「跳舞」的基模可能就包含動作、節奏、重複和協調，也還會與音樂、鞋子、浪漫、時尚、藝術或許還有尷尬相連在一起。基模中的特性有可能是錯的，如某些教授的形象就是與那些刻板印象不同，但人們還是把那些特性與某個概念相連在一起。儘管不同的人對某些概念形成的基模會有差異，但在同一社會文化環境中的人們還是會有相似的基模。簡言之，社會基模包含了人們對他們自己、他人以及社會情境的特性和行為的期望。

（二）社會基模的分類

1. 自我基模

1977 年，馬庫斯（Markus）首先提出了自我基模（Self-schemata）的概念。自我基模是個體對源於過去經驗的自我的認知類化，能夠組織和引導個體的社會經驗中與自我有關的資訊加工過程。當個體試圖組織、概括或解釋他在特定領域的行為時，就產生了個體關於自我的認知結構，這種認知結構就是自我基模。

為了考察自我基模對與自我有關的資訊選擇和加工的影響，馬庫斯進行了實驗研究。透過前期問卷測驗，她挑選了獨立—依賴面向作為進一步研究的方向，並確立了三組被試者——獨立組被試者、非獨立組被試者、非基模化（Aschematics）組被試者。在第一個實驗階段，研究者設計了三個獨立的認知任務來評價關於獨立的自我基模對自我資訊加工的影響。這三項任務包括：第一，自我描述的內容和反應時間。呈現給被試者許多與獨立—依賴有關的特質形容詞，讓每個被試者指出它是否是自我描述性的，記錄被試者每一次判斷的反應時間。第二，為自我描述提供行為證據。讓被試者選擇自我描述性的特質形容詞，然後從自己的過去行為中引用事例來支持自我描述。第三，預測行為的可能性。呈現給被試者對獨立行為和依賴行為的一系列描述，讓他們判斷自己以這些方式進行行為的可能性。

結果發現，自我基模有助於對與自我有關的資訊的加工，幫助個體做出與自我有關的判斷和決策，使個體能夠很容易的回憶起與自我基模一致的行

為證據，對自己的行為做出更為自信的預測，並使個體拒絕與自我基模相衝突的資訊。

2. 關係和角色基模

角色基模是關於人們恰當的標準和行為所組織起來的認知結構。具有特定身分、職業、年齡等的人群在思考方式和行為習慣等方面的社會認知表徵，具有一定程度上的穩定性。即人們對特殊角色者（如教授）所具有的有組織的認知結構，比如人們常常認為教授是知識淵博、潛心學術的。

關係基模是指個體對於人與人之間關係的一種認知結構。包括兩個或多個實體之間（如自己和母親）的行為關係、情感、思想、動機等。當某個關係基模被刺激活化後，相應的情感、目標等也被啟動。這將使個體對新事物的看法產生影響（影響對新資訊的加工）。這種影響是內隱的。

3. 個人基模

個人基模指人們對某一特殊的個體的認知結構，比如「二戰」時對美國總統羅斯福就有一個個人基模，這個基模的內容包括：有勇氣、自信、百折不撓等。

4. 團體基模

團體基模是指對某個特殊團體的認知結構，有時候也叫團體刻板印象。團體基模使得人們將某些特質歸於一個特殊團體的成員所共有。比如人們常常根據刻板印象認為中國人勤勞、誠實，美國人樂觀、熱情。

5. 事件基模

事件基模是主要反映了某類事件及其子事件發生、發展的認知結構。是人對各種社會事件中的典型活動按先後次序所作的有組織的認知。尚克（Schank）與艾貝爾森（Abelson）於 1977 年對事件基模進行了早期的研究。他們把事件基模稱為腳本。下面的一個腳本包括了去餐館用餐的一系列典型活動。場景一是進餐館。顧客走進餐館、顧客尋找座位、顧客決定坐哪裡、顧客向座位走去、顧客坐下。場景二是點菜。顧客拿起菜單、顧客翻看菜單、顧客決定吃什麼菜、顧客喚來侍者、侍者來到餐桌邊、顧客點菜、侍

者走進廚房、侍者把點菜單交給廚師、廚師準備餐點。場景三是用餐。廚師把餐點交給侍者、侍者把餐點端給顧客、顧客用餐。場景四是離開餐館。侍者開出帳單、侍者走到顧客邊、侍者把帳單交給顧客、顧客付小費給侍者、顧客走向收銀臺、顧客付錢給收銀員、顧客離開餐館。

事件基模的作用主要在於，當認知主體受到外來事件刺激時，即調動對於該類事件的既有認知經驗，並對該刺激進行解釋。事件基模也影響個體對事件的記憶，原有的事件基模影響了被試者對新資訊的加工。

6. 無內容基模

無內容基模不包含關於特定類別的豐富資訊，而是包含有限數量的用於處理資訊的規則（Michael A. Hogg，2011 年）。無內容的模式可以給出這樣的推理：你喜歡約翰且約翰喜歡湯姆，那麼為了保持平衡，你也應該喜歡湯姆，此類例子有海德的平衡理論；或者推理人們如何歸因他們的行為，如凱利的因果模式的理論。

（三）基模的作用

基模對外界的資訊加工存在過濾作用。主體的認知基模可以看作是一張過濾網，當主體認知客體、攝取客體資訊時，客體的資訊受到認知基模這張網的篩選。接受與基模一致的資訊，忽略或排斥不一致的資訊。每天都有大量的資訊湧來，任何人都不可能完全掌握這些資訊，只能選擇性的對某些資訊進行加工。此時，基模的重要性就展現出來了，它幫助人們經濟快捷的處理大量資訊。

基模使複雜的世界更容易理解，它們透過連結彼此相關的信念來幫助組織資訊，它們幫助大腦形成預期。因此，如果有人邀請你去跳舞，你會意識到這個人可能不只是想和你出去走走，而是想開始一個浪漫的約會。你可能會穿漂亮的鞋子，為約會做好準備。

如果有什麼事情讓你大費周章，那就是這事違背了你的預期。一般來說，人們在日常生活中似乎對應該發生的事情有一個堅定的想法。當生活符

合他們的期望時，人們通常不需要想太多。當事件與人們的預期嚴重背離時，他們可能會停下來分析發生了什麼。這是一個非常有用的模式。人們發展了對社會世界的理解，他們的期望和基模是這種理解的一部分。你透過經驗生成了你的基模，它們引導著你加工資訊的方式。如果你有了基模並且知道該期待什麼，生活會變得容易得多。違反你預期的事件，說明你對世界的理解可能出了問題，所以值得停下來分析一下情況。在俱樂部裡，你邀請某人跳舞，這個人有時會點頭同意並陪你去舞池，有時會禮貌的拒絕你，一切如你所料，無須分析。但是，如果你邀請別人跳舞，對方卻報以大笑或匆匆離去，你可能會停下來想，到底出了什麼問題：你不被允許邀請別人跳舞嗎？你的樣子有問題嗎？你身上有異味嗎？

三、啟發式判斷

　　我們對浩若煙海的資訊進行理解的一種途徑是採用啟發式判斷（Judgmental Heuristics）。啟發式判斷是一種思考上的捷徑，它是一種解決問題的簡單的（往往只是近似的）規則或者策略。例如，「如果一位男士和一位女士一起在街上行走，那位男士會走在外側。」「來自健康食品店裡的一種食品，一定會對你的健康有益。」「如果一個人來自上海，他或她一定是精明小氣、不近人情的。」啟發式判斷幾乎不需要思考──只需要選擇特定的規則（使用此規則不一定正確），並直接用於眼前的問題。啟發式判斷與系統性思考（systematic thinking）形成鮮明的對照。在系統性思考中，人們可以依據盡可能多的相關資訊，從多種角度對問題進行分析、類比和評估，詳細考察各種解決方案的影響。啟發式判斷主要有以下幾種。

（一）代表性啟發

　　我們先看一個實驗。研究者要參與者看一段資料：「戴維斯是一個很害羞而退縮的人，總是樂於助人，但對他人不感興趣，或對現實世界不大感興趣。他溫順，愛整潔，需要秩序和組織，感情細膩。」然後要參與者猜測戴

維斯的職業。他是一個農莊主人、雜技演員、圖書管理員、勇敢的跳水運動員，還是一個外科醫生？結果是大多數參與者猜戴維斯是個圖書管理員。

根據丹尼爾·康納曼和阿摩司·特沃斯基的觀點，當人們運用代表性啟發（Representative Heuristic）的時候，人們關注的是某個認知對象與另一認知對象的相似性，並推斷第一個對象與第二個對象一樣。例如，我們知道高品質的產品價錢也很貴；因此，如果某個東西價格很貴，我們便可能推斷它的確很好。如果我們看到貨架上擺著兩瓶酒，而且其中一瓶價格很高，我們便可能斷定這瓶酒更好。我們只是從可能關注到的許多其他特徵中（例如，葡萄的品種、酒的經銷商、製造年分或者葡萄酒產地）挑選了一種（價格），並在此基礎上做出了我們的決策。一般而言，大多數時候這樣做能使我們的決策高效能、管用（即基本上是正確的，「一分錢一分貨」是有道理的）。但是，正如大多數聰明的消費者所知道的，高價格並不總是意味著高品質。由代表性啟發法造成的認知偏差一般表現在以下幾個方面：

1. 對基礎比率或者先驗機率敏感性低

社會心理學家茲瓦·昆達（Ziva Kunda，1999 年）假設了一種情況，請思考下面的問題：

威廉是一個矮個子、害羞的男人。他對詩歌充滿熱情，喜歡參觀藝術博物館。孩提時代，他常常受到同學的欺負。你認為威廉是一個：（a）農民。（b）古典文學學者。

根據上面的描述，大多數人都會猜測威廉是一個古典文學學者。畢竟，和農民相比較，對威廉的描述更符合古典文學學者的形象。但是在我們下結論之前，還要考慮一個關鍵資訊——基礎比率，即該職業在總人口中所占的比率。在美國，農民的數量遠遠大於古典文學學者的數量。實際上，即使只有很少比例的美國農民符合威廉的特徵，這部分農民的數量也會比美國古典文學學者的數量多。因此，當我們猜測威廉從事的職業究竟是哪一種時，應

該考慮到這種先驗機率。但結果卻是，我們常常忽略或無法充分利用這些先驗機率或基礎比率，而依賴於代表性啟發法。

為了說明人類的判斷通常基於代表性啟發法，而非先驗機率，康納曼和特沃斯基（1973 年）設計了一個實驗。他們要求參與者根據如下資料進行判斷：

約翰，男，45 歲，已婚，有子女。他相當保守，謹慎並且富有進取心。他對社會和政治問題不感興趣，閒暇時間多用於業餘愛好，比如做木工和猜數字謎語。

假設他來自於一個工程師和律師組成的樣本群。告訴一半參與者這個樣本群中工程師為樣本的 30%，律師為 70%；告訴另一半參與者這個樣本群中工程師為樣本的 70%，律師為 30%。然後問參與者，約翰更有可能從事哪種職業？

結果是無論哪一組參與者，他們大多數都猜約翰是工程師。第二組參與者這樣猜測無可厚非，但第一組參與者的情況是，猜約翰是律師的可能性（70%）要比猜約翰是工程師（30%）的可能性大多了，但他們對這個基礎機率視若無物，表示第一段描述約翰形成的代表性啟發法（約翰更像是工程師）深深的影響了參與者的判斷。

2. 合取謬誤

思考下面的問題（Tversky and Kahneman，1983 年）：

琳達，31 歲，單身，性格外向，哲學系畢業。在學校期間關心歧視和社會公正問題，參加過反核武器抗議示威活動。那麼，她可能是個什麼樣的人？

a．她既是個銀行職員又是個女權主義者。

b．她是個銀行職員。

絕大多數人都選擇了第一個選項。在特沃斯基和康納曼的實驗中，85%的參與者都做出這樣的選擇。但這一答案卻違反了機率的基本原則。機率理論認為一個合取的機率，即兩個獨立事件同時發生的機率不可能高於單個事件發生的機率，即 P（AB）< P（A）　P（B）。因此，琳達既是個銀行職員又是個女權主義者的機率不可能高於她僅僅只是個銀行職員的機率。更簡單的說，所有符合以上描述的女權主義的銀行職員，必然包含在所有符合這些描述的銀行職員之內。而人們卻沒有認識到這一定理，特沃斯基和康納曼將這種現象稱為「合取謬誤（conjunction fallacy）」。

人們對代表性啟發法的使用，可能導致這種合取謬誤。琳達與人們心中女權主義銀行職員的形象更相似，而不只是一個銀行職員。如果僅以這種相似性作為判斷的依據，那麼就會認為琳達更像一個女權主義的銀行職員。我們陷入這種困境是因為：當對琳達的描述越詳細，越符合女權主義者的特徵時，琳達的代表性特徵增加了，而合取機率卻在下降。

（二）易得性啟發

特沃斯基和康納曼（Tversky and Kahneman，1974 年）做了一項實驗，他們問參與者以下問題，你認為：

（1）每年死於交通事故的人多還是死於心臟病的人多？

（2）乘坐飛機與火車哪個更安全？

（3）命喪火海的人多還是溺水而死的人多？

（4）r 排在第一位（如 red）還是排在第三位（如 perfect）的單字多？

結果多數參與者的回答是：死於交通事故的人多、乘坐火車更安全、命喪火海的人多以及 r 排在第一位的單字多。但正確答案恰恰相反。

特沃斯基和康納曼認為，人們在回答這些問題時，通常使用易得性啟發法（availability heuristic）：人們會依據事例容易回憶的程度來判斷事件出

現的機率，即依據它們的易得性來進行判斷。在上述四個問題中，死於交通事故的人與死於心臟病的人相比，交通事故會讓人們馬上想到那些血淋淋的場面，心臟病雖然也讓人痛苦，但是兩相比較，人們還是會對交通事故的死法更加印象深刻。再加上媒體經常會有對交通事故的報導，而絕少有對死於心臟病的人的報導，疊加起來就是交通事故要比心臟病更容易從我們的頭腦中提取出來。同樣，飛機一旦失事，其慘烈的程度肯定會勝過火車出軌，媒體對飛機失事報導的深度與廣度也遠超對火車出軌的報導。第三個問題也是同理。至於第四個問題，那是因為我們的閱讀順序是從左到右，排在第一位的字母要比排在第三位的同一個字母更為引人注意，人們對它的記憶就會更加深刻了。在此種情況下，人們的認知邏輯是：「如果我能回想起許多例子，那它們肯定是經常發生的。」因此，參與者對上述問題的回答就容易出錯了。

（三）錨定與調整性啟發

在你面前有一個幸運輪，幸運輪上面有一些數字，當你轉動這個幸運輪之後，數字停在了 65 上。下面你需要回答這樣一個問題：非洲國家的數量在聯合國國家的總數中所占的百分比是大於 65% 還是小於 65%？你沒有多加考慮，回答說是小於 65%。然後問你，非洲國家的數量在整個聯合國中占的實際百分比是多少？經過一番思考以後，你給出的答案是 45%。一位研究人員記錄下你的答案，並感謝你的參與。然後你就離開了。

現在假定你是另外一個人，你轉動幸運輪之後得到的數字是 10，而不是 65。一位研究人員問你，非洲國家的數量在聯合國國家的總數中所占的百分比是大於 10% 還是小於 10%？你肯定回答說是大於 10%。然後問你，非洲國家的數量在整個聯合國中占的實際百分比是多少？經過一番思考以後，你給出的答案是 25%。

很明顯，幸運輪的數字與隨後的問題完全無關，應該不會對判斷產生影響。但事實並非如此，特沃斯基和康納曼（1974 年）認為，這種隨機、不相關的初始值會對判斷產生很大的影響。上述他們做的實驗就說明了這一

點：幸運輪上的數字大，參與者預估的百分比就高；而幸運輪上的數字小，參與者預估的百分比也會變小。最初的起始值，似乎成為了「錨」，即使它並非相關因素。當以這種錨為參照上下調整我們的判斷時，通常都不會有太大的變動。特沃斯基和康納曼把這種現象稱為錨定（anchoring）。我們有時在拿不準的情況下做判斷，會透過使用一個參照點或錨定來降低模糊性，然後再透過一定的調整來最後得出結論的判斷方法，叫錨定與調整性啟發（anchoring and adjustment heuristic）。

　　這種錨定現象普遍存在於社會性判斷中。比如，虛假一致性效應正是由於在錨定與調整的過程中，人們利用自身的觀點作為「錨」並進行了不恰當的調整所導致的（Alicke and Largo，1995 年；Fenigstein and Abrams，1993 年）。同樣，在評估一個群體成員時，人們可能以群體的刻板印象為錨；或是在評估刻板印象時，以群體中一個成員的行為為錨。結果，人們可能會認為個體與他所在的社會群體更加相像（有可能超過實際情形），也可能出現將個體行為過度概括到整個群體的錯誤。

　　很多人會把人們的這種錨定與調整性啟發方式運用到實際生活中去，比如美國前總統川普（Trump）就是此中的高手。早在 1987 年，川普就出版了關於談判交易的一本書──《交易的藝術》，他在該書的開頭便表示：「我的交易風格相當單純直接。我會定下非常高的目標，然後不斷的施壓，施壓，再施壓，好得到我想要的東西。有時我會接受比目標低的結果，但在大多數情況下，我最終還是會得到我想要的。」先期定下非常高的目標之後（即錨定），無論如何進行調整，最後都不會離這個目標太遠。

（四）態度性啟發

　　安東尼・普拉卡尼斯（Anthony Pratkanis，1988 年）做了一項研究，研究中大學生參與者被要求對下面兩個陳述做出判斷：

（1）隆納・雷根在尤里卡學院的平均成績一直是 A。

（2）隆納・雷根在尤里卡學院的平均成績從未超過 B。

　　普拉卡尼斯發現了什麼呢？實際上，很少有人知道雷根（Ronald Reagan）在大學的學業成績，他們的回答取決於他們對雷根的態度。結果發現，那些喜歡雷根的學生更有可能相信陳述（1），而不喜歡雷根的學生則更有可能相信陳述（2）。而且，學生們對雷根的態度越極端，他們對自己判斷的信心越強。換句話說，該實驗中的學生們將他們的態度作為啟發式判斷來確定什麼是正確的，而且相信他所做出的決定是正確的。如果你好奇的想知道正確答案，事實上陳述（2）是正確的。在大學階段雷根的平均學業成績從來沒有超過 C。根據人們的態度而產生的判斷方法叫態度性啟發（attitude heuristic）。

　　光環效應實際上就是一種態度性啟發。人們對一個人形成了無論是積極的還是消極的印象之後，會進一步據此推斷此人其他方面的特性，顯示最初的態度影響了隨後人們對此人的判斷。投射效應也是一種態度性啟發，只不過變成了人們對自己的態度影響到了對他人的判斷。

第四節　歸因

一、歸因概述

　　設想你在一次聚會上遇見了一位魅力十足的人，你想以後再和他（她）見面，於是你就問：「下週我們一起看場電影好嗎？」他（她）說：「對不起，我不去。」結果你的浪漫夢想破碎了。你不禁思考他（她）為什麼要拒絕你的邀請：是他（她）不喜歡自己嗎？還是他（她）目前並非單身？或許是他（她）太忙了，沒有時間約會，你就會認為他（她）是想再次見你的，只是忙到沒時間而已。無論是以上哪種推斷，可能對你的自尊多少會有些打擊，並且會影響你接下來的行為。他（她）不喜歡你，或他（她）目前並非單身的

推斷，比認為他（她）忙的推斷，會對你產生截然不同的影響。前兩種推斷很可能使你知難而退，而後一種推斷則會鼓勵你躍躍欲試。

這個簡單的例子說明了社會認知的一個重要事實：人們經常想要知道一個人為什麼要說這個話、做這件事，或是更進一步講，他究竟是一個什麼樣的人？他的特質、動機、目的是什麼？社會心理學家認為，人們這樣發問，很大程度上是想要知道社會性世界裡的因果關係。人們並不是簡單的想要知道他人做了什麼、如何做的，還想知道他人為什麼要這樣做。因為只有這樣，才能更好的了解他人，並幫助人們進一步預測他人接下來的行為。社會心理學相應的研究即是歸因。

歸因（attribution）是指人們對自己或他人的行為做出因果解釋的過程。最早對歸因進行研究的社會心理學家是海德（Fritz Heider，1944年，1958年），他認為人們有兩種基本需求：(1) 對世界形成一致性觀點的需求。(2) 對周圍的環境能進行有效控制的需求。海德相信這種一致性和穩定性的願望，預測與控制環境的能力，使得普通人也像心理學家一樣，對他人的行為進行理性、邏輯性的推測，這樣才能減少不確定性，管理好自己的社會生活。因此，海德的研究也被稱為常識心理學（common sense psychology），或樸素心理學（naive psychology）。海德對歸因的研究在社會心理學中可謂是石破天驚，因為他使社會心理學家拋棄了行為主義心理學的傳統，認為心理學只須研究可觀察的、客觀的行為，不要去涉及人們的思想或其他的內部過程。歸因開啟了在社會心理學中研究思維和其他認知過程的先河。

二、歸因理論

歸因理論是關於人們如何對自己或他人行為的因果關係（原因）做出解釋和推斷的理論。歸因理論是描述歸因過程的理論，由於歸因的過程相當複雜，學者們提出了許多歸因的理論，在此我們介紹其中經典且重要的歸因理論。

（一）海德的樸素心理學（theory of naive psychology）

　　海德的歸因理論是所有歸因理論的基礎。海德提出行為的原因可以分為兩類，即內因（personal factors）和外因（environmental factors）。內因出自個人自身的特徵，如人格、特質、動機、情緒、心境、態度、能力、努力等，做出以上歸因，稱為內歸因（internal attribution）或性格歸因（dispositional attribution）；外因來自於外界力量，如他人、獎懲、運氣、工作難易等，若做出這些歸因，則稱為外歸因（external attribution）或情境歸因（situational attribution）。例如，研究顯示當學生在課堂上表現糟糕、成績很差時，老師會傾向於內歸因（如學生考砸了是由於學生不夠努力），而學生則傾向於外歸因（如考得不好是由於試題太難）。

　　海德歸因理論的核心在於，只有弄清楚了行為的原因是內在的還是外在的，才能有效的控制個體的行為。具體而言，人們只有做出內歸因才有助於自己的預測感和控制感，如果做出的是外歸因，則無助於自己的預測感和控制感。這是因為大多數的內因是穩定的，而大多數的外因是容易變化的。設想一下你剛進大學，參加了同學們的第一次聚會。在聚會上你發現一位同學很活潑，他與每一位同學互動，對話很多，笑容滿面。那麼，他為什麼會這樣呢？一種可能性是，根據你對他的觀察思考，你認為他就是一個性格外向的人，你這是內歸因。還有一種可能性是，你知道他是今天這場聚會的召集人，因此他必須那樣做，否則這場聚會就會變得沉悶。後來，你又在另一個場合遇見了他，此時的你很想與熟人交談，又沒有其他熟悉的人。那麼，你應該上前與他交談嗎？這取決於你之前對他行為的歸因。如果上次推斷他是一位性格外向的人，你這次就會認為與之交談應該不錯；如果上次推斷他是因擔當召集人才那麼活潑的話，你這次就會覺得心裡沒底，躊躇不前。

（二）瓊斯和戴維斯的相應推斷理論（theory of correspondent inference）

瓊斯和戴維斯（Edward Jones and Keith Davis，1965 年）則提出了相應推斷理論，他們觀察到人們總是相信他人的行為是與其特質相一致的。因為特質的原因是穩定的，人們就可以對他人的行為進行預測，這就增強了人們對世界的控制感。所以，「相應推斷」是指外顯的行為是因行為者內在的人格特徵直接引起的。例如，我們認為他人友好行為的原因是此人友善。但是，上述海德的歸因理論告訴我們，他人行為的原因除了內因之外還有外因，那麼，人們要怎麼樣才能可靠的推斷出他人行為的原因是出自其內在特質，而不是出自於外在情境呢？瓊斯和戴維斯的研究目的就是要建立一種能夠系統解釋人們根據具體行為來推斷行為者意圖的推理過程的理論。

首先，他們認為相應推斷的前提是：(1) 假定行為者本人能夠預見自己的行為後果。意思是行為者的行為是有意的，是行為者的動機驅使的。否則，如果行為者的行為是他無意中做出的，本身就意味著與其內在特質無關，這時還要做相應推斷無疑是徒勞的。(2) 認知主體必須對行為者的能力、經驗等人格特徵有所了解。因為如果要做相應推斷，一個人對他人到底有哪些具體的內在特質一無所知的話，那把行為者行為的原因歸結到他何種特質上去呢？這樣進行相應推斷肯定就不合適了。

其次，他們總結了影響相應推斷正確性的三個主要條件：第一，社會期望性（socially desirable）。認為一個人的某種行為越被社會所讚許，對其行為原因的相應推斷就越困難。此時人們的行為很容易受社會規範的影響。如果你是老師，在路上遇見了一位學生微笑著向你問好，你的相應推斷是「這個學生真有禮貌」，可以嗎？當然可以，但是你不要太有自信。因為學生主動問候老師，這是社會規範提倡的行為，而這位學生不一定真的尊重你。但是，在路上遇到的學生明明看見了你，就是對你不理不睬，臉色還很難看，這個時候你的相應推斷是「這個學生真沒禮貌」，這次你的相應推斷就會準確

多了。因為學生的這個行為是違反社會規範的，學生在有壓力的情況下依然不理睬你，可見他對你的意見可大了。

第二，非共同性效應（non-common effects）。瓊斯和戴維斯認為應根據行為的非共同性效應進行。一個行為可以產生很多效應，其中有些效應是共同性的，而有些效應則是非共同性的。那麼，我們就應該要根據這些非共同性效應來進行相應推斷。例如，設想一下你的一位朋友最近要結婚了，他的未婚妻長得漂亮迷人，性格溫順。你能推斷朋友為什麼要與她結婚嗎？恐怕不好說。如果他未婚妻的情況是這樣的：她漂亮迷人，但債務纏身，而且鄙視你的朋友，現在你能推斷朋友為什麼要與她結婚嗎？你會相當肯定你的朋友是衝著她的外貌去結婚的了。前一種情況結婚行為產生的效應是共同性的，大家都喜歡漂亮迷人、性格溫順的女子；而後一種情況結婚行為產生的效應就是非共同性的了。在這種情況下，人們能夠更好的做出相應推斷。

第三，選擇的自由性（freely chosen）。只有從那些經過自由選擇而採取的行動中，才能推斷行動者的意圖。行為者的行為如果不是自己自由選擇的，那就意味著有外界的力量在驅使行為。在這種情況下還要做相應推斷，明顯是過於勉強了。

（三）凱利的共變理論（Covariation Theory）

試想一下你的一位熟人李傑，看了電影《流浪地球》後對你說：「這部電影太好看了，是空前的科幻傑作，你一定要去看！」你有點心動。你知道這是一部 3D 電影，票價不菲，需要人民幣 90 元，你不禁想：「這部電影真的像李傑說的那樣好看嗎？如果不是很好看，浪費這些錢和時間就有點不划算了。」那麼，你會怎樣去推斷李傑所說的話呢？

凱利（Harold Kelley，1967 年）指出，人們要想精確的知道他人行為的原因，需要收集三方面的資訊資料：跨越情境的區別性資料（distinctiveness information），即分析他人行為是否因人因事而異；跨越個體的一致性資料（consensus information），即分析他人行為是否與其他人一致；跨越時間的

一貫性資料（consistency information），即分析他人行為是一貫的還是偶然的。儘管導致行為產生的原因是多種多樣的，但最終可以將其歸為三類，即行為者本身、客觀刺激物、行為產生的環境。最後，綜合考慮以上三個因素的共同變化，才推導出行為的原因來。結合原因的三個方面，資訊資料有意義的三種組合見表 5-2。

表 5-2　協變資訊資料有意義的三種組合

區別性	一致性	一貫性	歸因於
高	高	高	刺激物
低	低	高	行為者
高	低	低	情境

提出的成就歸因（achievement attributions）理論認為，人們用於解釋成

表 5-3　協變資訊資料組合的例子

區別性高：李傑一年來幾乎沒有推薦過其他電影	致性高：你周圍有很多人向你推薦《流浪地球》	一貫性高：李傑說他已經看了三次《流浪地球》了	最有可能的歸因：刺激物——《流浪地球》好看
區別性低：李傑一年來向你推薦過十幾部電影	一致性高：你周圍極少有人向你推薦《流浪地球》	一貫性高：李傑說他已經看了三次《流浪地球》了	最有可能的歸因：行為者——李傑是個喜歡看電影的人
區別性高：李傑一年來幾乎沒有推薦過其他電影	一致性高：你周圍極少有人向你推薦《流浪地球》	一貫性低：李傑只看過一次《流浪地球》，而且之後很少提及它	最有可能的歸因：環境——李傑看電影時無意中被某個美女吸引住了，自己不好意思說或自己都不知情，而誤對電影產生了好感

以上述看電影為例，人們具體的歸因見表 5-3。

用凱利的理論進行歸因可以得到很精確的結果，但人們很難找齊三種資訊資料，其實用性不強。另外，人們往往低估一致性資訊，而重用區別性資訊。

（四）成敗歸因理論

人們在生活中尤其喜歡對成敗行為進行歸因。例如，一件事做成功了，人們就要「總結經驗」，意思是要知道為什麼會成功。如果一件事情搞砸了，也要「總結教訓」，要知道這事為什麼會失敗。韋納（Weiner，1979 年）等

敗的原因可用下列三個方面加以分類與描述：

1. 歸因點（Locus）──是行為者（內部原因）還是情境（外部原因）的原因影響了成績？

2. 穩定性（Stability）──原因是穩定的還是不穩定的？

3. 可控制性（Controllability）──行為者能在多大程度上控制住行為的原因？

這三個方面對任務績效的原因有了 8 個不同的解釋（見表 5-4）。例如，一位學生對自己考砸了的歸因。如果這位學生認為自己很聰明（所以考砸了是外因導致的），他就有可能把考砸了的原因歸結為「他人偶然性的妨礙」：鄰座的同學因感冒而在考試時總打噴嚏（這個原因是可控、不穩定的，下次考試時說不定這位感冒的同學吃藥治好了感冒，或者可以在下次考試時選一個遠離這位同學的座位坐）。

表 5-4　成敗歸因時八個不同的解釋

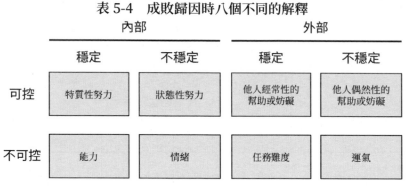

	內部		外部	
	穩定	不穩定	穩定	不穩定
可控	特質性努力	狀態性努力	他人經常性的幫助或妨礙	他人偶然性的幫助或妨礙
不可控	能力	情緒	任務難度	運氣

韋納指出，人們首先看任務完成得成功還是失敗，因此而體驗到積極或消極的情緒，接著對成敗行為進行歸因，在此基礎上產生特定的情緒體驗（如成功的原因是自己的能力，自豪之情油然而生）以及會影響對未來績效的期望。

三、歸因理論的應用

人們在社會生活中需要找尋他人與自己行為的原因，才能決定自己下一步的行動，這對社會心理學來說具有重要的實踐意義。我們以歸因風格與人

際關係為例加以說明。

(一) 個體差異與歸因風格

　　研究認為人們進行歸因的類型是各不一樣的，即人們具有不同的歸因風格（attributional styles），這是人們受到強化與處罰時感受到的控制程度不同的緣故。羅特（Rotter，1966 年）提出了控制點（locus of control）的概念，內部控制點（internals）使人們覺得可以掌控自己的命運，因為事情的發生及其結果就是自己導致的；外部控制點（externals）則使人們感覺命運多舛，因為人們對事情的發生及其結果無能為力，它們是偶然發生的，或是運氣以及外部力量導致的。

　　個體差異在歸因風格上的表現就是，不同的個體會傾向於其中的某一種歸因，而且不隨時間與情境的變化而變化，即歸因風格是人格特質。有研究顯示，歸因風格與習得性無助、憂鬱症之間有關聯。合計有 15,000 個樣本、超過 100 項的研究證實了歸因風格與憂鬱症之間有 0.30 的相關（Sweeney et al.，1986 年）。需要注意的是，這只是說明了這兩者之間存在著相關，並沒有證明它們之間是因果關係。

(二) 人際關係

　　歸因在人際關係中扮演著十分重要的角色，尤其是在親密的人際關係中。人際關係一般分為三個階段：形成、維持與分解。在形成階段，歸因可以減少關係的模糊性，促進雙方的溝通，增進對關係的了解。在維持階段，歸因減退了不少，因為雙方已經形成了穩定的人格特徵與關係。而到了分解階段，歸因又大增，因為雙方想要恢復關係，要對關係做進一步了解。

　　對關係不同的歸因會影響到關係品質，一項關係研究顯示（e. g. Fincham and O' Leary，1983 年； Holtzworth-Munroe and Jacobson，1985 年），如果婚姻快樂、美滿，夫妻雙方對伴侶所做出的歸因與那些婚姻關係緊張的夫妻有很大的差別。婚姻美滿的夫妻傾向於對伴侶的正性行為做

內部、穩定、經常性、可控的歸因（比如，「她之所以幫助我，是因為她是一個非常慷慨的人」），而對伴侶的負性行為做外部、不穩定、偶然性、不可控歸因（比如，「他之所以說些刻薄的話，是因為他這週的工作實在太忙了」）。相反，婚姻不幸的夫妻傾向於相反的歸因：認為其伴侶的正性行為是由外部、不穩定、偶然性、不可控的原因所致（比如，「她之所以幫助我，是因為她想讓我的朋友留下好的印象」），而其負性行為則是由內部、穩定、經常性、可控的原因引起的（比如，「他之所以說些刻薄的話，是因為他根本就是個以自我為中心的混蛋」）。當親密關係出現了麻煩，對伴侶的第二種歸因模式只能使情況變得更糟，並且對這種關係的健康程度和未來造成可怕的影響。

四、歸因偏差

凱利的共變理論是人們歸因時的一種理想化形態，人們能夠，但並不經常會去尋找那三種資訊資料並對其進行邏輯嚴密的推導。人們進行歸因時很少是完全理性的，如前所述，我們經常是「認知吝嗇者」，此時會在社會認知時利用直覺走捷徑；我們是「目標明確的策略家」，此時會因自己的希望和恐懼而歪曲我們的判斷。我們有時是從錯假的前提中進行推斷的，有時也會被可疑的資訊誤導。換言之，我們的歸因有時會發生錯誤或出現偏差。現在介紹幾種重要的歸因偏差。

（一）基本歸因錯誤

人的心理與行為深受社會情境的影響。但是，人們對社會情境的力量經常視而不見。例如，有些父母聽說自己那淘氣十足的孩子在學校課堂上是完美的「小天使」時會感到很迷惑；大學生們也對自己喜愛的、課堂上口若懸河的教授在非正式聚會時口舌笨拙而感到十分不解。這是因為人們在解釋他人行為的原因時，會高估個人因素的作用，認為人的表現是始終如一的，容易忽視情境的影響，並且這種偏向十分普遍。李‧羅斯（Lee Ross，1977 年）把這種現象稱為基本歸因錯誤（fundamental attribution error），指的是

人們會無意識的傾向於把他人行為的原因歸結到其內部特質而不是情境力量的普遍現象。

　　這方面的第一個實驗是愛德華・瓊斯和維克多・哈里斯（Edward Jones and Victor Harris，1967 年）做的，實驗中，他們讓杜克大學的學生參與者閱讀了據說是政治學系的學生撰寫的贊成或者反對古巴斐代爾・卡斯楚（Fidel Castro）政權的短文。實驗者告訴其中一半參與者，這些短文的作者可以在短文中自由選擇所要表達的立場；而告訴另外一半的參與者，作者們被迫採取這種立場。接著，要求這些參與者推測短文作者對卡斯楚的真實態度。當短文作者可以自由選擇立場的時候，被試者們假定他們所撰寫的短文內容反映了他們的態度：那些撰寫親卡斯楚短文的人，被認為是親卡斯楚者；那些撰寫反卡斯楚短文的人，被認為是反卡斯楚者。這一點並不奇怪。令人奇怪的是，即使參與者很清楚短文作者被迫採取某種被指定的立場時，也出現了同樣的結果，學生們依然認為文章反映了作者的觀點。換句話說，那些被迫為卡斯楚辯解的人被視為親卡斯楚者，而那些被迫反對卡斯特羅的人被視為反卡斯楚者。

　　羅斯和他的同事們（1977 年）設計了一個模擬電視答問比賽，他們將大學生參與者隨機的分配為「測驗主持者」和「參賽者」。研究者要求測驗主持者想出 10 道富有挑戰性的但又是普通的問題，而參賽者需要盡可能多的回答問題。在這種情況下，測驗主持者可以想出一些特別難的問題，而平均起來，參賽者只能正確回答 10 道題當中的 4 道題。儘管在這個實驗中，明顯是擔任測驗主持者的參與者占有優勢，但是參賽者在對測驗結果的歸因時卻忽略了或沒有將這個外因考慮在內。參賽者認為測驗主持者比他們知識更淵博。觀看了實驗的觀察者，雖然沒有直接參加實驗，但是也認為測驗主持者要比參賽者更有知識。

　　基本歸因錯誤在生活中也比比皆是，甚至在非常清楚的顯示了行為的原因是外因的情況下，人們還是要做出內部歸因。例如，某女性在街上逛街時財物被搶了，這完全是外因導致的。但她的親朋好友得知後，還是會指責她

「為什麼不小心一點呢？」、「為什麼那天要上街呢？」、「為什麼上街要走那條路呢？」

為什麼人們會犯基本歸因錯誤呢？其中一個原因與人們在收集資訊時的特點有關，被稱為「注意焦點（focus of attention）」。在社會生活中，什麼刺激是顯著的，這些刺激的資訊就容易被人們收集得到，並進而才有可能對它們進行加工。相比之下，在人們嘗試解釋他人行為時，人們的注意焦點容易放在行為者身上，而非其周遭的情境上（Baron and Misovich，1993 年；Heider，1944 年，1958 年； Jones and Nisbett，1972 年）。事實上，他人行為的情境因素，通常是我們觀察不到的（Gilbert and Malone，1995 年）。因為我們觀察不到情境，所以我們就忽視了它的重要性。而行為者在我們眼中相當醒目，是注意的焦點，我們注意到了他們，於是傾向於認為他們是引起行為的唯一原因。

不少研究證實了注意焦點在歸因過程中的重要性，其中一個經典的實驗是雪莉・泰勒與蘇珊・菲斯克（Shelley Taylor and Susan Fiske，1975 年）做的。在這項研究中，兩位男生進行「相互熟悉」的會話（實際上他們是實驗者的同謀，按照事先準備的腳本來進行對話），每次對話過程中都有 6 名真實參與者參加，他們坐在兩位對話者周圍的椅子上，具體的位置分布如圖 5-3 所示。

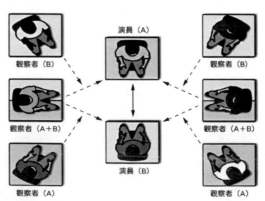

▲ 圖 5-3　雪莉・泰勒與蘇珊・菲斯克的注意焦點對歸因影響的實驗

　　從圖 5-3 中可見，中間的兩名觀察者可以清楚的看見兩位對話者的臉部，而兩位對話者的後面分別有兩位觀察者，他們只能看到其中一位對話者的後背和另一位對話者的臉部。透過這樣的操作，巧妙的使得坐在對話者後面的觀察者只能夠對其中一名對話者產生注意焦點。

　　對話結束後，參與者被問到關於兩位對話者的情況。例如，是誰引領了這場對話？是誰選擇了對話討論中的話題？結果是能被清楚看見的那位對話者被認為對這場對話產生了影響。儘管參與者聽到的對話內容是完全一樣的，面對著對話者 A 的參與者認為是對話者 A 引領對話並選擇了對話中的話題；而面對著對話者 B 的參與者則認為是對話者 B 引領對話並選擇了對話中的話題。相比之下，坐在中間能夠清晰看見兩位對話者的參與者，認為兩名對話者在對話過程中的作用是相等的。這就證實了注意焦點對基本歸因錯誤的影響。

（二）行為者—觀察者效應（actor-observer effect）

　　設想一下有一天你去上課時的情景。你住的宿舍離上課的教室有三、四公里遠，你很早就坐上了去教室的公車，平時這個時候出發是可以提前約 15 分鐘到教室的。但今天的道路特別塞，中途還遇上了交通管制，結果你遲到了 5 分鐘，你不禁埋怨起來：「該死的塞車！」但你的上課老師看見你遲到了，心裡卻是：「散漫差勁的學生！」也就是說，你把遲到的原因是歸結到外部情境上，而老師卻是把遲到的原因歸結到你的內在性格上。瓊斯和尼斯貝特（Jones and Nisbett，1972 年）首先研究了這個現象，認為人們有把他人行為的原因做內在特質性歸因，而把自己行為的原因做外部情境性歸因的傾向，這就是所謂的行為者—觀察者效應。

　　隨著研究的深入，學者們發現行為者—觀察者效應表現的範圍越來越廣。例如，人們不僅會更容易把他人行為歸因到內在人格特質上，還認為他們的行為要比自己的行為更加穩定和可預測（Baxter and Goldberg，1988年）；相較於社會期望性級別低的行為，人們要對社會期望性級別高的行為更

容易做特質性歸因，無論行為者是誰（Taylor and Koivumaki，1976 年）；行為者要比觀察者對積極行為更多的做特質性歸因，而對消極行為更多的做情境性歸因（Chen，Yates and McGinnies，1988 年）。

行為者─觀察者效應產生的原因主要有兩個：

1. 知覺焦點（perceptual focus）。知覺焦點的邏輯與上述注意焦點相似。對於觀察者來講，行為者和行為者的行為相對於情境而言更容易被知覺到。但是，行為者卻不能「看見」自己的行為，而是對情境形成了更多的知覺。觀察者與行為者有著知覺視角的差異，進而導致了歸因的偏差。知覺顯著性（perceptual salience）確實會在歸因中形成重要的作用。例如，麥克阿瑟與波斯特（McArthur and Post，1977 年）發現，相較於被輕微的描述，當行為者被顯著的描述時，其行為被做了更多的特質性歸因。

2. 資訊性差異（informational differences）。行為者有著大量的關於在其他情境中自己如何行動的資訊，他們非常清楚自己會在不同的情境中做出不同的行為，因此，行為者就會認為自己的行為是受環境控制的。觀察者絕少有行為者這種自傳體式的資訊，他們只看見了行為者在一種情境中以某種特定方式做出了他們的行為，於是很自然的對行為者做出了特質性歸因。

（三）自利偏差（self-serving biases）

人們的社會認知不會是完全理性的，還會受情緒、動機與期望的影響。這一點在人們的成敗行為上表現得最為明顯。我們一般對成敗行為如何進行歸因呢？相信大家無須多加思考就會知道：如果是對積極、成功的行為進行歸因，我們會偏向自我增強（the self-enhancing bias），原因是這樣的歸因能夠提升自己的自尊。例如學生獲得了一個優秀的考試成績，他就很可能將之歸因為是自己聰明（一個不可控，但又是穩定、內部的因素），或努力學習的美德（一個可控、穩定、內部的因素）。如果是對消極、失敗的行為進行歸因，我們就會偏向自我保護（the self-protecting bias），因為這樣的歸因能夠保護自己的自尊。例如，學生考試考砸了，他就會傾向於認為是教授要求

太高了（一個穩定但不可控的外部因素），或是認為自己運氣不好（不穩定、不可控的外部因素）。這種將自己行為的積極結果歸結為內因，而將消極結果歸結為外因的傾向，叫作自利偏差。

自利偏差很明顯是與人們的自尊動機相關的。但米勒和羅斯（Miller and Ross，1975 年）認為自利偏差也有認知的成分，尤其是在自我增強方面。通常來說人們都希望獲得成功，因此一旦獲得成功時就更加願意認為這是自己的功勞。如果他們努力獲得成功了，便認為成功是自己努力的結果，人們通常會誇大成功中努力的作用。根據凱利的共變理論，一旦人們確實獲得成功的話，如果這種成功是低獨特性而高一貫性的話，那麼人們就會做內部歸因。然而，一旦人們遇到失敗，就會認為這是個例外（高獨特性且低一貫性），因此他們很可能就做外部歸因。如果別人也在這種任務上失敗，那麼這種高一致性就更能夠加強外部歸因了。總之，自利偏差是動機因素與認知因素共同作用的結果。

第五節　內隱社會認知

一、內隱社會認知概述

內隱社會認知的歷史可以追溯到佛洛伊德精神分析的無意識理論，或者是奧古斯丁和阿奎那（Augustine and Aquinas）大量的關於自我認識時內省有限性的觀點，甚至可以追溯到柏拉圖與亞里斯多德對相關意識與目的性行為的評論。就現代心理學而言，內隱社會認知主要源於學者們對選擇性注意與內隱記憶的研究。

首先，理論家們（Broadbent，1971 年； Treisman，1969 年； Posner and Snyder，1975 年； Shiffrin and Schneider，1977 年）等在對選擇性注意與短時記憶的研究中，提出了人們的資訊加工可以分為控制性與自動性的兩種模式：控制性加工是一種有意識的、容量有限的、自願發起的以及可以改變的加工模式；自動性加工是一種無須注意、容量無限、難以壓抑的加工模式。

巴奇（Bargh，1994 年）總結出了自動性加工具備的四個特性：無意識、高效率、無目的以及無須控制。

其次，沃林頓與懷斯克朗（Warrington and Weiskrantz，1968 年）對失憶症病人的研究發現，要這些病人進行填字母遊戲時，他們對那些學習過的單字要比未學習的單字完成得更加精確。1985 年，寇菲（Cofer）也在遺忘症患者身上發現了「啟動效應」，心理學家們發現，啟動效應實際上反映了一種自動的、不需要有意識回憶的記憶現象，格拉夫和夏克特（Graf & Schacter）將此稱作內隱記憶，而把傳統的、需要經有意識回憶的記憶現象稱為外顯記憶。

上述這些概念啟發了安東尼・格林沃德（Anthony G. Greenwald）和馬赫扎琳・巴納吉（Mahzarin R. Banaji），他們於 1995 年提出了內隱社會認知（implicit social cognition）的概念，內隱社會認知是指社會認知的過程中，「雖然個體不能回憶某一過去的經驗（如用自我報告法或內省法），但這一經驗潛在的對個體的行為和判斷產生影響。」此概念關注的焦點在於：個體的無意識成分參與了其有意識的社會認知加工過程。例如，早在 1977 年，希金斯和瓊斯等曾經做過這樣的一個實驗：實驗情境中，被試者正在閱讀一本小說，這本小說的主角非常有自信、獨立且具有冒險精神，這時被試者的一個朋友敲門，並介紹一位素昧平生的某人給被試者。事後要求被試者評價對該人的印象。研究顯示，被試者傾向於將此人看作是自信、獨立且具有冒險精神的。這表示事先的閱讀經驗在後來關於另一個人的印象形成上產生了啟動效應。

傳統的關於社會認知課題的研究往往重視人的意識的成分，而忽略了人的無意識的一面，因此，其研究結論往往具有很大的局限性。內隱社會認知研究將人的認知過程的兩個方面結合起來進行探索，有了更為全面的理論基礎。很多社會心理與行為現象如果從內隱社會認知的視角去看，將豐富與深化我們的認知。

二、內隱社會認知的研究方法

（一）內隱聯結測驗

　　現在最著名，也是最優秀的測量內隱社會認知的方法，是由格林沃德（Greenwald）、麥吉（McGhee）和史瓦茲（Schwartz）於 1998 年創建的「內隱聯結測驗」（Implicit Association Test，IAT。「Implicit Association Test」是蔡華儉首次在中國介紹並翻譯的，最初翻譯成「內隱聯想測驗」。2015 年，她認為翻譯為「內隱聯結測驗」更為準確）。內隱聯結測驗以電腦化的分類任務為基礎，透過對概念之間自動化聯結強度的測量，繼而實現對各種內隱心理結構（如態度、偏見、自我、人格等）的測量。IAT 以相容和不相容分類的反應時間之差作為概念之間聯結強度的指標，其基礎是：相對於兩個聯結緊密的刺激，人們對兩個聯結不緊密或相斥的刺激更難產生反應，從而反應更慢，這種難易程度或時間上的差異就反映了概念之間的聯結或其對應心理結構的強度的差異。可見，IAT 是透過測量被試者的反應，繼而測量其內隱心理。與自我報告的外顯測驗相比，IAT 的間接性特點使其具有兩人優點：第一，較少受社會讚許、期望等主觀因素的影響，能夠更有效的測量人們能意識到但是卻不想報告的心理，比如對身心障礙者的偏見等。第二，能夠更有效的測量人們無法報告、處於意識之外的內隱心理，比如無意識中的自殺意念等。此外，IAT 還具有易操作、敏感（能捕捉細小的差異）、精確（良好的一致性和穩定性）、有效（良好的預測效度）、靈活（可以測量多種內隱結構）等優點。正是這些優點，使得 IAT 一經問世，便在眾多內隱測量方法中脫穎而出，迅速成為最受歡迎、應用最廣、影響最大的內隱測量工具。

　　內隱聯結測驗以反應時間為指標，基本過程是呈現一屬性詞，讓被試者儘快的進行辨別歸類（即歸於某一概念詞）並按鍵，反應時被自動的記錄下來。概念詞（concept words）（如白人、黑人）和屬性詞（attributive words）（如聰明、愚蠢）之間有兩種可能的關係：相容的（compatible）（如白人—聰明，黑人—愚蠢）和不相容的（incompatible）（或相反的）（如白人—愚蠢，黑人—聰明）。所謂相容，是指二者的聯結與被試者內隱的態度一致，或者說對被試者而言二者有著緊密且合理的聯結，否則為不相容或相反。

在快速條件下，當概念詞和屬性詞相容，即其關係與被試者的內隱態度一致或二者聯結較緊密時，辨別歸類多為自動化加工，相對容易，因此反應速度快，反應時間短；當概念詞和屬性詞不相容，即其關係與被試者的內隱態度不一致或二者缺乏緊密聯結時，往往會導致被試者的認知衝突，此時的辨別歸類須進行複雜的意識加工，相對較難，因此反應速度慢，反應時間長。不相容條件下的與相容條件下的反應時之差即為內隱態度的指標。

這樣，概念詞和屬性詞關係與內隱的態度一致程度越高，聯結越緊密，辨別歸類加工的自動化程度就越高，因而反應時間越短。而不相容條件下，認知衝突越嚴重，反應時間自然會越長。其間的差值就會越大，表示內隱態度越堅定。

IAT 施測程序分為五個階段：第一步，呈現目標詞，比如白人的姓和黑人的姓，讓被試者歸類並做出一定的反應（看到白人的姓按 F 鍵，看到黑人的姓按 J 鍵）。第二步，呈現屬性詞，比如愉快和不愉快，並讓被試者做出反應（愉快 F，不愉快 J）。第三步，聯合呈現目標詞和屬性詞，讓被試者做出反應（白人—愉快 F，黑人—不愉快 J）。第四步，讓被試者對目標詞做相反的判斷（白人的姓 J，黑人的姓 F）。第五步，再次聯合呈現目標詞和屬性詞，讓被試者做出反應（黑人—愉快 F，白人—不愉快 J）。這五個階段分別做 20 次，各階段之間可以有短暫的休息。

格林沃德等在 2002 年改進了 IAT 測驗。改進的 IAT 測驗分七個階段：第四步重複階段「3」，第七階段重複階段「6」（原階段「5」）。其中第四步和第七步各做 40 次，得到的結果為計算 IAT 分數的根據，其餘各階段分別做 20 次，是對第四階段和第七階段的練習。

　　資料處理：格林沃德等在第一篇介紹 IAT 的文章中提到，因為反應時間太長意味著被試者明顯受到干擾，反應時間太短意味著被試者明顯搶答，所以在計算結果時應去掉反應時間大於 3,000 毫秒或小於 300 毫秒的被試者。因為錯誤率太高意味著被試者任意回答，所以把錯誤率超過 20% 的被試者也去掉。並且在計算結果時，只運用正確的反應資料，不考慮錯誤的反應資料。

　　目前，IAT 在各個領域的應用研究開始迅速成長，獲得了引人注目的成果。這些領域涉及臨床心理、法律心理、政治心理、消費心理等。例如，研究發現，患有自戀人格障礙（Narcissistic personality disorder，NPD）的個體外顯自尊低、內隱自尊高（Vater et al.，2013 年），並且容易表現自殺傾向和憂鬱症狀（Creemers et al.，2012 年）；而患有社交焦慮障礙（Social Anxiety Disorder，SAD）的個體外顯和內隱自尊均低於正常人（Ritter et al.，2013 年）。再如，在消費與決策領域，研究發現：內隱品牌態度可以預測人們對商品的選擇。具體來說，對某特定品牌的內隱態度越積極，越傾向於選擇該品牌的產品（Dempsey and Mitchell，2010 年）；對某品牌商品的內隱態度也會影響消費者對同一品牌其他商品的偏好，而忽略商品品質等其他屬性（Ratliff et al.，2012 年）；對食品的內隱態度可以預測消費者對健康食物的購買選擇（De Bruijn et al.，2011 年；Prestwich et al.，2011 年）；賭博過程中，對賭博的內隱態度可以預測賭博者的賭博行為，對賭博的內隱態度越積極，賭博行為越多（Brevers et al.，2013 年； Yi and Kanetkar，2010 年）。此外，IAT 還可以預測更為廣義的社會決策行為，如信任和社交行為。這方面的研究發現有：在信任決策遊戲中，對合作對象的內隱種族偏見可以預測其對合作對象的信任和最終的經濟決策行為（Stanley et al.，2011 年）；內隱種族態度 IAT 本身甚至會影響人們與外種族團體的交互行為（Vorauer，2012 年），從而影響人們對外種族團體的信任和決策。這些研究顯示，IAT 測量的內隱認知可以預測人們的消費偏好與決策行為。

（二） GO/NO-GO 聯想任務

GO/NO-GO 聯想任務（GNAT）是一種諾塞克（Nosek）和巴納吉在 2001 年提出的基於 IAT（內隱聯結測驗）的新的測試內隱性社會認知的方式。也有人稱該任務為命中聯結作業。

1. GNAT 的原理

GO/NO-GO 聯想任務主要是基於兩個原理：聯結原理和信號檢測論。

第一，聯結原理。GO/NO-GO 聯想任務（GNAT）是諾塞克和巴納吉在 IAT 方法的基礎上發展出的測量方法。GNAT 本身並不是對 IAT 的否定，而是對 IAT 的有機補充。

GNAT 的測驗原理與 IAT 的測驗原理基本相同。以概念網絡模型為基礎，認為在人的知識網絡中存在著一個社會認知的網絡結構，用不同的節點表示各種事物、概念或評價。如果特定的對象和一定的評價相聯結，那麼刺激活化該對象就會導致活動等級在概念網絡上進行擴散，使得相關的評價資訊容易被啟動，因此就比較容易產生相應的評價傾向。這種現象稱作態度的自動啟動。

利用人們對不同概念的樣例做同一反應的難易程度便可獲得個體內隱認知層面這兩者的聯結強度。在 GNAT 測驗中，被試者對目標類別和屬性類別做出反應，如目標類別（fruit）與屬性類別（good）。透過比較單一目標類別與屬性概念之間的聯結程度，從而獲得個體對這兩者聯結強度的內隱認知。

第二，信號檢測論。該技術吸收了信號檢測論（Singal delect theory，SDT）的思想，在實驗中包括目標刺激（信號）和分心刺激（雜訊）。其中，將類別和積極評價作為信號，而將目標類別和消極評價作為雜訊。考察的是目標類別和屬性面向概念之間的聯結強度，彌補了 IAT 實驗設計中需要提供類別面向，不能對某一對象做出評價的限制。被試者對代表目標種類和屬性種類的刺激反應（Good，稱為 Go），而對呈現的其他刺激不反應（稱為 No-Go）。

在 GNAT 中，對雜訊刺激不做出反應，因此需要對刺激呈現間隔加以控制，稱為累積反應（response deadline）。研究發現，刺激呈現間隔影響了個體的敏感性，隨著刺激呈現時間的延長，造成 d 值的增大，以及被試者的反應錯誤率降低。如果刺激間隔過短則個體的反應程度可能處於機遇程度，因此刺激呈現間隔以 500 ～ 800 毫秒較為適宜。

2. GNAT 的實驗程序

GO/NO-GO 的實驗程序主要分為兩個階段。

第一個階段為預試階段。在這個階段，被試者對出現的目標類別（fruit、bugs），或者屬性類別（good、bad），這樣的單一類別做出反應，使被試者熟悉實驗的操作過程。

第二個階段為正式實驗階段。這個階段主要分為四個部分。在第一部分中，被試者對目標類別（fruit）與屬性類別（good）做出反應，對 bugs 和 bad 則不做出反應。第二部分中，被試者對目標類別（fruit）和屬性類別（bad）做出反應，對 bugs 和 good 不做出反應。第三部分中，目標類別（bugs）和屬性類別（good）做出反應，對 fruit 和 bad 則不做出反應。第四部分中，被試者對目標類別（bugs）和屬性類別（bad）做出反應，對 fruit 和 good 則不做出反應。四個部分透過實驗程序設置隨機呈現。把（fruit ＋ good）和（fruit ＋ bad）這兩個階段的 d 分數作為考察指標。

3. GNAT 的資料處理

實驗中採用 d 指標，將正確的 Go 反應稱為命中率，將不正確的 No-Go 反應視為虛報率，將命中率和虛報率轉化為 z 分數後，其差值即為 d 分數，表示從雜訊中區分信號的能力，如果 d 分數低於 0，表示被試者不能從雜訊中區分出信號。實驗中以兩個階段 d 分數作為考察指標，其原理在於，如果信號中的目標類別和屬性類別概念聯結緊密，相較於聯結不太緊密或者沒有關係的聯結，被試者的反應更為敏感，從而更容易從雜訊中分辨出信號。

4. GNAT 實驗的優點

GNAT 範例包含了許多內隱社會認知測量的特徵，但也有一些獨特之

處，相對於 IAT 方法，GNAT 具有兩個優勢：

第一，GNAT 可以對單一類別的內隱社會認知進行考察。

第二，GNAT 可以同時從反應時間和錯誤率上更全面的考慮任務成績的有意義的資訊。

三、內隱社會認知的視角解讀

許多傳統的社會心理與行為效應研究，如果從內隱社會認知的新視角去解讀，我們會對這些研究有更深入的認識，現略舉如下幾例：

1. 光圈效應。光圈效應主要是一種內隱態度，是個體對一個人新特徵 A 的判斷受客觀上不相關的特徵 B 影響的傾向，對 A 的直接測量內隱的表達了對 B 的態度。

2. 曝光效應（exposure effect）。扎瓊克（Zajonc，1968 年）發現，在一定情境下接觸的次數和喜歡之間存在正相關，並稱之為曝光效應（詳見第七章人際關係的相關內容）。現在曝光效應被認為是一種內隱態度，個體把反覆呈現的刺激產生的知覺流暢性的增加（由於多次的接觸而使得對它的確認變得更為容易）錯誤的歸結為喜歡，從而對刺激產生積極的評價。

3. 瞬息態度（instant attitude）。指在首次遇到某個新刺激時就立即產生的喜歡或不喜歡（Fiske，1982 年）。比如「一見鍾情」，在還沒有與對方具體接觸與了解的情況下就能夠喜歡對方，從內隱社會認知的視角來看，就是對方身上的某種特徵啟動了自己過去曾經在另外一個人身上體驗過的美好。

4. 調查研究中的情景效應。外周資訊對評價判斷會產生內隱的影響，如 1983 年史瓦茲等的研究發現，透過電話調查生活品質問題時，在晴天被調查的被試者比陰天被調查的被試者認為自己的生活品質更高。人們在晴天要比在陰天的時候心情更好，卻不自知的遷移到生活品質評價上去了。

第六節　具身社會認知

一、具身認知與具身社會認知

　　目前的主流認知心理學是 1950、1960 年代一場認知革命後的產物，在電腦科學的啟示下，它視認知為資訊的表徵和操控，類似於電腦的符號加工。根據這種研究範例，在這個過程中，認知心理學認為它與大腦的其他模組：知覺（如視覺、聽覺），動作（如運動、本體感覺），內省（如心理狀態、情感）是相互獨立的。也就是說，傳統認知心理學認為認知是離身的（disembodied），認知作為一種精神智慧與作為物理實體的身體沒有本質的關聯。

　　具身認知則被稱之為是「第二代認知科學」。具身認知（embodied cognition），也被譯為涉身認知（孟偉，2007 年），其中心含義是指身體在認知過程中發揮著關鍵作用，認知是透過身體的體驗及其活動方式而形成的，「從發生和起源的觀點看，心智和認知必然以一個在環境中的具體的身體結構和身體活動為基礎，因此，最初的心智和認知是基於身體和涉及身體的，心智始終是具（體）身（體）的心智，而最初的認知則始終與具（體）身（體）結構和活動基模內在關聯」（李恆威、盛曉明，2006 年）。

　　換言之，認知是包括大腦在內的身體的認知，身體的解剖學結構、身體的活動方式、身體的感覺和運動體驗決定了人們怎樣認識和看待世界，認知是被身體及其活動方式塑造出來的，它不是一個運行在「身體硬體」之上並可以指揮身體的「心理程式軟體」。「具身認知的研究綱領強調的是身體在有機體認知過程中所扮演的角色……」（Shapiro，2007 年）它與傳統認知主義視身體僅為刺激的感受器和行為的效應器的觀點截然不同，它賦予身體在認知的塑造中以一種樞軸的作用和決定性的意義，在認知的解釋中提高身體及其活動的重要性（葉浩生，2009 年）。

　　早在 1980 年，兩位社會心理學家（1980 年）就報告了這樣一個實驗：作

為課程學習的一個部分，他們要求學生參加一個測試耳機舒適度的測驗。實驗者告訴學生，這種耳機已經在各種條件下，如走路、跳舞、聽課等條件下進行了測試，現在要測試的是在平行移動頭部（即搖頭）和垂直移動頭部（即點頭）的條件下耳機聲音的品質。接下來，73 名學生被隨機分成 3 組，分別為頭部平行移動組、垂直移動組和對照組。對照組不需要移動頭部，只要簡單的聽和評分就可以。在隨後的測試中，被試者首先聽到一段音樂，然後是廣告商對這款耳機的推薦。最後被試者需要完成一份簡單的問卷。問卷的第一項內容是替這款耳機評分，第二項內容是回答是否同意廣告商的觀點。統計結果證明，頭部垂直移動即點頭組無論是替這款耳機的評分，還是贊同廣告商的觀點方面，分數都大大高於另外兩組，而頭部平行移動即搖頭組在兩個項目的分數上，遠遠低於其他兩組。點頭的身體運動增強了積極的態度，而搖頭的身體運動強化了消極的態度，實驗結果與具身認知的基本假設是一致的。

賽明與史密斯（G. R. Semin and E. R. Smith，2002 年）指出，社會心理學的研究發現與當前具身認知的研究有許多共同的地方。一方面，具身認知中的「位置」實際上是「社會地位」；另一方面，一些社會心理學中的有趣現象可以從具身的視角來進行解讀。葉浩生認為，具身社會認知是具身認知與社會認知對話的產物，它運用具身認知的視角詮釋社會認知現象（葉浩生，2011 年）。巴薩洛（L. W. Barsalou，2003 年）認為具身社會認知是「在社會互動時出現的身體狀態，比如姿勢、手臂的運動以及臉部表情等，在社會資訊加工中產生了主要作用」。這樣的話，社會心理學家就可以解釋人們的社會思維與判斷是如何受到身體狀態、情緒、行為與動機的影響的了。比如，上述的實驗其實就是關於具身社會認知的。

二、四種普遍的社會具身效應

社會心理學家描述了社會具身效應（social embodiment effects）的四種形式。這裡所說的社會具身效應，是指人們在社會認知時產生的具身效果以及它們之間的關係。

　　第一，感知到社會刺激時，不僅產生認知狀態，還會產生身體狀態。例如，威斯菲爾德與貝雷斯福德（G. E. Weisfeld and J. M. Beresford，1982年）的研究發現，那些考試成績好的高中生要比那些考試成績欠佳的高中生更多的採用挺立的身體姿勢。巴奇等（Bargh et al.，1996年）也發現，對被試者啟動與「年老」有關的概念（比如「灰白」「皺紋」等）後，他們離開實驗室時速度就會緩慢許多。此外有證據顯示，感知社會刺激會產生臉部反應，人們觀看到愉悅的場景時，臉部表情會是積極的，而觀看到消極的場景時，臉部表情也是消極的。總之，人們面對不同的社會刺激時會有不同的身體反應。

　　第二，感知到他人的身體狀態會對其進行模仿。比如，你看見別人笑，你也會跟著笑。巴薩洛區分了三種類型的模仿，即身體狀態的模仿、臉部表情的模仿與溝通方式的模仿。例如，查特朗與巴奇（T. L. Chartrand and J. A. Bargh，1999年）發現，被試者會模仿實驗者的一些動作，如摸鼻子或抖腳等，這是身體姿勢的模仿。臉部表情的模仿在許多文獻中可見，例如，奧圖爾與迪賓（R. O' Toole and R. Dubin，1968年）發現，母親在向嬰兒餵食時，嬰兒張開嘴巴，母親也會張開嘴巴。溝通的過程中也有具身的模仿，表現在語速、音長及聲調的搭配上面。例如，巴維拉斯等（J. B. Bavelas et al.，1988年）發現聽眾經常模仿演講者的姿勢，會話時各式各樣的同步性透過建立相互理解、合作與同感而有助於同伴之間的互動。

　　第三，一個人的身體狀態會觸發其情緒狀態。也就是說，具身不僅是對社會刺激進行的反應，其本身又構成了後續反應的刺激。巴薩洛把具身的誘出分為身體誘出和臉部誘出兩類。例如，斯代帕與斯特拉克（S. Stepper and F. Strack，1993年）對身體的誘出進行了研究，以揭示身體的位置或姿勢是如何影響被試者的情緒狀態的。被試者是大學生，實驗中，被試者被告知是一個人體工學的實驗，研究各種身體姿態對完成某種任務的影響。每次實驗有 6 個被試者參加，實驗情境分為兩種：在一種情境下，被試者被要求呈現一種所謂的「人體工學姿勢」，低頭、聳肩、彎腰，給人一種垂頭喪

氣的樣子；在另一種情境下，被試者呈現的姿態是腰背筆直、昂頭挺胸，給人一種趾高氣揚的印象。為了防止被試者之間情緒的相互影響，被試者之間是隔離起來的，相互看不到。接下來，被試者根據實驗者的要求完成一項複雜的任務。任務完成之後，被試者被告知他們出色的完成了任務，可以獲得酬勞。在實驗的最後階段，被試者要完成一個問卷，詢問他們此時此刻的心境，是否為他們出色完成任務感到驕傲等。結果發現，在前一種情境下，體驗到驕傲情感的被試者的平均數是 3.25，而後一種情境下，體驗到驕傲情感的被試者的平均數是 5.58。實驗結果說明，情緒是具身的，認知並不是情緒形成的唯一因素，身體及其活動方式對情緒與情感的形成有著重要作用。而臉部表情影響情緒的情況我們都非常熟悉了，比如當你微笑的時候，你就能夠體驗到「快樂」的情緒。

最後，身體狀態與認知狀態的兼容性會對工作績效產生影響。這個最後的社會具身效應涉及認知工作更為複雜的關係。巴薩洛等注意到當具身與認知狀態相容時，認知工作就會變得更容易。相反，當它們不相容時，認知工作的效率就會大為下降。例如，陳與巴奇（M. Chen and J. A. Bargh，1999年）做了如下一個實驗：在電腦螢幕上呈現能夠引起積極或消極情緒反應的圖片，圖片呈現時，要求被試者快速移動胸前的槓桿。移動槓桿的方式有兩種：一種是把槓桿從胸前推開，一種是把槓桿移向自己。實驗的結果顯示：把槓桿從胸前推開的被試者對消極圖片的反應時間小於對積極圖片的反應時間，把槓桿移向自己的被試者則對積極圖片的反應時間小於消極圖片的反應時間。這意味著，當與動作過程相容時，認知過程表現實際上更優。可以看出，人類的認知與具身的相互作用是非常普遍的。

三、具身框架下的社會認知研究

具身理論框架下的社會認知不僅承認身體作為社會線索而存在，而且認為社會情境中的認知功能受限於身體。因此，對具身社會認知的探討更有利於我們理解社會情境中的身心交互作用。近年來，社會認知領域已累積了大

量的基於具身理論的研究證據。鑑於態度、社會知覺、情緒一直以來都是社會認知領域中最核心的三大主題，下面將簡述這三大主題內的具體研究。

1. 態度的具身（embodiment of attitudes）。巧合的是，中文的「態度」本身就含有一個「態」字，從某種意義上說，「態度」就是「姿態的程度」。達爾文也說過從具身的角度來看態度，認為姿勢表達了有機體對所注意到對象的情緒反應。比如，人們知道點頭表示贊同，而搖頭則表示反對的意思。湯姆等（G. Tom et al.，1991 年）做了一個實驗，告訴被試者說要測試耳機的舒適性，要求一組被試者佩戴耳機時頭部做橫向運動（即搖頭），另一組被試者做豎向運動（即點頭），測試時在被試者的桌子上放有一支筆。測試結束後，一位實驗者在被試者面前的桌子上擺放一支他們見過的那支「舊筆」，又擺上一支他們從未見過的「新筆」，問他們喜歡哪支筆。結果是取決於被試者在測試時的頭部運動的情況，即點頭的被試者選擇的是「舊筆」，而搖頭的被試者則選擇了「新筆」。

2. 社會知覺的具身（embodiment of social perception）。社會知覺是指在社會情境中的印象形成。在社會知覺中，具身化這一概念的出現也使研究者對社會關係或者人際關係有了新的認識。菲斯克（Fiske，2004 年）對一些具有具身性特徵的基本社會關係進行了劃分，其中共享社會關係（人際關係由其成員間所共有的和共享所需的資源決定）的具身性表現在群體間共有的物質、接觸和同步肢體動作等上。權威評定社會關係（人際關係由其成員的權利和地位的不同決定）的具身性表現在群體規模的大小和空間呈現的等級位置上（Fiske，2004 年）。根據菲斯克的假設，社會心理學家對共享社會關係和權威評定社會關係與具身化之間的關聯進行了研究。

舒伯特（Schubert，2005 年）替不同的小組貼上互為對應的標籤，如「老闆」與「員工」，要求被試者判別哪個組權勢更大。透過電腦記錄反應時間發現，當更有權勢的那組透過更大規模或更高等級位置呈現於螢幕上的時候，被試者的反應時間會更快。這就表示，當人們對一項社會權力的概念進行表徵時，它的一些物理屬性也是其中的一部分，會使被試者產生自動化加工。

在菲斯克對共享社會關係有具身性的假設中，他假定的肢體接觸包括隨意的、無心的人與人之間的肢體接觸。在後續的研究中發現，即使是這樣的觸碰也會增加被接觸者對接觸者善意的舉動和正性行為。更需要注意的是，這種好感完全是自發的，當個體沒有意識到類似觸碰的作用時，所產生的好感恰恰是最強烈的（Gueguen，2002 年）。不過塔米爾總結最近研究後指出，這些具身效應只有當個體原本所持信念與刺激所包含資訊指向性一致時才產生（Tamir et al.，2004 年）。照此推理，對於個體不喜歡的對象，肢體的接觸很可能會增加厭惡感。如果上述假設成立，在解釋和消除群際偏見時，具身理論的研究提供了實證意義。

3. 情緒的具身（Embodiment of Emotions）。情緒的具身可以追溯到詹姆士（William James）關於情緒的理論。詹姆士認為，情緒是在對情緒刺激做出反應的身體活動的基礎上產生的。比如，在看到猛獸時，人類是先做出逃跑的動作才產生出恐懼這一情緒的，而非傳統觀點所提出的，先體驗到恐懼，隨後才逃跑。身體反饋會促進個體對情緒刺激的加工。其實，詹姆士所申明的正是具身化的情緒。根據具身理論的觀點，身體反應可以促進情緒刺激的認知加工。例如，尼登塔爾等（P. M. Niedenthal et al.，2009 年）結合了肌電圖（EMG）要求被試者對不同的、與情緒相關的情緒詞彙做出相應判斷。作為對照，另有一組詞彙只要判斷其大小寫。從 EMG 的紀錄結果來看，在完成詞義判斷的任務中，被試者有明顯的肌電反應：愉快的詞語對應著面頰肌和眼眶肌，噁心和生氣的詞語對應著眉毛肌和提肌。這種明顯的肌電反應不僅展現在具體詞語上，當使用抽象詞語時，同樣有類似的肌電反應。為了證明情緒類的詞語與生理反應之間不只是相關關係，而是存在著因果關係，研究人員要求被試者控制住一部分的臉部肌肉（咬住一支鋼筆，達到控制面頰肌和提肌的作用），再對之前的詞語資料進行判斷。結果發現愉快類的和噁心類的詞語的判斷正確率與不控制肌肉時有顯著差異，尤其是抽象詞語的判斷正確率大大下降。這個實驗說明人們的身體參與了情緒體驗，證明了肢體動作會直接影響情緒體驗。

第六章
態度與態度改變

【開篇案例】

該不該吃狗肉？

　　玉林，這座不起眼的小城，每到夏至前後，就會受到中外的高度關注，以至於中國外交部都要出面回應。

　　夏至這天被民間稱為是玉林的傳統民俗「狗肉節」，當地居民推崇在這天將狗肉和荔枝一起吃，當地俗語有云「夏至狗，荔枝酒」。面對勸阻者，他們覺得這些人偽善，一個網友認為：「個人覺得，這種節日無可厚非，倘若你真是為了保護動物，請各位愛狗人士自動成為素食主義者，要不然就是偽善。」極端者甚至指責愛狗人士為「邪教」（見圖6-1）。

▲ 圖6-1　玉林一輛貼有「愛狗人士邪教」的汽車（圖片來源：環球時報）

　　但在動物保護者們眼裡，流水線式的宰殺、食用「通人性」的狗是一種「罪過」。近年來，中國各地的大批愛狗者們，會在夏至這一天趕到玉林，勸導當地狗肉產業鏈上的從業者和食用者。對此，一位網友說：「來，跟你們解

釋一下狗和牛羊的區別。下班回家狗會迎接你，牛羊會嗎？遇到危險狗會衝上去保護你，牛羊會嗎？你見過導盲犬，見過導盲牛羊嗎？這兩者有可比性嗎？你們懂得知恩圖報嗎？你們知道恩義為何物嗎？狗還是那隻狗，而有的人已經不是人了！」還有一些愛狗人士付諸行動，去當地把一些狗買了救走（見圖6-2）。

▲ 圖6-2　不少愛狗人士從狗屠宰市場將狗買走（圖片來源：環球時報）

　　還有一些人對此持中立的態度，一個網友的態度是：「其實愛狗沒錯，反對狗肉節也沒錯，不過各個地域飲食文化不是一、兩句話能說清楚的，在沒人養狗之前，也沒有這種激烈行為，就好比新疆人吃羊肉一樣，難道養寵物羊的就要去反對他們吃羊嗎？中國是56個民族組成的國家，每個民族有自己的信仰及習慣，不應該對他們這樣詆毀，可以勸，但不應該去強行終止！」

　　這種「現代博愛」和傳統民俗往往分不出對錯或高下，愛狗者與屠（賣）狗者之間的對峙、衝突，就成了近年來玉林狗肉節上的一種常見現象。

　　我們從最簡單平常到最複雜罕見的行動——比如，吃進一個水果或吐出一根朝天椒，專注的凝視嬰兒的面孔或小心翼翼的提防鄰居，僅憑一面之緣就想去幫助某人——都說明我們是有偏向的生物。其實每一個有機體都有著許多的偏向，否則，就不會有向日葵要圍著太陽轉，而蟑螂則要躲著太陽這樣的現象了。到了 20 世紀，人們給了這些偏向一個科學的名字——態度，上述關於狗的事例只是我們每個人每天都會經歷的各種態度的一個縮影。社會心理學一直對態度的研究情有獨鍾，從這門學科成立以來一直把態度當作研究的重點，也是研究的熱門主題。早在 1935 年時，奧爾波特（Gordon W. Allport）就斷言：「在當代美國的社會心理學中，態度可能是最具特色、最不可或缺的概念了。」這話放在當下同樣有效，態度研究現在依然是社會心理學研究與理論中的頂尖課題。麥奎爾（McGuire，1985 年）也認為：「（社會心理學）從一開始就像是由不同東西組成的馬賽克，但是態度總是其中的主要成分。」當代著名的社會心理學家戴維‧邁爾斯（David G. Myers）則說：「態度的研究非常接近社會心理學的核心並且是其最早的關注點之一。」對人而言，態度極其重要，因為它能決定我們的行為。具體而言，我們的態度與我們決定吃什麼、讚揚誰或鄙視誰以及買不買某個特定國家的產品等都有關係。

第一節　態度概述

一、態度的定義及其特徵

（一）早期經典的態度定義分析

　　奧爾波特（Gordon Allport，1935 年）為態度下了一個非常經典的定義，直到現在仍被許多學者引用。他認為：「態度是一種由過去經驗形成的心理和神經系統的準備狀態，它引導著或動態的影響著個體對與這些經驗有關的事件、情境的反應。」

　　根據奧爾波特的這個定義，態度的中心特徵是「反應的準備狀態」。也就是說，態度它不是行為，不是一個人做了什麼事情，而是行為前的預備狀態，是要對態度對象以特定的方式做出反應的預備狀態。

　　另一個被奧爾波特強調的是態度具有的激勵或驅動力量。態度不僅僅只是在過去經驗的基礎上形成的被動的結果，而是具有兩種主動的功能，奧爾波特把它們描述為「發揮著引導的和動態的影響」。

　　「動態的」影響是指態度能夠推動或激發行為——也就是行為主義心理學家和精神分析學家所說的「驅力」。而「引導」的影響則是指態度把行為的方式引導進特定的管道，鼓勵一些行為以及阻止一些行為。

　　首先，既然態度是人們心理和神經系統的準備狀態，那麼，態度必然是私下的，研究態度的科學家不能像醫務工作者量血壓那樣直接去測量人們的態度，只有態度的當事人才能直接去接近它，社會心理學家對態度的測量只能是間接的。

　　其次，如果態度是由過去經驗組織的，那麼，可以推斷出態度是人們從種種經歷和情境的影響中進行學習而形成的。比如，人們對性別角色的態度，就是透過人們身處的文化，特別是透過我們的父母、朋友和其他社會化的代理人如學校和電視等的傳承和教化而形成的。

　　但是，態度僅僅是透過人們的經驗而形成的觀念有很大的局限性。有越來越多的證據顯示，人們的一些態度是遺傳下來的（Tesser，1993 年），例如對雙胞胎態度的研究發現，同卵雙胞胎要比異卵雙胞胎有更多相同的態度，即使是這些同卵雙胞胎生活在不同的家庭而從未謀面的情況下也是如此。例如，研究發現，同卵雙胞胎要比異卵雙胞胎在對死刑、爵士樂等對象上有更多相同的態度（Martin et al.，1986 年）。亞伯拉罕·特塞爾（Abraham Tesser，1993 年）的研究顯示，這些受基因影響的態度在社會生活中會特別強大且有影響力。在這些問題上，人們會更快的告訴你他們的想法，你也更不容易改變他們的態度。如果你在這些問題上與他們意見相左，他們會不喜歡你。

最後，因為人的態度可以對態度對象的反應發揮出引導性或動態性的影響，態度與人們的行為有著直接的關係。

奧爾波特為態度下了這個經典的定義之後，很多學者只是引用它，而不再自己去定義了。例如當代著名的社會心理學家麥奎爾（McGuire），他在其關於態度的著述中，只是逐條的去分析奧爾波特定義中的術語，不去提出新的定義。這種情況一直沿襲到了 1990 年代。

（二）現代學者對態度定義的看法

近年來，學者們越來越強調態度中評價的一面，把態度看作是對既定對象以喜歡或不喜歡的方式進行反應的傾向。如津巴多認為：「本質上，態度就是對某特定目標的評價傾向。它是一個人對某種事物或者人從喜歡到不喜歡或贊成到不贊成的一個評價。態度就是我們喜歡什麼，不喜歡什麼，我們推崇什麼，討厭什麼，以及我們評價自己與環境關係的方式。」[1]

在這方面，伊格利和柴肯（Eagly and Chaiken，2005 年）為態度下了一個最有代表性的現代的定義，他們認為，「一個人的態度可以界定為個體對人或事物的積極或消極的評價性反應，它通常根植於個體的信念，表現於個體的感受或者行為傾向中」。對此，很多學者贊同評價的概念在態度定義中是最主要的，「有很多方式替態度下定義，但評價是其中的核心」（Petty et al.，1997 年）。

卡辛（Kassin）等進一步認為：「態度是對態度對象進行某種程度的積極、消極或混合的評價。」[2] 我們經常用喜歡、熱愛、嫌惡、憎恨、欽佩、討厭等字眼來描述我們的態度。

之所以把評價看得如此重要，是因為社會心理學家假定，幾乎人們所有的認知和知覺都是帶有評價性的，當人們看待人、物、事時很少只是單純的描述而不帶評價的。而一旦做出評價，人們就會緊接著在情感上產生相應的體驗，結合下面將要講的態度的成分，我們就會明白，評價就是態度的引擎和方向盤，決定了態度的產生和走向。

但是，從評價的角度去定義態度，也招致了嚴厲的批評，其中以史瓦茲和博納（Schwarz and Bohner，2001 年）為甚。他們認為，傳統上態度理論家（如奧爾波特）把態度的概念視為是在人們的記憶系統中相對固定的東西，在適當的時候態度就會被拉出來使用，然後再放回原處。如果評價是態度的核心成分的話，意味著態度是個情境性、臨時性的東西，需要的時候對當前的對象見風使舵般的應付一下，就消失不見了，不像是個持久的個人特質。

我們認為，這樣的批評不無道理，但把評價與人的持久個人特質完全對立，是不對的。評價只是態度的表層結構，它在一定程度上能夠反映態度深層結構的內容（雖然不是 100% 的，對對象的評價確實會受到情境因素的影響）。也就是說，人們的評價與人們的內在立場是高度相關的，把它當作是態度的核心指標，是可行的。

（三）我們對態度的定義

根據以上的分析，我們採用權威的美國心理學會在 2015 年出版的《心理學詞典》中對態度所下的定義：態度是對一個物體、一個人、一個群體、一個問題或一個概念所持有的從消極到積極相對持久和普遍的評價。態度是對態度對象的整體評價，它從與這個對象相聯結的特定信念、情緒和行為中來。[3] 注意一下這個定義，它既把評價當作是態度的核心概念，又在評價前面加上了「相對持久」和「普遍」的定語，把態度經典和現代的定義較好的結合起來了。

（四）態度的特徵

1. 態度總是有一定的對象。態度對象包括的範圍很廣，態度對象可以是事情、人群、地方、觀念、行為或者情境。比如，態度對象可以是一群人（如青少年），一個無生命的物體（如城市公園），一種行為（如喝啤酒），一個抽象概念（如公民權利），或者是把幾個概念相連起來的一種觀念（如青少

年在城市公園喝啤酒的權利)。

2. 態度常常發生矛盾。態度矛盾是指人們對同一客體持有正面和負面的評價，這樣，人們對該客體的態度就是矛盾的。比如，你對某個同學的態度。首先，他熱情大方，成績優秀，這讓你喜歡他；其次，他不拘小節，不講究個人衛生，而你又與他住同一宿舍，這讓你有些討厭他。認識到這一點是很重要的，即人的態度並不是簡單的從積極到消極的單一的一個連續體。我們可以把態度看成是立體聲音響的平衡旋鈕，在左聲道和右聲道之間不斷的來回擺動，混合了左右聲道的聲音；或者把態度看成是混水閥的控制桿，在熱水和冷水之間進行調節，最後調節出一定溫度的水出來。況且人的態度在積極與消極的面向上還有強度的變化，其矛盾性就更為複雜了。

人們對態度對象的態度整體來說有積極的態度、消極的態度、矛盾的態度及冷漠的態度。如圖 6-3 所示。

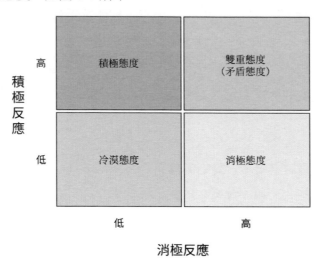

▲ 圖 6-3　對態度對象四種可能的反應

有些人可能對這種矛盾態度感到迷惑不解，而實際上人們有時對同一個對象既有積極的反應又有消極的反應卻並不會產生衝突，因為人們對態度對象的矛盾反應很可能在顯著度上是不同的，即有時只有積極反應是顯著的、意識得到的，此時消極反應並沒有出現、沒有被意識到。例如，有些人表面

上公開讚美女性，對女性有積極的態度，暗地裡卻對女性持有偏見和歧視。

3. 態度是一種內部心理的準備狀態。西方態度的概念源自拉丁語「aptus」，意思是「做好行動的準備」，在古代的具體含義是一件事情已經清楚的看出苗頭了，就好像是我們已經看見拳擊手上了拳擊場，雖然現在還沒有開始比賽，但是我們已經可以預料他接下來要做什麼。當然，現代態度的意義已經有些改變，比如我們對態度不能直接觀察得到了，而是認為態度先於行為，引導我們在行動前做出選擇和決策。

4. 態度具有一定的穩定性與持續性。人們的態度要麼不輕易形成，一旦形成了某種態度，就會非常穩定，不容易改變，繼而會持續很長的時間。同時，態度的這一特徵也告訴我們，態度是一個跨越時間和情境的概念，一個臨時性的感受不是態度，那只是情緒而已。

二、態度的結構與功能

（一）態度的結構

態度到底是由單一的成分構成的呢，還是由不同的成分構成的？這是關於態度的一個基本問題。

1. 單成分說

瑟斯通（Thurstone，1931 年）覺得態度只有一個成分，提出了單成分態度模型（one-component attitude model），認為態度是「對一個心理對象贊成或反對的情感反應。」愛德華茲（Edwards，1957 年）也認為態度是「與某個心理對象相關的積極或消極情感反應的程度」。簡單的說，態度就是你喜歡還是不喜歡某個對象，所以這一派學者認為態度的成分只有一個，即情感。

2. 雙成分說

奧爾波特（Gordon Allport，1935 年）提出了雙成分態度模型（two-component attitude model），除了瑟斯通認為的情感成分，奧爾波特增加

了第二個成分——心理的準備狀態，也就是行為傾向。這是一種內隱的心理傾向，它對於人們如何決定某個對象是好是壞，是合適的或不合適的等有著普遍和持續的影響。所以，態度是個體個人化的事情，不能被外人觀察到。儘管人們可以透過內省知道自己的態度，但人們只能透過推斷得知他人的態度。而且，人們自己的態度也經常需要透過自己的行為舉止來推斷才得以知曉。

3. 三成分說

到了 1960 年代，態度的三成分說（three-component attitude model）開始流行起來，許多學者都認同此種觀點（e. g., Krech et al.，1962 年；Rosenberg and Hovland，1960 年），認為態度是由認知、情感和行為傾向組成的。希梅爾法布和伊格利（Himmelfarb and Eagly，1974 年）在其著作中把態度描述為「是對有社會性意義的對象、群體、事件或符號的包括信念、情感和行為傾向的相對持久的組織」。值得注意的是，這個定義不僅包含了三種成分，還強調了如下幾點：

第一，態度具有相當的持久性，也就是說，態度跨越了一定的時空，那種臨時性的感受並不是態度。

第二，態度只限於在有社會性意義的對象或事件上。

第三，態度具有概括性以及一定程度的抽象性。比如，一本書掉在了你的腳趾頭上面，砸得你很疼，這時你恨這本書，此時你對書並沒有形成什麼態度，因為這只是在一個地方、一段時間裡發生的單一的事件。但是，如果這個經歷使你討厭書或者圖書館，或者使你變笨拙了，這時你對書的討厭就是態度了。

當代學者普遍贊同態度的三成分說，認為態度是由情感的（affective）、認知的（cognitive）和行為傾向的（behavioral）成分構成的，這也被稱作是態度的 ABC 模型（the ABCs of attitudes）。

首先，態度的情感成分是指對態度對象的感受和情緒，比如，「騎摩托車有很大的樂趣」或「騎摩托車使人激動」。

其次，態度的行為傾向成分是指對態度對象的行動傾向，注意此時並沒有實際行動，只是想要去做些什麼，準備去做些什麼，比如，「只要有機會我就去騎摩托車」或「等我有足夠的錢了，我就去買一輛摩托車」。

最後，態度的認知成分是指對態度對象持有的一種理念和信念，比如「騎摩托車很快」或「騎摩托車要比開汽車省油」。

需要注意的是，態度的三成分說並不意味著態度必須全部包含這三個成分。比如，你對一個人有好感，喜歡他，不一定非要對他持有某種信念，或者要打算對他怎麼樣，而此時你已經對他有了積極的態度。

（二）態度的功能

我們對態度對象持有某種態度之後，會保留很長的時間，幾個月、幾年甚至終生，這是為什麼呢？態度之所以存在，是因為態度是有用的，它是為某個特定目的服務的，也就是說，態度是有它的功能的。卡茲（Daniel Katz，1960 年）認為有各種不同的態度，每種態度發揮著不同的功能。

1. 認識的功能（knowledge）

身處社會性世界的人們，要對自己身處的這個世界進行認識，以尋求一定程度的可預見性、一致性和穩定性。社會性世界是極其複雜的，人們不可能對此進行完全的認識，並且在大多數情況下，人們的時間、精力是有限的，並不會以全部精力去認識世界，而是採取一種走捷徑的方式來認識，這與社會認知一章裡所說的人們經常是認知吝嗇者（cognitive miser）或動機性的策略家（motivated tactician）模型是一致的。也就是說，態度可以為人們提供一種快速簡便的認識世界的方式。比如，如果組織來一個單位考察一個人，找到了甲、乙兩人來了解情況。我們假設甲和此人的關係（即態度）很好，那麼，甲對此人的評價就會比較高；乙和此人的關係（即態度）不是很好，那麼，乙對此人的評價則會比較低。一般不會出現相反的情況，即甲與此人的關係好，然後給予此人較低的評價；而乙與此人關係不好，卻給予此人較高的評價。

另外，把人、對象或事件分成不同的類別或基模，進而把這些人、對象或事件只當作是其中一個種類的成員，人們對這個種類的態度就提供給了我們基本的意義和以此為基礎去推斷成員的意義。對群體中的成員都以同樣的方式來認識，而不是把每一個人都當成個體來認識，雖然不是那麼精確和令人滿意，但是效率就高多了。態度此時形成的是類似基模或刻板印象的作用，幫助人們認識世界。

2. 工具的功能（instrumentality）

工具的功能是指個體透過表達其態度，從社會情境中獲取對自己有利的反應——獲得獎勵或避免懲罰。如果是那些與獎勵有關的事物，人們會對它發展出積極的態度，而對那些與懲罰相關的事物，人們會對它發展出消極的態度，即個體的態度是一種利己的工具，是適應性的表現。例如，許多兒童對父母抱有積極的態度，是因為他們從父母那裡獲得的好處遠遠多於懲罰。相反，兒童對喜歡欺負人的孩子懷有反感，是因為相反的強化作用。這兩個例子裡，兒童發展態度的功能是為了滿足其工具性的需求，把他們拉向那些過去對他們好的個體（父母），並疏遠那些懲罰過他們的個體（欺負人的孩子）。

3. 自我防禦的功能（ego defence）

態度的自我防禦功能使個體拒絕承認個人的缺點，保護自尊。自我防禦功能假定態度有防禦機制，保護自我免於內部衝突和令人不愉快的真相。而且態度的自我防禦機制是一種本能性的迴避的方式，不是對態度對象的現實感知，擁有這種態度的人很大程度上不會意識到這種自我防禦功能。例如，大學裡有的老師看見同事發表了很多論文，就說：「那樣的內容都是國外的專家早就做過了的，沒有什麼原創性和價值。」這時，他並不清楚事實真相，是他扭曲了現實來保護自尊。

4. 價值表達的功能（value expressiveness）

透過態度的價值表達功能，個體實現自己擁有的價值的自我表達。公開

的表達和信奉的知識是價值表達的主要方式。在這種情況下，對個體的獎賞可能不是得到社會的支持，而是鞏固個體自我概念中比較積極的方面。比如，筆者居住的社區有一位 90 多歲的抗戰老兵，每年都有一些義工來看望他，這些義工的活動表達出了他們的社會責任感，這是他們重要的自我概念。表達這個重要的態度能讓這些義工感到滿意，強化他們自我實現和自我表達的感覺。

三、態度的強度

奧爾波特認為，態度能夠推動或激發行為。但是很明顯，微弱的態度很難做到這一點，只有強烈的態度才能表現出來，強烈的態度才不容易改變。這有兩層含義：第一，比較強烈的態度會更穩定，更不容易隨時間變化。第二，比較強烈的態度更不容易受到影響，能夠更好的承受住說服性的攻擊和直接針對他們的請求。

那麼，態度的強度主要受哪些因素影響呢？研究認為，第一個因素是態度的極限性（attitude extremity），即個體的情緒反應有多強。第二個因素是態度的確定性（Attitude Certainty），即個體在多大程度上得知自己的態度是什麼以及態度的正確性。第三個因素是個人的經驗（personal experience），指的是個體對態度對象的態度是不是自己親身經歷而來的。這三個因素共同影響到態度的可得性（attitude accessibility），即在各種情境下態度可以被意識到的容易程度，態度的可得性則最終決定了態度推動行為的程度。如圖 6-4 所示，所有這些態度強度的成分都是相互關聯的，每種成分都在態度可得的可能性以及影響行為的程度上產生了一定的作用。

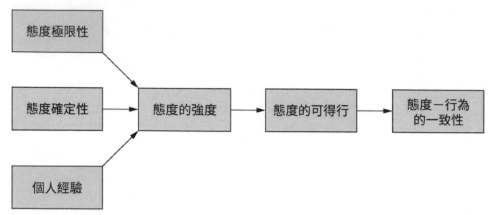

▲ 圖 6-4 態度強度的影響因素及其與行為的關係

（一）態度極限性：利益攸關的作用

態度極限性是個體對某一問題感受到的強烈程度，其中的關鍵因素就是社會心理學家所說的利益攸關性——與個人的相關程度。具體而言，就是態度對象影響到個體利益的程度，或者是說，態度對象能夠為個體帶來的重要結果有多少。許多研究結果都顯示，越與個體的利益有關，態度對行為的影響就越大。

例如，在一項研究中，研究者打電話給大學生，問他們是否願意參加一項反對將合法飲酒年齡從 18 歲提高到 21 歲的法令的運動，大學生的反應取決於他們會不會被這項政策影響到（Sivacek and Crano，1982 年），那些被這項新法令影響到的大學生（即小於 21 歲的大學生）要比那些沒有被這項新法令影響到的大學生（他們已經達到 21 歲或者等到這項新法令實施時就達到 21 歲了）與此有著更強烈的利害關係。結果正像預料的那樣，第一組大學生（即與這項新法令利益攸關的大學生）要比第二組大學生更有可能去參加反對這項提議政策的集會，47%的與這項新法令有高度利益相關的大學生答應去參加這場反對運動，而只有12%的低度利益相關者答應去參加反對運動。

不僅利益攸關的人們會以行動去支持他們的態度，他們還會精心組織論據去支持其立場。為此，當這樣的態度對象出現時，與其態度一致的想法

就會湧現出來。例如，研究發現，當參與者被問到要在他們所在的州（高個人相關）建核電廠時，要比可能在另一個離他們遙遠的州（低個人相關）建核電廠時提出了更多的反對此計畫的反駁論據。所以，利益攸關的態度更有可能被仔細考慮，更難以改變，更容易影響到行為（Haugtvedt and Wegener，1994 年）。

（二）態度確定性：清晰和正確的重要性

研究顯示，態度的確定性有兩個成分：一是態度的清晰性，即個體清楚的知道自己的態度是什麼。二是態度的正確性，即覺得自己所持的態度是可信的或正確的。彼得羅切利（Petrocelli）、托馬拉（Tormala）和拉克（Rucker）（2007 年）的研究為態度確定性的這兩個成分所形成的不同作用提供了證據。

彼得羅切利和他的同事首先使參與者對一件事情形成消極的態度：要求這些大學生隨時攜帶身分證。然後，為了操縱關於他們態度立場的共識感知，其中一半參與者被告知大多數其他大學生（89%）是同意這樣做的，而另一半參與者則被告知大多數其他大學生（只有 11% 的同意）不同意這樣做。這樣，雖然兩組參與者在態度的清晰性上是一樣的，但第一組參與者感知到的正確性要比第二組高。當一個人得知別人也享有自己的態度時，按照態度行事就覺得是正當的，從而增加了態度的確定性。

態度確定性的另一個成分清晰性，是指對態度問題不會是模糊的。個體被要求報告自己的態度越多，就越能促進態度的清晰性，進而加強了態度的確定性。你如果反覆的陳述自己的態度，就能夠增加你對這個態度對象的清晰性。當彼得羅切利等（2007 年）要參與者若干次或只是一次表達他們對槍枝控制的態度時，態度的確定性就有了差異，表達次數多的參與者要比只有一次表達的參與者有更大的態度確定性。

當清晰性和正確性同時變化會出現什麼樣的結果呢？回到那個身分證的例子，彼得羅切利等（2007 年）讓大學生對時時刻刻攜帶身分證形成消極態

度的操縱既影響了正確性（透過告知他人的共識），又影響了清晰性（透過對態度的表達）。接下來提供給大學生支持這項政策的強力證據，來說明這項政策為什麼可以提高學生的安全性，這是與他們的初始態度相反的。結果是低清晰組的參與者（即只表達一次態度）比高清晰組的參與者（表達多次態度）產生了更多的態度改變；低正確組的參與者（即與他人一致性低）比高正確組的參與者（與他人一致性高）產生了更多的態度改變。態度確定性的這兩個成分都高時，能增加對勸導資訊的抗拒，而且每一個成分都能獨立的抗拒勸導資訊。

（三）個人經驗的作用

在一個人的態度最初形成的時候，如果是基於個人的直接經驗而來的，要比基於道聽途說形成的態度更為堅固，對行為有更強的預測作用。這是因為基於個人的直接經驗形成的態度可能更強，當面對態度對象時，態度更容易浮現在個體的意識當中（Tormala et al.，2002 年）。類似的，基於個人的直接經驗形成的態度會對支持性的論據更有可能進行精細的認知加工，而這就使態度更不容易改變（Wegener et al.，2004 年）。設想一下下面兩種情況：一種是一位朋友告訴你品牌 X 的電熱水器品質差勁，另一種你自己就買了這個品牌的電熱水器，結果商家送貨遲緩、安裝馬虎，不久就生鏽、漏水、耗電量大。當你到購物中心看到這個品牌的新款電熱水器上市了，你會想到朋友的評價嗎？可能不會。那麼，你自己對它的經歷會湧上心頭嗎？很有可能。所以，這種基於個人的直接經驗形成的態度與個人的利益更加相關，也更強，對行為更具預測性。

個人經驗能夠使人們對一個問題有更深的涉入，這就使得一個人的價值觀更有可能和這個問題相連起來，並對相關的態度產生作用。例如，當要求大學生思考是否允許一個虛構的國家塔斯肯迪斯坦（Tashkentistan）加入歐盟時，對一部分大學生強調這個國家的重要價值觀（如自由），對另一部分大學生強調這個國家不那麼重要的價值觀（如團結），前一部分大學生花了更多

的時間對此問題進行思考並對相關資訊進行了更加精細的認知加工，他們形成了更強的態度，即使他們的態度遭到攻擊時也能很好的引導他們的行為。

其他研究認為，強烈的態度能夠抵制改變有兩個主要原因：承諾性和嵌入性。

首先，人們對一個強烈的態度會有更高的承諾，也就是說，他們會更確定這是對的。對一個特定態度的承諾意味著人們在看待相關資訊的時候會存在偏差，並且會進一步堅定自己的觀點，這種加工方式會使他們丟棄一些與他們原本的態度相悖的證據。比如，在一個實驗中，被試者原本就對死刑持有某種強烈的態度，實驗者讓他們看了一篇文章和一個研究，裡面關於這個問題的態度與他們的都相反，他們就會拒絕承認這些資訊的準確性，認為文章的觀點是站不住腳的，且研究使用的方法存在缺陷（Pomeranz et al.，1995 年）。

其次，一個強烈的態度會更深入的嵌入一個人的附加特徵中，如這個人的自我概念、價值觀和社會身分。不過，態度的嵌入性不會使人們拒絕對立資訊，而會從另一個方面拒絕態度的改變——簡單的把態度和個人的許多其他特徵（信念、價值觀、附加態度）連結在一起，使態度無法動搖。也就是說，一個人要改變一個嵌入其他個人特徵的態度，就意味著要挑戰其自我的所有其他方面，人們是不會輕易踏出這一步的（O' Brien and Jacks，2000 年）。例如，美國國家步槍協會的官員反對槍枝控制，他們對這樣的立場有較高的承諾，並且也會把這種立場作為他們社會身分的一個核心部分，因此他們在這個問題上就不容易改變態度。

四、外顯態度與內隱態度

（一）什麼是外顯態度與內隱態度

態度一旦形成，可以表現為兩個程度。外顯態度（explicit attitudes）是指人們意識到的並易於報告的。當有人問我們類似這樣的問題：「你喜歡吃冰

淇淋嗎？」我們想到的答案就是一種外顯態度。人們也有內隱態度（implicit attitudes），它是一種自然而然的、不受控制的，而且往往是無意識的評價。

例如，某著名影星在其官網上發表離婚聲明，稱因其妻子與其經紀人存在婚外不正當兩性關係，故決定解除與妻子的婚姻關係，並解除經紀人的職務。從這名經紀人的角度來看，他是要依靠這名影星來賺錢的，表面上要盡可能對這名影星保持尊敬，對影星之妻要保持距離，這是他的外顯態度；但是當他靠近影星的漂亮妻子時，產生了對她內隱的浪漫想法，最終導致了此事件的發生。

社會心理學家安東尼·格林沃德和馬赫扎琳·巴納吉把內隱態度定義為：「個體無法內省識別，或者無法精確識別的過去經驗的痕跡，這種痕跡調節著個體對社會對象的喜歡或不喜歡的感受、思考和行為。」這個定義的最後一部分中「對社會對象喜歡或不喜歡的感受」和態度的定義相連起來了——在某個概念與評價之間有了聯結，而「無法內省識別」是指內隱態度存在於個體的意識之外，人們不能夠在意識層面搜尋到內隱態度，如果刻意去搜尋，恐怕也只會是「無法精確識別」。所以，這個定義顯示了人們有兩種態度：透過他們直接感受到的、在意識層面的外顯態度，以及在意識層面上體驗不到的內隱態度。這意味著人們的內隱態度與其外顯態度有很大的不同。

在安東尼·格林沃德和馬赫扎琳·巴納吉關於內隱態度的定義中，「過去經驗的痕跡」指明了內隱態度是來源於生活經驗的累積。例如，如果一個人從小生活在一種不斷對老年人有負面態度的環境中，可能在表面上他沒有表現出對老年人有什麼歧視的態度，甚至是對老年人有積極的態度。然而，在他的內心深處是內隱的把年老和負面的資訊相連在一起的。在這個例子中，內隱態度並不比外顯態度顯得更真實。外顯態度反映了人們清晰的價值觀、信念和渴望的反應，而內隱態度則反映了人們過去的經歷——不管人們是否贊同這些經歷。這兩種態度都對人們的思想、判斷和行為有重要的影響。

（二）外顯態度和內隱態度對行為的預測

當前一個研究的熱門問題就是怎麼去辨別外顯態度與內隱態度對行為的預測作用。那麼，外顯態度與內隱態度具體是如何影響人們行為的呢？現有的證據認為，外顯態度對於人們那些易於控制的行為有較好的預測作用。例如，一個人現在對冰淇淋的外顯態度可能是認為冰淇淋糖分與脂肪含量太高，對健康不利，我們就可以預測他在吃速食時，如果他有足夠的時間來仔細思考的話，他不太會選擇冰淇淋。而一個人的內隱態度則可以預測其在難以控制、自發時的情形。假如這個人在兒童時代非常喜歡吃冰淇淋，此階段的他對冰淇淋很有好感，現在他也來吃速食，而且他沒有時間，匆匆忙忙的掃了一眼菜單後，那吸引人的冰淇淋赫然在目，他很有可能會買冰淇淋。

（三）外顯態度與內隱態度的關係

另一個研究的重點就是要弄清楚人們的外顯態度與內隱態度之間的關係及原因。從目前的研究來看，研究者主要是透過考察間接測量所獲得的內隱態度與直接測量所獲得的外顯態度之間的相關程度，來推斷二者之間的關係。有研究顯示，內隱態度和外顯態度之間具有很強的相關性。據此，有研究者提出，二者本身就屬於同一心理結構，即提出了內隱—外顯態度同一論。也有研究結果顯示，二者之間的相關性很弱。據此，有研究者提出，內隱態度和外顯態度是相互獨立的兩個不同心理結構，即提出了內隱—外顯態度分離論。

1. 內隱—外顯態度同一論

有研究顯示，透過間接測量方法所得到的內隱態度和透過直接測量所獲得的外顯態度之間存在著高度相關。如認為內隱態度與外顯態度之間的相關度在 0.36 ～ 0.42 之間；研究對同性戀的內隱態度和外顯態度之間的關係，研究顯示二者之間的相關度高達 0.62；考察對種族內隱態度和外顯態度之間的關係，研究顯示二者之間的相關度為 0.35。

　　內隱態度與外顯態度之間的較強相關性從某種意義上啟示我們，二者可能是屬於同一心理結構。很多研究者對此深信不疑，他們認為，外顯態度和內隱態度所測量的是同一心理結構。其中，內隱態度所測量的是「真實的」態度，而外顯態度則是內隱態度受到社會動機等因素干擾之後的歪曲性的表達。

　　法齊奧（Fazio）是內隱─外顯態度同一論的代表人物。他認為，內隱態度才是個體的真實態度（true attitudes），而內隱測量技術是了解被試者真實態度的「直通車」（Bona Fide Pipeline）。在同一論看來，個體的外顯態度受到很多因素的影響，在很大程度上並未反映其真實的態度。可以影響個體外顯態度的因素包括：個體的自我服務動機、個體的目標或個體對社會規範的服從等。以種族偏見為例，由於種族偏見違背社會公平的準則，因此公開表達自己的種族偏見，尤其是表達自己對有色人種的歧視，往往會為個體帶來各種消極的影響。因此，在進行外顯的態度測量時，個體往往會有意識的掩蓋自己的真實想法，而按照社會期許的方式作答。而在對內隱態度進行測量時，由於其間接性的特點，個體無法有意識的改變自己的反應，因此其真實態度得以顯現。

2. 內隱─外顯態度分離論

　　另外一種內隱─外顯關係的理論認為，內隱態度和外顯態度是兩種不同的內在心理結構，具有不同的心理加工機制。很多研究也發現，內隱態度和外顯態度之間的相關性並不是很高，這為內隱─外顯態度的分離論提供了佐證。如巴納吉和哈丁（Hardin）的研究發現，對性別的內隱態度和外顯態度之間的相關度僅為 -0.05。達斯古普塔（Dasgupta）等分別採用內隱聯結測驗（IAT）和語義區分量表等工具考察二者之間的相關程度，研究的結果顯示二者的相關度處於 0.12 ～ 0.19 之間；多維迪奧（Dovidio）等報告的結果為，二者相關度 $r = -0.09$；川上等研究的結果報告二者之間的相關度介於 -0.14 ～ 0.29 之間。當然，也有的研究者雖然發現二者之間關係緊密，但仍將內隱態度和外顯態度歸為不同的心理結構。如康寧漢（Cunningham）

等雖然發現種族內隱—外顯態度之間相關度達到 0.35，但卻認為，二者之間雖然關係緊密，但仍屬於不同的心理結構。

對內隱和外顯態度的區分更多是涉及二者背後的加工機制差異。巴納吉對此進行了深入探討。她認為，外顯態度反映了個體的意識性思維，它以一種複雜的方式反映著個體的自我認同、欲望以及個人的願景和社會準則。而內隱態度則可以規避意識的作用，雖然很多時候人們無法覺察，但卻是存在的，可以透過間接的方式予以測查。

威爾遜（Wilson）、林賽（Lindsey）和斯庫勒（Schooler）（2000）提出的雙重態度模型理論（Dual Attitudes Model，DAM）則進一步明確了二者之間的分離關係。所謂雙重態度，指的是對同一個態度對象的不同評價，具體而言，就是同時擁有矛盾的外顯態度與內隱態度，這樣的態度就被叫作雙重態度。威爾遜等認為當一個人發展出了新的態度之後，新態度並不會把舊態度完全抹去並取而代之。相反，新舊態度是可以共存的，只是新態度是外顯態度，而舊態度依然留存在人的記憶系統中，變成了內隱態度，一旦情境合適，內隱態度可以推翻一個人的外顯態度。比如，一個人原本有種族歧視的態度，現在沒有了這種態度。但是，儘管這個人最近形成了對少數族群的積極態度，他還是會對少數族群的成員有著自動化的消極反應。具體來說，該理論的基本假設包括五個方面：（1）對同一客體的外顯態度和內隱態度可以共存於記憶之中。（2）內隱態度可以被自動激發，而外顯態度則需要較多的心理能量和動機從記憶中去檢索。當人們檢索到外顯態度，並且它的強度能夠超越和壓制內隱態度時，人們會報告外顯態度；當人們沒有能力和動機去檢索外顯態度時，他們將只報告內隱態度。（3）即使外顯態度已經從記憶中提取出來，內隱態度還是會影響人們那些無意識的行為反應和那些人們不主動且努力加以控制的行為反應。（4）外顯態度相對容易改變，而內隱態度的改變則比較困難。態度改變技術通常改變的只是人的外顯態度，而非內隱態度。（5）雙重態度並不引起主觀的衝突狀態，在面臨一種衝突的情境時，持雙重態度的人通常報告的是一種更易獲取的態度。

　　而羅利‧魯德曼（Laurie Rudman）、朱莉‧費倫（Julie Phelan）和潔西卡‧赫彭（Jessica Heppen）（2007 年）發現，內隱態度根源於人們的童年經歷，外顯態度則來源於他們的近期經歷。在一個研究中，研究者測量了學生對肥胖人群的外顯和內隱態度。同時他們被要求報告現在的體重和小時候的體重。被試者對肥胖人群的內隱態度可以透過他們童年時期的體重來預測，而外顯態度則可以透過現在的體重來預測。例如，考慮一個小時候很胖現在體重正常的被試者，這個人對肥胖人群的內隱態度很有可能是積極的，因為它來源於這個人小時候肥胖的經歷，而他對肥胖人群的外顯態度很可能是消極的，因為他現在已經不再有肥胖問題了。此研究的另一個發現是那些母親有肥胖問題，並且與母親關係很好的被試者，對肥胖人群也是持有積極的內隱態度，儘管他的外顯態度仍是消極的。總之，人們對同一事物會有不同態度，一個更多來源於童年經歷，另一個則更多建立在他們成人經驗的基礎上。

　　另外需要注意的是，在此提及人們有內隱態度，並不是說人們的內隱態度就一定比外顯態度重要，事實上，格林沃德和其他研究者（2009 年）在對包含了 15,000 名參與者的共 122 個基於內隱聯結測驗（IAT）的研究進行統合分析後發現，人們的內隱態度對於行為的預測作用是小於其外顯態度的。研究還顯示，對於社會敏感的話題，例如對色情、種族族群或好朋友的戀人的態度，人們會扭曲其外顯的自我報告，就最容易發展出雙重態度（Wilson et al.，2000 年）。

五、態度與行為

　　態度研究一直以來都是社會心理學研究的重點，之所以如此，其中非常重要的一個原因是很多社會心理學家們認為可以把態度與對行為的預測直接相連起來，從而能使我們對行為預測能有一個大致的掌握。奧爾波特在定義態度時也提到了態度「動態的影響著個體對與這些經驗相關的事件、情境的反應」，使人認為人的態度（信念）與人的行為是高度相關的。比如一個對環

保持積極態度的人，購物時會自己準備購物袋，循環使用紙張和瓶子等。但是拉皮爾（Richard LaPiere，1934 年）的一項研究，讓持有上述想法的人開始產生懷疑。

1930 年代初，年輕的社會學家拉皮爾帶著一對華裔夫婦在全美旅行，其間旅行的路程共計有 10,000 英里，在 251 個不同的飯店和旅館食宿過。1930 年代的美國對許多族群都公然持有偏見，其中就包括華人。拉皮爾想知道自己和華裔夫婦同伴會受到怎樣的拒絕，遭遇到什麼？

有意思的是，在整個旅途中，他們只在一個地方遭到了拒絕。這段旅程結束 6 個月後，拉皮爾向他們食宿過的每個地方的負責人都寫了一封信，問老闆是否願意接待一對華裔夫婦。大約一半的負責人寄了回信給他，92％說不接待華人，只有 9 家表示願意接待，但附有一定的限制條件。

儘管拉皮爾也承認這項研究有不少問題（例如回信者和實際接待者不是同一個人等），但還是給了當時口頭報告的態度可以引導行為的觀念重重一擊。幾十年過去了，社會心理學家艾倫‧威克（Allan Wicker，1969 年）透過對各種人群、態度和行為的綜述研究，對態度可能具有預測行為的作用繼續提出了挑戰。透過研究，他得出了一個令人吃驚的結論：人們表現出的態度很難預測他們的各種行為。例如：

學生對於作弊的態度與他們的實際作弊行為幾乎沒有關係。

對教堂的態度與星期天做禮拜的行為只存在中等程度的相關。

自我描述的種族觀與真實情境中的行為幾乎不存在相關性。很多人說，在聽到種族主義言論時會表達自己的不滿，但事實上當他們真遇到這種情況（比如有人用 nigger〔黑鬼，對黑人的一種蔑稱〕這一帶有種族主義色彩的詞彙）時卻表現得漠不關心（Kawakami et al.，2009 年）。

因此，威克等認為「態度與行為的直接相關程度很低，以至於心理學家遇到了前所未有的挑戰」。威克的結論引起了軒然大波，甚至使社會心理學產

生了信任危機，許多研究者質疑態度這個概念的用處，認為既然態度不能很好的預測行為，那態度就沒有什麼價值。

（一）為什麼態度經常不能預測行為

態度對行為的預測作用經常很低的一個原因是，人們有時並不知道自己的態度究竟是什麼，或不能確切的知道自己為什麼要以那樣的方式去對一個客體感受。注意，態度是一種內在的傾向，它隱藏在人們記憶的深處，想要透過內省的方法將其提取出來有很大的難度。在第四章中我們知道，人們口中說出來的對一個對象行為的理由，其實經常不能反映一個人真實的態度（Nisbett and Wilson，1977 年）。如此的話，虛假的態度自然不能很好的預測行為了。

第二個原因是，有時人們清楚的知道自己對某種行為持有的態度，但是此時這種態度並不被欣賞，另外一種與這個行為有關的態度更占上風，就把行為拉向了其他的方向。比如，很多男士對上街逛商店購物持消極的態度，而且自己也是心知肚明的。但是如果自己心愛的人說要去逛商店，這位先生對逛商店的興趣就提高了。在這個例子中，這位男士對自己這段關係的積極態度勝過了對逛商店的消極態度，這也給了我們態度何時可以預測行為的一個重要啟示。

（二）影響態度預測行為的因素

1. 態度與行為的對稱性

在拉皮爾的研究中，當他寫信問旅館餐廳的老闆是否願意接待華人時，他並沒有提到 6 個月前他和那對華裔夫婦旅行的細節，比如，這對華裔夫婦衣冠楚楚，而且是由美國的大學教授陪同的。因此，這些老闆們在當時普遍歧視華人等族群的特定情境下，對是否願意接待華人的問題就只是根據他們的一般態度來進行回答。而當時具體接待他們的旅館和餐廳員工卻知道這些細節，儘管他們也普遍對華人有歧視的態度，但在當時這個具體的情況下，

他們的態度發生了改變，形成了新的態度，從而幾乎都對這對華裔夫婦給予了接待。這就給了我們一個重要的啟示：人們的一般態度不能很好的預測具體行為，具體的態度才能預測具體的行為；相應的是，一般的態度對一般的行為有較好的預測作用。也就是說，想要態度較好的預測行為，態度與行為的對稱性要好。

對此種觀點進行闡述的一個經典研究是，戴維森和雅卡爾（Davidson and Jaccard，1979 年）詢問一些已婚女性對避孕的一般態度。兩年後，他們再次對這些女性進行訪問，問她們在過去兩年裡對避孕藥使用的情況。在第一種情況下，研究者問女性：「妳對避孕的態度是什麼？」結果發現其態度與服用避孕藥行為的相關係數是 0.08，這意味著她們的態度與行為之間實際上沒有關係。

為什麼這兩者之間的相關係數這麼小？很明顯研究者問的問題太一般化，掩蓋住了許多能夠想到避孕藥的方式。比如，人們對避孕一般會持有積極的態度，但感覺服用避孕藥不是最好的方法。還有就是另一些人想懷孕，她們對別人的避孕持積極的態度，她們自己卻不會避孕。

在第二種情況中，研究者問了一個更加具體的問題：「妳對避孕藥的態度是什麼？」這回他們發現女性的態度與其行為之間的相關係數上升到了 0.32，這就意味著這些女性對避孕藥有積極的態度的話，實際上她們也更有可能服用避孕藥。但這個相關係數還不是很高，在第三種情況下，研究者這樣去問她們：「妳對使用避孕藥的態度是什麼？」而在第四種情況下，研究者問道：「接下來的兩年裡，妳對使用避孕藥的態度是什麼？」在這些情況下，相關係數分別提升到了 0.53 和 0.57。這些研究發現告訴我們，與行為相關的態度越具體，對行為的預測作用也就越大。

然而，如果要預測人們的一般行為時，依據人們的一般態度可能會更好。比如，你想要預測人們會不會以環境友善的方式去行動，你最好了解和依據人們對環境保護的一般態度。舉個例子，我們不能夠僅僅問人家你是否會餐後打包就推斷他對環境保護的整體態度，而是要測量人們一系列的實際

行為（如是否支持混合動力汽車和保護珍稀動物等），然後把它們結合起來去推斷對環境保護的整體態度。

2. 自我呈現的關注

在拉皮爾的研究中，態度不能很好預測行為的另一個原因是，當旅館和餐廳的員工在對拉皮爾和那對華裔夫婦反應的那一刻，他們可能會有自我呈現的壓力，這種壓力在進行回信時是沒有的。例如，這些員工在飯店的大廳，他們最關心的是要表現出他們的專業素養，避免不愉快的事情發生，這種因公開場合裡的自我呈現關注對其行為的影響，超過了他們私底下對華人態度對其行為的影響。而在回信的時候就不必考慮公眾的眼光，可以自由的表達自己的態度了。

3. 內隱態度

另一種想要人們不受社會讚許影響的途徑就是去測量他們的內隱態度。如前所述，內隱態度是人們持有卻不能夠被自己清晰意識到的態度，內隱態度相比外顯態度，能夠更好的預測人們的行為，原因是人們不用擔心因自我呈現的關注而影響了行為。很多研究也顯示，人們的內隱態度和外顯態度沒有太大的關係。因此，一個聲稱要尊重農民，但內心深處卻歧視農民的人就會被以下的身體語言和行為出賣：和農民少有眼光接觸，離農民遠遠的，粗暴的打斷農民的話。

4. 態度的強度

回到前面那個逛商店的例子，某位先生對逛商店有消極的態度，同時，卻對想要逛商店的戀人持有積極的態度，最終哪一種態度會勝出，進而影響他的行為呢？很明顯，哪一種態度更強，則該種態度就能發揮有效的影響。更強的態度不僅對行為影響更多，其持續的時間會更長，也更不容易改變。

5. 態度的可及性

每個人都有成千上萬的態度，但是大多數時候，某一特定的態度並沒有在人們清晰的意識範圍之內。因為人們每天忙忙碌碌的與周遭的世界打交道，把大部分的時間和精力都放在了外面所發生的事情之上，很少去想內心

的態度。人們的許多行為都是無心之舉，是自發產生的。行動了，卻沒去想它——也就是說，沒有考慮我們的態度。所以，態度想要去影響人們的行為，它首先必須被啟動——它必須從隱藏很深的記憶中進入到人們的意識層面上來（Zanna and Fazio，1982 年）。態度能被人們清晰意識到的程度，就是態度的可及性（attitude accessibility）。態度的可及性越強，就越能對行為進行預測。

人們對不同對象態度的可及性是不一樣的。例如，如果說到「蛇」，大多數人立刻會想到「害怕、危險」。如果說到「雷諾瓦（Renoir）的繪畫」，很多人會說：「太美了。」我們總會立即想到自己所認識的某個人，「哦，不，該不會又是那個古怪的人吧」，或者相反，「哇，一個很棒的人」。這些都是可及性很強的態度。

並非所有的態度和信念都是可及性很強的。例如，我們可能會對波多黎各的國家地位或者廣告的價值有某種看法，但對我們大多數人來講，這些看法不太容易被想起來。有時我們沒有真正的態度，也就是說，我們的記憶中沒有對特定認知對象的評價。

有大量證據對高可及性的態度指導行為的觀點提供了支持。測量態度可及性的一種方法是，考察一個人對某個認知對象或者問題進行評價的速度。這種方法的基本思想是，當問及到某一態度時，人們越快進行反應，此種態度的可及性就越強；反之，人們的反應越慢，就表示此種態度越不可及。採用這種簡單的測量方法，法齊奧和卡洛・威廉斯（Carol Williams）對 1984 年總統選舉中誰將投票給隆納・雷根或華特・孟岱爾（Walter Mondale）進行了特別準確的預測。

在距那次大選約五個月前，法齊奧和威廉斯帶著迷你電腦來到一家購物中心，請過往行人對一些問題發表意見，包括對兩位候選人分別做出評價。他們用電腦記錄下人們對候選人評價的速度，這樣就完成了對態度可及性的測量。稍後，法齊奧和威廉斯與這些被試者聯絡，詢問他們對兩次總統大選辯論的看法。大選過後，研究者對他們的投票情況進行了調查。結果顯示，

那些在距大選五個月前態度可及性高（能夠迅速做出回答）的人，更可能投他們所欣賞的候選人的票，而且他們對大選辯論的看法與他們的態度相一致。

採用一種略微不同的方式，法齊奧和他的同事們對態度的可及性進行了實際的操作。這種操作包括：讓被試者重複表達他們的意見，或者讓他們有機會直接體驗態度對象。他們發現，與沒有獲得可及性的態度相比，透過這種方式獲得了可及性的態度，對後繼行為的預測程度大大提高了。

（三）態度怎樣影響行為

人們的態度是怎樣實際影響行為的呢？是不是人們對某一對象形成了積極或消極的態度之後，就按照這個態度行事了？還是會有一個中介的步驟？一個很有影響力的理論提出，人們的態度並不直接的影響行為，而是透過行為意向來影響行為。這就是阿耶茲（Icek Azjen，1985 年）提出的計畫行為理論（Theory of Planned Behavior，TPB）。

這個理論假設對行為能產生最好預測作用的是人們行為意向的強度，而影響行為意向強度的因素有三個：行為的態度、主觀規範和感知到的行為控制。透過測量這些因素，人們就能知道行為意向的強度，而行為意向則可以預測行為的可能性了。

第一個影響行為意向的因素是對行為的態度（attitude toward the behavior）。需要特別注意的是，這裡說的是對行為的態度，而不是對態度對象的態度，指的是一個人認為行為替自己帶來的後果是好是壞。例如，你知道一位同學對運動鍛鍊持有積極的態度，對他來講，運動鍛鍊可以強身健體，還可以放鬆心情。某一天，你想打籃球但缺少同伴，看見他有空，就熱情的邀請他一起去打籃球，結果他拒絕了你，你百思不得其解，為什麼你對他行為的預測錯了？實際的原因是這樣的，雖然這位同學對運動鍛鍊是有積極的態度，但是他不喜歡出汗，事實上他很討厭出汗，而打籃球會使他出很多汗，這位同學平常運動鍛鍊的項目只限於游泳之類。因此，儘管他對運動鍛鍊的態度是積極的，但對打籃球這個行為的態度是消極的。對行為的態度

更能影響一個人行為的意向。

第二個因素是主觀規範（subjective norms），指的是周圍的朋友、家人或其他人對你行為的評價。還是拿運動鍛鍊舉例，如果你本來對鍛鍊身體不是很熱衷，但是你的同學、朋友和家人大多在鍛鍊，而且還不時的說運動鍛鍊是如何的好，是多麼的時尚，還嫌棄你鍛鍊不夠。那麼，你以後參加運動鍛鍊的行為可能會增加。

第三個因素是感知到的行為控制（Perceived behavioral control），是指一個人對行為難易程度的感知。仍然拿運動鍛鍊舉例，你是大學生，你知道你的同學對鍛鍊身體持有積極的態度，但是如果你對他說：「走，我們去打高爾夫球去！」基本上會遭到拒絕。因為打一場高爾夫球對大多數人來講，不僅費用昂貴，球場還很遠。相反，如果你說：「走，我們打籃球去！」他同意的可能性就大多了。

總而言之，計畫行為理論強調人們跟隨態度的行為會以一種理性的方式去實行。如果一個人認為某一與態度相連的特定行為會有一個好的結果，周圍的人對它褒獎有加，實施起來還相當容易，那這個人就會做出這一行為來（如圖 6-5 所示）。

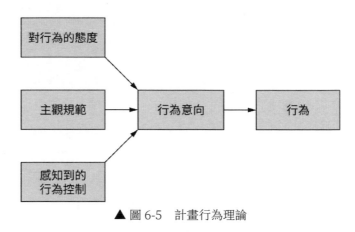

▲ 圖 6-5　計畫行為理論

第二節　態度的形成與改變

一、態度形成與改變的定義與過程

（一）態度形成與改變的定義

態度形成（attitude formation）是指一個人對某一態度對象從無到有的過程，我們可以透過自己的直接經驗或經由別人、媒體的勸說來形成某種態度。而態度改變（attitude change）是指原有的態度發生變化的過程，這種變化可以是從積極到消極（反之亦然），也可以是從比較積極到非常積極。廣義上看，一個人的態度從無到有也是態度的改變。其實，態度的形成與改變就是一個硬幣的兩面，是同時發生的。新態度的形成意味著舊態度發生了改變，而人的態度發生了改變也意味著新態度的形成，很多時候這兩者指的是同一件事。但我們還是把它們分開進行描述，其用詞不同，概念是有區別的。

（二）態度形成與改變的過程

在此我們把態度形成與改變的過程視為是一樣的，整體而言，它們都有一個從弱到強的過程，凱爾曼（Kelman，1961 年）認為，這個過程分三個階段：

1. 服從。服從主要發生在行為層面，一個人如果行為發生了變化，那麼他的態度也有了些許的改變。但他在情感上可能還不是喜歡這種改變的，尤其是在認知上更沒有覺得如此改變有何意義與價值。服從可能僅是一種趨利避害的社會便利方式。

2. 認同。認同是在個人因想要與另一個人或群體建立或維繫一種令人滿意的關係而接受影響時發生的。它主要展現在情感的層面。也就是說，如果一個人的態度到了認同的階段，他不僅在行為上發生了改變，還在情感上喜歡這種改變，但在認知上依然沒有什麼變化。

3. 內化。到了內化的階段則主要表現在認知的變化上了。具體而言，一個人內化了的態度，不僅是有行為的改變，不僅是喜歡這種變化，更主要的是個體認識到了這種改變是有意義、符合自己的價值觀的。到了內化階段的態度，會變得十分穩固，能持續很長的時間，也不會再輕易改變了。

二、態度的來源

為什麼一些人總是要倡導抵制日貨（美貨、韓貨）？你對同性戀結婚是贊成還是反對？你覺得基因改造食品安全嗎？

我們對身邊的很多對象都抱有各種不同的態度，這些態度是怎麼形成的呢？這些態度來源於何處？

很多人可能沒有意識到，其實態度很快就能形成，經常是在你還沒有清楚意識到時就形成了。在一個實驗中，研究者要參與者描述一個特定的人，包括描述此人的興趣愛好、人格特徵和性格等（Kawakami et al.，2003年）。一些參與者被告知要對一個年長的女性進行描述，而另一些參與者則被告知要對一名年輕的女性進行描述。描述結束後，參與者要對自己在一些話題上的態度進行評估，這些話題包括在保健上多忙錢的感受，以及對色情、裸體是否應該出現在電視上的看法等。正如研究者預料的那樣，對年長女性進行描述的那部分參與者要比描述年輕女性的參與者在這些話題的態度上與年長女性更趨一致。這個例子是經典條件反射對態度形成的影響，那麼，態度形成的方式主要有哪些呢？

（一）透過接受資訊來形成態度

態度形成最常見的一種方式是人們從社會環境中接收到的各種資訊。特別是兒童，他們經常是根據其父母以及其他角色榜樣表達出來的態度來形成他們的初始態度。從積極的一面來看，這意味著父母如果喜歡書，喜歡園藝，孩子也會如此；從消極的一面來看，這也意味著父母隨口謾罵，奸巧圓滑，孩子也會如此。消極資訊對態度形成的影響尤其大。

聚焦神經科學研究——消極資訊的威力

雖然積極資訊與消極資訊都能夠影響人們對態度對象的評價，但消極資訊似乎影響更大，這就是所謂的負向效果偏向（negativity bias）。從進化的角度來看，人們把消極資訊看得比積極資訊更重要，這有利於人們的生存。比如，人們應該對令人不快的刺激比令人愉悅的刺激反應更快。為了測驗負向效果偏向是否會發生在神經層級上，在一項研究中，分別呈現給參與者積極的和消極的圖片。比如，一組呈現的是一碗巧克力冰淇淋的圖片，而另一組呈現的是死貓的圖片，研究者再評估其腦電波活動的情況。正如預料的那樣，參與者面對消極圖片比積極圖片時，其腦電波波動更大，這意味著大腦活動更為活躍。這個研究說明了負向效果偏向可以在神經層級上表現出來，可以有力的解釋負向效果偏向。

(二) 個人的直接經驗塑造態度

態度形成的第二種方式就是透過個人的直接經驗。比如，你深夜看電影回家，結果在路上遭遇了行凶搶劫，你是不是對罪犯、警察、個人安全以及相關事情的態度發生了改變？或者是你坐公車時手裡只有大額鈔票，想換零錢，卻沒有一個人幫你，你是不是對在外幫助別人的觀念發生了改變？又如你父親的生意陷入了危機，是因為大公司的一些見不得人的手段導致的，你會不會對類似這樣的組織產生怨恨？個人的直接經驗會對態度的形成與改變產生強有力的影響。

透過直接經驗獲得的態度，其強度更強，更能預測人的行為，而且人們更有可能去搜尋資訊來支持其態度。例如，有研究發現，人們如果得了流感，就會進一步去蒐集關於流感的資訊，而且在流感流行的季節更有可能去注射疫苗（Davison et al.，1985 年）。人們還不容易接受那些勸其放棄其態度的人的勸導。例如，你的關於環境保護的態度源自於你就生活在河邊，親

眼見到了河流遭受汙染，那麼，再強有力的論據也不容易動搖你的環保態度
（Wood，1982 年）。

（三）經典條件反射的作用可以形成態度

　　態度對象與一個快樂的事件或不快樂的事件之間產生關聯就能夠形成態
度。這就是經典條件反射的原理，即某種能引起情緒反應的刺激不斷與一種
不會引起情緒反應的中性刺激相聯結，直到中性刺激本身也能引起該情緒反
應。例如，如果你在戀愛時總是買某個特定品牌的水給他（她）喝，久而久
之，你以後看到這個品牌的水，就會有戀愛的感覺。

　　態度透過經典條件反射形成的一個方式就是扎瓊克（Zajonc，1968 年）
最早發現的純暴露效應（mere exposure effect）。即一個對象在人們面前暴
露得越多，人們就越喜歡這個對象，不需要任何行動，也不需要任何信念。
例如，我們剛開始聽到某首歌時並不覺得它好聽，但是聽多了就覺得比開始
時好聽了。同樣，剛開始見到一個人時並不覺得他（她）好看，但是看多了
看久了，就會發現這個人也還長得不錯。這個效應在實驗中得到了證實。

　　在早期的一個實驗中，研究者把含有無意義單字如 NANSOMA 之類的廣
告放進校報裡面去（Zajonc and Rajecki，1969 年），接著，研究者讓學生
評價一個含有 NANSOMA 的單字表。結果，哪怕是像 NANSOMA 這樣的無
意義單字，僅僅是因為有過暴露，就足以得到了積極的評價。在另一個實驗
中，研究者把一些無意義音節和一些漢字暴露給參與者，參與者也對這些無
意義音節和漢字給予了積極的評價。

　　西奧多·米塔（Theodore Mita，1977 年）和他的同事對純暴露效應做
了一個更有意思的研究。因為人們更多看到的是自己在鏡子中的形象，而非
真實形象，因此可以推測人們較後者而言更喜歡前者。為了驗證這個假設，
他們在校園裡拍攝了一些女生的臉部照片，製作成兩個版本，一個保持原
版，一個加上了鏡子作背景。當呈現給那些女生自己看時，問她們更喜歡哪
一張照片，三分之二的女生更喜歡有鏡子的，而 61% 的這些女生的好友更喜

歡原版的照片，兩者差異顯著。有趣的是，兩個版本中人的形象沒有改變。

　　其道理是，一般來講，熟悉的事物不會讓人討厭。熟悉的面孔，常見的觀點和標語會變得像我們的老朋友一樣。試想一下發生在很多人身上的情況，那些編曲簡單的商業歌曲，你聽多了之後也違背最初的意志，跟著哼唱起來。純暴露效應的意義在於它揭示了人能夠與一無所知的事物建立起感情，這些建立在感情基礎上面的態度，超越了理性思考，是一種原始而強大的評價形式。

　　研究發現，純暴露效應的作用是也有限的。總結相關的研究我們發現，如果是隨機的暴露其效應是最好的，而暴露過度則會降低效果（Bornstein，1989 年），那種疲勞轟炸的效果並不好。

　　研究還發現，當刺激是中性或者積極的時候，不斷的暴露會引起人們的好感。如果刺激是負性的又會怎麼樣呢？研究發現，如果人們一開始就不喜歡某一刺激，此後這一刺激如果不斷出現的話，會增加人們對它的消極情緒（Bornstein，1989 年； Perlman and Oskamp，1971 年）。比如說，一個人從小受父母的影響，討厭別的一個族群的人，以後總是遇見這個族群的人，其消極情緒會不斷增加。而且隨著時間的推移，這些不斷增加的消極情緒會變成對這個族群的敵意（Drosnick et al.，1992 年）。

　　上述純暴露效應是指刺激清楚的暴露在人們的眼前，而閾下勸導（subliminal persuasion）是指刺激暴露在人們的意識層次之下的影響（Bornstein and D' Abnostino，1992 年；Murphy and Zajonc，1993 年；Zajonc，1968 年）。在一項研究中，研究者讓參與者觀看一位女性一系列活動的照片（例如上車、拖地、坐在餐館裡、做研究等，Krosnick et al.，1992 年），在參與者觀看兩張照片之前，一張照片會以閾下程度的速度閃過（即參與者沒有意識到他們見過這張照片），對其中一部分參與者閃過的照片是積極的（拿著米奇玩具的小孩，一對戀愛中的戀人，兩隻小貓），而對另外一部分參與者閃過的照片是消極的（一桶蛇，床上的一具屍體，一條血腥的鯊魚）。然後要求所有參與者對那位女性的態度進行評價，並且發表對其人

格的看法。正如預料的那樣，看過積極照片的參與者要比看過消極照片的參與者對那位女性的態度更加積極，而這些參與者並沒有意識到他們見過這些照片。

這種閾下加工的過程還能夠強化人們已有的態度，在一項研究中，研究者啟動了與參與者在政治上內群體或外群體有關的單字（Ledgerwood and Chaiken，2007 年），例如，與民主黨有關的閾下刺激包括「民主黨」、「比爾‧柯林頓（Bill Clinton）」和「約翰‧凱瑞（John Kerry）」；與共和黨有關的閾下刺激包括「共和黨」、「喬治‧布希（George Bush）」以及「迪克‧錢尼（Dick Cheney）」；而對控制組的參與者啟動的閾下刺激則是中性的，包括「大燈」、「軟木塞」以及「居民」。啟動後，參與者對一些反映其民主黨立場或共和黨立場的項目的符合程度進行評估。正如預料的那樣，那些啟動了與其在政治上內群體有關的單字的參與者，在項目上表現出了與其內群體的政治立場更高等級的符合程度，而在項目上表現出了與其外群體的政治立場更高等級的不符合程度，也比那些啟動了中性閾下刺激的參與者在項目上做出符合程度更高的評估。

（四）透過操作性條件反射來塑造態度

根據操作性條件反射原理，當指向某事物的行為得到獎勵或強化，那麼該行為在以後重複出現的可能性就增大。相反，如果行為沒有得到獎勵或受到了懲罰，則該行為今後出現的可能性就會降低。研究態度的學習理論家認為，伴隨著這種增加或減少的行為，會引發與該行為相一致的態度。例如，如果一位學生在社會心理學的課堂上舉手回答老師的問題，回答完後得到了老師的表揚，那麼，這位學生以後一般會更加積極的舉手發言，並且對社會心理學這門課程有著積極的態度。但是，如果學生在社會心理學的課堂上舉手回答老師的問題後，沒有得到老師的表揚，甚至老師對他的回答還頗有微詞，那麼，這位學生以後一般就不會舉手發言了，並且對社會心理學這門課程也會產生反感。

　　透過操作性條件反射的原理，父母對兒童最初的態度形成有著強大的影響，這就是為什麼許多兒童的態度與其父母的態度相似的一個原因。然而到了青少年時期，同輩類似的獎勵和懲罰對青少年態度形成的影響就發揮主導作用了，所以青少年時期有著更高程度的從眾行為（比如穿一樣的服裝，聽相同的歌曲，表現出類似的行為）。

　　操作性條件反射影響人們的態度和行為，這甚至可以幫助人們更好的談戀愛。在一項研究中，研究者調查了戀愛中的人們接受到的獎賞的程度，比如彼此喜歡對方，在一個項目中幫助對方等（Berg and McQuinn，1986年）。如預料那樣，相互間有高度獎賞的戀人們平均比那些相互間有著較低獎賞的戀人們多約會四個月。類似的，在另一個實驗中，參與者完成了一個任務後，研究者用一個愉悅的聲音，或者是微笑來表示感謝。對另一部分參與者用直接的目光接觸來感謝他們。在另一個情形中，研究者只給予了參與者中性的回應（Deutsch and Lamberti，1986年）。結果，當他們看到一個人（其實是研究者的同謀）把手中的一堆書籍及報紙不慎撒在地上的時候，那些在研究者受到了積極強化的參與者要比那些沒有受到強化的參與者給予此人更多的幫助。

（五）透過觀察學習來形成態度

　　上述操作性條件反射對人態度的形成是以一種清楚的方式達成的，態度還可以用觀察學習這樣一種更加微妙的方式來形成（Bandura，1986年）。這種學習是透過觀察別人是如何對一個態度對象行動的，然後觀察者就以同樣的方式去做。當我們看到別人受到懲罰，我們就會迴避他們做過的行為，也會迴避他們表現出來的態度；當我們看到別人受到獎勵，我們就會參與這些行為，也會採納他們所表現出來的態度。比如，怕狗的孩子在看到其他孩子與小狗愉快玩耍的錄影後就會開始喜歡小狗了（Bandura and Menlove，1968年）。

　　觀察學習不依賴獎賞，但是獎賞能夠強化觀察學習。上述怕狗的孩子如

果撫摩了小狗之後，媽媽給予讚賞的話，小孩會更加喜歡小狗。同樣的，如果攻擊行為看上去得到了獎賞——孩子們看到那些透過暴力行為的人得到了他們想要的東西的話——這些孩子就有可能模仿攻擊行為。

　　如果人們的所說和所做之間有差異的話，孩子會模仿其中的行為。例如，父母教育小孩，當與其他孩子有衝突的話，不要使用暴力的方式。可是，孩子卻觀察到了父親惡狠狠的威脅快遞員要把物品送上門來的話，孩子就知道了事情的真相。即父母是告知了孩子對攻擊行為的態度，但事實上卻傳達出了相反的態度。

（六）以行為為基礎的態度

　　以行為為基礎的態度是根據人們對某一對象所表現出來的行為的觀察而形成的。這可能有點奇怪，如果還不知道自己的感覺，我們要如何去表現行為呢？根據貝姆（Daryl Bem，1972 年）的自我知覺理論（self-perception theory），在某些情境下，人們要等到看見自己的行為之後才知道自己的感覺如何。舉個例子，假如你問一個朋友是否喜歡運動。如果他回答：「嗯，我想我是喜歡的，因為我經常去戶外跑步或者去健身房鍛鍊身體。」我們會說他有一種「以行為為基礎的態度」。他的態度更多是基於對行為的觀察，而不是他的認知或情感。

　　謝利·蔡肯（Shelly Chaiken）和馬克·鮑德溫（Mark Baldwin，1981 年）做了一個實驗，來說明行為如何影響態度。首先，他們把被試者分為兩組：一組具有強烈且持久的環保態度，而另一組對環保的態度淡薄、搖擺。然後他們請被試者回答一份問卷，透過在題目裡面插入「經常」或「偶爾」，誘導他們做出環保或反環保的行為描述。比如當被試者被問到「你會不會偶爾與人共享汽車」，他們更可能回答「是」，然後就認為自己是一個環保者。相反，那些被問到「你會不會經常與人共享汽車」，那麼他們更可能回答「不是」，然後可能覺得自己某種程度上是個反環保者。那些被誘導出報告環保行為的被試者，比起那些被誘導出報告反環保行為的被試者，後面會對自

己的態度評價為更環保——但是這只是對於那些環保態度淡薄、搖擺的被試者而言的。對於那些環保態度堅定且持久的被試者，這種自我報告的操控對他們的態度沒有顯著影響。

（七）具身的態度

　　與自我知覺理論相關的還有另外一個觀點，認為人們的情緒——以及由此帶來的態度——可以透過改變臉部表情、身體姿勢或者其他運動反應來得以操控，透過這種方式形成的態度，被稱為具身態度（embodied attitude），意思是指身體在態度形成過程中發揮著關鍵作用，態度是透過身體的體驗及其活動方式而形成的。

　　德國心理學家斯特拉克與其團隊針對臉部表情控制對情緒和態度的影響設計了精巧的實驗。研究者邀請大學生來看一系列有趣的漫畫。嘴唇組的參與者被要求要用上嘴唇與鼻子緊緊夾住筆，使其始終無法笑，而牙齒組的參與者被要求用牙叼住筆，使其始終在笑（如圖 6-6 所示），控制組的參與者則只需要用手握住筆。看完漫畫後，所有參與者用十點量表評價這些漫畫有多有趣。結果顯示，認為漫畫有趣的人中，用牙齒叼住筆的參與者最多，其次是用手握筆的參與者，也就是說，評分與表情之間存在著高度一致，表情控制影響了被試者的評價體系（Strack et al.，1988 年）。

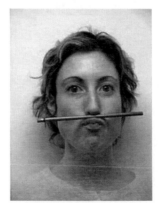

▲ 圖 6-6　臉部表情對態度的影響

除了臉部表情，其他帶有表達含義的行為也可以影響情緒及其相應的態度。上一章中在具身社會認知一節裡所介紹斯代帕與斯特拉克的實驗就很好的說明了這一點。

具身態度和上述自我知覺理論的原理是不一樣的，自我知覺理論是說人們透過意識到的行為去推知、形成自己的態度，而具身態度指的是人們有行為、有運動反應，自己卻沒有清晰的意識到，但結果卻是這些行為和運動反應對自己的情緒和態度造成了影響。因此，具身態度的研究顯示，做出與快樂相關的動作，不僅讓人感到更快樂，還會讓人對環境中的其他事物也感到更滿意。

三、態度形成與改變的理論

關於態度形成與改變的理論有很多，如行為主義學派的強化理論等。在此我們只介紹興起於 1950 年代末，統治了當時及以後很長時間的社會心理學的認知一致性理論（cognitive consistency theories），它們強調認知因素在態度形成與改變過程中的作用，對過去大行其道卻過於簡單的強化解釋給予致命一擊。這個派系的理論認為，既然人的信念是態度結構的基本成分，它們就關注當人們的信念不一致時的現象。雖然它們在定義一致與不一致上面有差異，它們都假設人們有不一致的信念時是令人反感的，即如果人們兩種想法中的一個與另一個是矛盾的話，會使人產生不舒服的狀態，這就是所謂的不協調。一致性理論繼而認為人們就會激發起去改變其中一個或多個矛盾的信念，以使人們整個的信念系統是和諧的，結果就是一致性的恢復。認知一致性的主要理論有兩種，即平衡論和認知失調理論。

（一）平衡論

認知一致性最早的一個理論是海德（Fritz Heider，1946 年）提出的平衡論（Balance Theory），後由卡特賴特和哈拉瑞（Cartwright and Harary，1956 年）進一步補充完善。海德平衡論的思想源於格式塔心理學，

格式塔心理學的一個主要觀點認為心理現象是由各種相互影響的力量構成的。具體而言，海德認為，人們希望自己對世界的認識能夠保持和諧一致。人們希望與自己喜歡的人觀點一致，而與自己不喜歡的人意見相左；希望對於同一件事物，我們在某種情況下的看法與在其他情況下是類似的。海德認為，這種和諧在人們身上形成了一種認知平衡狀態。當人們處於平衡狀態時，比如我們對某個政治問題的看法與我們真心喜歡的一些人相同，我們就會感到滿意，這時我們就不需要做出改變。但是如果認知系統的平衡被打破了，比如我們發現在某個問題上我們與喜歡的人意見相左，我們就會體驗到不適的緊張感。為了消除這種緊張感，我們就不得不改變這個系統中的某些東西。

海德的平衡論是用著名的 P-O-X 三角形模型來直觀說明的。這個模型有三個成分：一個人（a person，P），另一個人（other person，O）以及發生在這兩個人之間的態度、對象或話題（X）。這個三角形如果是平衡的，那它就是一致的。而三角形是否平衡，則需要透過計算兩個成分之間關係的性質和數量來進行評估。例如，P 喜歡 X 是積極（＋）的關係，O 不喜歡 X 是消極（－）的關係，而 P 討厭 O 也是消極（－）的關係。這樣的話，每兩者之間都有積極和消極關係的性質，這三者之間的關係就有 8 種可能的組合，其中 4 種是平衡的，另外 4 種是不平衡的（如圖 6-7 所示）。

如圖 6-7 中第一排第一個三角形所示，如果 P 喜歡 O，P 喜歡 X，而 O 也喜歡 X，則這個三角形是平衡的。從 P 的角度來看，平衡理論可以預測人際關係：如果 P 喜歡一個對象 X，那麼其餘兩者也會是相容的。即若 P 也喜歡 O 的話，O 與 P 應該有同樣的感覺，O 會喜歡 X 的。但若 P 不喜歡 O，此時的 O 則應該討厭 X。同樣的道理，第一排其餘的三角形也是平衡的。

相反，如圖 6-7 中第二排第一個三角形所示，如果 P 喜歡 O，O 喜歡 X，而 P 卻討厭 X，那這三者之間的關係就是不平衡的。按照平衡理論的一致性原理，在不平衡的三角形中，人們就會感到緊張不安，繼而會激發起人們的動機去恢復平衡，而且人們一般會以付出最小努力的方式去恢復平衡。具體

而言，在上述例子中，對 P 來講就看 O 與 X 哪一個更重要。如果 O 更重要，那麼 P 就會改變原先討厭 X 的態度，變得也喜歡 X 了；如果 X 對 P 更重要，P 就有可能改變原先喜歡 O 的態度，變得討厭 O 了。或者是勸 O 也去討厭 X，這樣從 P 的角度來看也就平衡了。

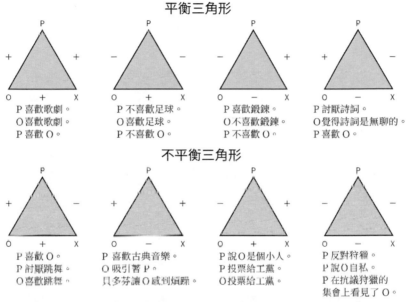

▲ 圖 6-7　海德態度改變理論中平衡三角形與不平衡三角形的例子
（改編自 Michael A, Hogg, Graham M. Vaughan. Social Psychology［M］.
6th ed. Edinburgh: Pearson Education Limited, 2011: 152）

　　不平衡的結構通常要比平衡的結構更不穩定，更讓人不快。然而，在缺乏抗辯的資訊時，人們會以己度人，假設別人也會喜歡自己喜歡的東西。進而人們會偏向去贊同別人——用平衡理論的語言就是，P 和 O 先去尋找彼此可以達成共識的地方，而不是先去關注他們如何在評價 X 有差異上（Zajonc，1968 年）。簡而言之，就是先人後物。此外，人們也不總是去尋求解決不平衡的問題，有時他們會設法使這些資訊保持相互隔離，這樣就不用去改變什麼。比如，在圖 6-7 的例子中，P 喜歡聽歌劇而 O 卻不喜歡聽，P 與 O 又相互喜歡的話，P 可以在三角形中隔離掉 X，即可以選擇 O 不在身邊

時自己一個人去聽歌劇。

　　整體而言，平衡理論得到了廣泛的研究，而大部分研究的結論也是支持平衡理論的。

（二）認知失調理論

　　在關於態度與行為改變的理論中，最著名、最重要的是利昂・費斯廷格（Leon Festinger，1957 年）的認知失調理論（Cognitive Dissonance Theory，CDT），在整個 1960 年代裡，這個理論是被研究得最多的主題，直到 1970 年代它幾乎被研究透了之後，其研究熱潮才慢慢退去，費斯廷格也因此而被譽為是社會心理學的教宗（the Pope of Social Psychology）。當代許多社會心理學家都是這一理論的支持者，其中大名鼎鼎的阿隆森（費斯廷格的學生）是費斯廷格的頭號支持者，他毫不掩飾的說，認知失調理論是「社會心理學中最重要也是最發人深省的理論」。「我曾暗自幻想過這樣一幕：95 歲高齡的我站在一個座無虛席的大禮堂裡，正充滿熱情的講授認知失調理論。學生們滿懷景仰之情，傾聽每一句話。突然，我心臟病發作，倒在講臺上，就此離開人世。」

　　認知失調理論的一個主要假設是當一個人有著兩個或兩個以上不一致、不相配的認知時，就會產生一種讓人心裡緊張、不舒服的認知失調狀態。在認知失調理論中，認知就是關於環境或自我的知識（「現在在下雨」）、態度（「我喜歡下雨」）或者信念（「雨讓花兒生長」）。根據這一理論，不同認知之間的關係可能有以下三種情況：不協調的、協調一致的，或者不相關的。以吸菸為例，「我喜歡香菸的味道」與「吸菸讓人放鬆」這樣的認知可能與個體吸菸這樣的自我知識相一致，而與大多數關於降雨的認知不相關。但如果吸菸的人有「我是吸菸者」的認知，而關於吸菸的消極結果的資訊形成了第二種認知（「吸菸導致肺癌」），那這一認知與第一種認知就是不一致或者說是不協調的。畢竟，如果吸菸會導致肺癌，而你又不想過早結束生命，為什麼還要吸菸呢？同樣，如果既知道吸菸會導致肺癌，又仍然吸菸，人怎麼能夠安心呢？

　　費斯廷格觀察到了人們是想要表現出一致性傾向的，如果我們說的是一套，做的是另一套，我們就需要為此進行辯解。通常在這種情況下，人們需要一個勸自己的好理由，甚至意味著人們需要改變先前的態度，從而達成認知的協調性。因此，認知不協調就成為了一個人態度改變的主要動機。它驅使著人們去改變一些事情，要麼改變態度，要麼改變行為，以減少或消除因認知失調而導致的讓人不舒服的喚起狀態。緊張消除之後，人們又達成了協調的心理平靜狀態。

　　認知失調理論頗似生理學中的自我平衡理論（homeostatic theory）。試想一下你餓了的時候是怎樣的？大腦偵測到了你的血糖程度出現了不平衡，就會引起飢餓的心理狀態，促使你去尋找並吃掉食物來減輕這種讓人不舒服的喚起狀態，吃下食物之後，你就舒服了。同樣的道理，當認知協調被破壞掉，你也會感到緊張、不舒服，並促使你設法去減輕或消除它。

　　現在我們把認知失調理論的五個關鍵假設總結如下：

　　第一，人的態度與行為相互之間可以是協調（一致）或是不協調（不一致）的關係。

　　第二，態度與行為之間若出現了不協調的關係，會使人產生一種叫作認知失調的負性情緒狀態。

　　第三，因為認知失調是一種讓人不舒服的狀態，所以，人們就會產生出要減少或消除失調的動機。

　　第四，失調的數量越多或程度越大，激發起的動機強度也就越大。

　　第五，失調的狀態可以透過人們改變態度、改變行為或是對其進行合理化這三種方法來減少或消除掉。

　　我們繼續以上述吸菸的例子來說。如果一個人有一個「我吸菸」的認知，還有一個「吸菸導致肺癌」的認知，這兩個認知是失調的。為了減少或消除它，首先他可以改變行為，即把菸戒了。這樣就獲得了一個新的認知，也就是「我不吸菸」。而「我不吸菸」與「吸菸導致肺癌」這兩個認知之間的關係就是協調的了。

　　但是，對某些人來說，他可能抽了幾十年的菸，菸癮極大，戒菸如同要命。在這種情況下，他就有很大的可能去選擇改變態度，即針對「吸菸導致肺癌」這個認知下手。具體而言，就是去歪曲這個認知。比如，他可能會去想，很多不吸菸的人也得了肺癌，而很多吸菸的人卻沒有得肺癌，他最後得出的結論是，吸菸不一定會得肺癌。這麼一想，原先令他不舒服的認知失調狀態就減輕了不少，從而可以繼續安心的吸菸了。如果有關於吸菸有益的傳言，菸癮大的人就會特別熱衷於去傳播它，因為每傳播一次，他的認知失調狀態就能減輕一點。例如在 2003 年 SARS 流行的時候，有一則傳言是這樣的：「得了 SARS 的都是平常那些不吸菸、不喝酒的人。」當時的吸菸者就特別喜歡去傳播它。

　　還有一種情況，就是造成認知失調的原本兩個認知都不能去改變它們。比如，上述吸菸的例子，有的吸菸者不僅不能改變吸菸的行為（菸癮太大），也不能改變對「吸菸導致肺癌」的態度，即不想去否認這個醫學常識，此時對這個吸菸者來講就需要合理化這個方式了。具體而言，他需要增加一個新的認知，來彌補因前兩個認知造成的失調。比如說，假如吸菸者是一位大學老師，他可能會這樣想：「我是大學老師，我的工作決定了我要看很多的書，還要寫不少的文章。如果不吸菸，我一個字也讀不進去，一個字也寫不出來。我吸菸之後，精神百倍，思如泉湧。算了，健康誠可貴，事業價更高。為了事業，我只有犧牲健康了。」這樣，透過增加新的認知來對原本兩個認知之間失調的關係進行合理化，就達到了消減失調的目的。

　　認知失調到底是怎樣使人發生態度變化的呢？為了查證這一點，費斯廷格和卡爾史密斯（Festinger and Carlsmith，1959 年）做了一個彪炳史冊的實驗。大學生參與者們首先從事了整整 1 個小時單調無趣的任務。實驗者假裝在監視學生們的表現，學生們先是坐在一個裝有物品的托盤前，實驗者要求學生們清空托盤裡的物品，然後又把這些物品放回到托盤中去，如此反覆多次。這實在是太無聊了，以至於半個小時之後，實驗者改變了花樣：把那該死的托盤拿走，換上了一塊共有 48 個可旋轉螺絲的木板，要求學生先按

一個方向逐一把螺絲轉動到底，結束後再從反方向轉到底，如此反覆也是半個小時。毫無疑問，這項任務是非常枯燥無味的。完成之後，實驗者會給其中一些參與者 1 美元，要求他們（為了實驗目的）對下一個參與者說，這一實驗任務是非常有趣並令人愉悅的。實驗者對另外一些同樣完成之後的參與者提供了 20 美元。幾個星期過後，這些大學生參與者又被召集起來了，研究者問他們是否喜歡之前做的實驗。

現在請你預測一下哪一組參與者會回答他們是喜歡那個實驗的，是拿到 1 美元的參與者，還是拿到 20 美元的參與者？你是不是認為拿到 20 美元的大學生參與者更傾向於回答喜歡那個實驗？事實上恰恰相反，是那些實驗之後只拿到了 1 美元的參與者說，自己還蠻喜歡那個實驗。而那些拿了 20 美元的參與者回答說，那個實驗令人厭惡。其實還有第三組參與者，是作為控制組，他們做完實驗之後沒有任何報酬，也沒有告訴他們前兩組的參與者做完實驗之後收到了報酬。這一組的參與者與收到 20 美元的那一組一樣，他們回答說，實驗是令人厭惡的。

你是不是對這個實驗結果大惑不解？因為按照行為主義的強化理論，獲得更高獎賞的對象有更積極的態度才對啊，以上這個實驗結果怎麼倒過來呢？其實，正是這樣一個結果，恰恰說明了認知失調理論的正確性，也說明了認知失調理論比行為主義關於態度的理論更加高明的地方。

先看看低報酬組參與者的經歷。假設你是其中的一位參與者，你先是做了 1 個小時單調枯燥的事情，已經不開心了。接著得到了 1 美元的報酬，這幾乎是有點侮辱人了，之後還被要求說個謊，你就更加不開心了。常言道：「人生不如意事十之八九。」隨著時間的流逝，好多不如意事也就淡化了，甚至消失了。但是，幾個星期之後你又被召集過來了，舊事重提。此時的你將往何處走？按照認知失調理論，人們是要往消減不舒服的方向走的。現在擺在你面前的有兩個選擇：你選擇實話實說，這無疑是在傷口上撒鹽，使你變得更加不爽；而如果你認為那個實驗其實還是有意義和趣味的話，你心裡的不爽就可以消減。這就促使你選擇了第二種做法，與實驗的結果一樣。

　　我們再來看看高報酬組參與者的經歷。你還是先做了 1 個小時單調枯燥的事情，之後也要說個謊，你現在也應該不開心了。但是緊接著你獲得了 20 美元的報酬。在 1959 年的美國，這對大多數人來講是很高的。至此，你的不開心已經得到了消減。所以，當幾個星期之後實驗者再問你對那個實驗的感受如何，你沒有動機去撒謊，就說了實話，認為那個實驗是枯燥乏味的。我們還可以設想一下，如果撒謊的話，你就會在自己身上產生了新的認知失調，會讓自己感到不開心，你會那樣去做嗎？

　　最後我們分析一下第三組參與者的情況。你依然先做了 1 個小時單調枯燥的事情，完了之後還是要說個謊，你現在也應該很不開心了。和第一組獲得 1 美元的參與者一樣，隨著時間的流逝，好多不如意事淡化了，甚至消失了。與第一組不同的是，你沒有獲得那有些侮辱人的 1 美金，所以你在實驗過程中產生使人不舒服的認知失調狀態要輕微很多，乃至於幾個星期後實驗者的問話，不足以讓你產生說謊的動機，如果此時你說謊，反而會讓你更加不舒服。所以，你的結果就與高報酬組的參與者相似了，也說了實話，認為那個實驗是枯燥無聊的。

　　我們再拿和費斯廷格一起做了那個經典實驗的卡爾史密斯教授的一件真實事情，來進一步說明認知失調理論與態度改變之間的關係。

　　想像一下這個情境：一所大學希望在文科必修課中開一門創新的「核心課程」，並就這一想法在全體教師中徵集意見。在心理系，人們的普遍感覺是，由一個特別委員會提出的課程儘管不完美，但它是有可能實施的課程中最好的。且因為控制資金的大學管理者們認可它，所以心理系若反對這一課程將會是不明智的。當時年輕的卡爾史密斯教授，對被提議的課程卻持保留意見，並且傾向於對它投反對票。但是，有一天系主任暗示卡爾史密斯應該在教師會議上，就這一提議發表「任何他所能說的讚美之辭」。系主任解釋說：「儘管我知道你反對這一提議，但如果一些有想法的教師能夠說明一下該計畫的可取之處，那麼我認為這會很有幫助。」

　　你或許能夠猜到卡爾史密斯教授做了什麼。他表達了對所提議的核心課

程的贊同。由於對系主任所負有的某種責任感，以及提議課程如果被否定，可能帶來麻煩，卡爾史密斯選擇了公開贊成他曾經有意識的進行反對的東西。但是，一旦這樣的行為發生了，卡爾史密斯就會對與態度相矛盾的行為感到內疚了。

於是，在相當短的一段時間裡，他改變了自己關於這一新核心課程的意見。新的核心課程以較小的優勢獲得了通過。實際上，卡爾史密斯自願教授新的「跨學科」核心課程。

根據認知失調理論，卡爾史密斯讓自己陷入了認知失調的狀態。兩種相牴觸的認知是「我不喜歡這個提議」和「關於這個提議，我對我的同事們說了許多讚美之辭」。但是，如果卡爾史密斯或多或少感到是被迫說出那些讚美之辭，那麼這兩種認知可能就不會不協調。這是因為，如果卡爾史密斯確實感到是被迫的或是被說服了而去說那些讚美之辭，那麼他就能夠證明這一不一致性的合理性。「我不得不這樣做，我沒有選擇。」這裡的關鍵點是，系主任沒有扭住卡爾史密斯的手臂，系主任的暗示是溫和的；卡爾史密斯沒有感到被強迫，他能夠自由的追隨自己的感覺而行動。若卡爾史密斯已經感受到他是被迫以一種與自己態度不一致的方式行動，那麼稍後他可能就不會改變自己的態度。這個不一致性可能不需要被合理化。「我這樣做是為了保住我的工作，但是我並不相信我所說的那些話。」

卡爾史密斯教授在所提議課程上的態度改變，說明了認知失調理論的主要原則及其實際意義。認知失調理論的主要原則是：與態度相矛盾的行為如果要產生出一種認知失調的不舒適狀態，且這種不舒適狀態稍後可以透過態度或行為的改變得以消除，那麼人們就必須知覺到他們所從事的行為是自由選擇的。這一原則的意義在於對個人態度或信念上發生的真實改變與外顯行為上的依從進行至關重要的區分。如果想讓人們按照你希望的那樣去行動，那麼你給予的強迫或獎賞越多，你就越有可能成功。「支持我的政策，否則你會被開除。」、「認可我的產品，我會支付你 1,000 美元。」誘因越多，依從越多。另一方面，如果你的最終目標是讓他人喜歡或者認同你強迫他們所做

出的行為，那麼你用於獲得依從行為的誘因越少，效果越好。誘因越少，越多的個人態度將朝向誘因發出的依從行為方向改變。

為什麼會出現這樣的情況呢？強烈的誘因（恐嚇、賄賂、乞求、金錢等）是明顯的理由，它們能消除任何自由選擇的感覺。至此，我們就明確了認知失調理論的邏輯：僅僅使用恰如其分的、能使個體從事行為所需的「力量」。誘因應該剛好可以使個體獲得依從，卻不足以作為能夠證明態度—行為不一致性的合理性的一個額外認知元素。用於解釋為何從事與態度相矛盾的行為的理由越少，認知不協調的程度就越高。簡而言之，當詢問一個人為什麼會做出這一矛盾行為時，高認知不協調的個體應該不能利用情境變量來證明它的合理性。因此，如果沒有任何可被確認的外因，那麼肯定是自身的原因了。

四、透過勸導改變他人態度

勸導就是蓄意努力的去改變他人的態度，以達到最終改變他人行為的目的。勸導與我們每天的生活都有關係，可以說，我們每天都會要去勸導別人，也會被別人勸導。例如，電視上、電影中、網路裡都有廣告商勸導人們去偏愛他們推薦的產品或服務。據統計，1970 年代的美國，每個人平均會暴露在 500 則廣告之下，而現在這個數量上升到了 5,000 則。

勸導不只發生在商業領域，實際上從浪漫關係到國際政治，社會生活中的每個角落都會有勸導存在。教師和家長勸導孩子要認真學習、做好作業，孩子則勸導父母買個玩具給他們；朋友勸我們到一家新餐廳去吃飯；心理治療師勸我們要用不同的視角去看我們自己和這個世界；體檢之後醫生們勸我們要採用健康的生活方式；檢察官向法官勸導為嫌疑人定罪，而辯護律師向法官勸導說嫌疑人無罪或少罪；第一次約會時，每個人都會勸導對方說自己是有吸引力的、值得託付終身等等。

透過勸導，有時可以達成積極的效果。例如，2008 年 5 月 12 日中國四川汶川發生了大地震，數萬人死亡，幾十萬人受傷，財產損失不計其數。震後，許多組織向公眾勸導捐款捐物給災區人民，許多人聽從勸導把自己辛苦

賺來的錢物捐獻了出去。勸導也會導致消極可怕的後果。比如媒體經常報導老年人參加無良企業的會議之後，被勸導花高價買了許多普通的保健品；或是被傳銷組織洗腦之後執迷不悟，沉溺在騙人的發財夢中。而人民聖殿教事件，更是駭人聽聞。人民聖殿教是一個美國的邪教組織，由吉姆·瓊斯（Jim Jones）創立於 1965 年，全名為「人民聖殿基督徒（信徒）教會」。瓊斯自喻為「天啟」「神示」的「彌賽亞」（基督教中對救世主的稱呼）。1978 年 11 月 18 日，900 多名信徒在南美洲蓋亞那瓊斯鎮發生的集體自殺及謀殺事件中死去。而且在 900 多名信徒中，只有兩名（都是年輕女孩）反抗，其餘全部如痴如醉、心甘情願的受死。死之時，一家人抱在一起，一對對戀人抱在一起，他們認為這樣子在另一個世界又能相逢。

因為勸導在人們的日常生活中十分普遍，對人們的福祉也非常重要，在很長的時間裡，社會心理學家就對為什麼一些勸導技巧更為有效，以及影響勸導的因素有哪些產生了強烈的興趣。但是，儘管勸導對影響人們的行為很重要，社會科學家也只在最近 60 年左右的時間裡，才對這一主題進行了卓有成效的研究。

對勸導進行系統性的研究始於第二次世界大戰的末期，當時盟軍在歐洲戰場的勝利已成定局，美國總統羅斯福擔心這會影響到美軍在太平洋戰場上對日軍作戰的士氣。士兵們會想，對日作戰也是勝利在望了，此時不值得犧牲在戰場上。為了解決這個問題，霍夫蘭德（Carl Hovland）與美國陸軍部簽訂了一份合約，研究在德國戰敗之後如何對軍隊進行宣傳，以使軍隊繼續保持高昂的士氣。「二戰」結束後，霍夫蘭德和他的同事繼續在耶魯大學研究勸導的問題，美國政府也依舊提供研究基金，但卻是基於冷戰的考慮——對手已經變成蘇聯了，目的也變成了「替上層社會辯護以及贏取民眾的心」（McGuire，1986 年）。霍夫蘭德研究的成果匯聚在 1953 年出版的《溝通與勸導》（Hovland et al.，1953 年）一書中，因為霍夫蘭德及其同事是在耶魯大學工作，人們把他們的研究稱為「耶魯傳播模式（Yale communication model）」。這個模式主張勸導過程的關鍵是要了解人們為什麼注意、理解、

記住以及接受勸導資訊，這就需要去研究提供資訊的人、資訊的內容以及資訊接受者的特徵（如圖 6-8 所示）。

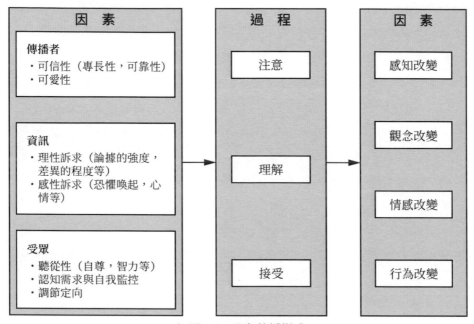

▲ 圖 6-8　耶魯傳播模式

　　霍夫蘭德和他的同事提出了勸導過程的四個步驟：注意、理解、接受、保持。在 30 多年的時間裡，人們按照勸導的這個程序對每一個步驟進行研究，產生了大量的研究成果。耶魯傳播模式為勸導研究奠定了一個極為重要的基礎，直到現在仍然在市場行銷和廣告活動中發揮著重要的作用。勸導的研究方興未艾，現在我們把其中重要的研究結果與霍夫蘭德的經典研究結合在一起，總結如下。

（一）精細加工可能性模型：勸導的中央和邊緣途徑

　　在前面社會認知一章關於「雙重加工模型」的部分，我們知道了人們的思維分為兩種：一種是無意識的、無須多大努力的、自動化的思維。另一種則相反，是有著清晰意識、需要很多努力的、控制性的、謹慎的思維。配第和卡喬

波（Richard Petty and John Cacioppo，1986 年）提出的「精細加工可能性模型（elaboration likelihood model，ELM）」就是建立在這種區分基礎上的一個勸導的理論。這個理論主張，對他人進行勸導有兩種不同的方式或者途徑，採用哪條途逕取決於對方對你的勸導資訊進行精細加工的動機和能力。

1. 中央途徑（central route）

中央途徑是指資訊接受者在進行資訊加工時的動機和能力都很高，對資訊本身很在意並且進行精細的加工，其態度的改變或形成是其有意識的、認真考慮和整合資訊的結果。

採用中央途徑進行勸導的前提，是資訊接受者對勸導資訊進行加工的動機與能力都要高。也就是說，如果資訊接受者動機高而能力低，或能力高卻動機低，採用中央途徑進行勸導的效果都不好。反之，只要有一個方面低了，那麼採用另一種途徑，即邊緣途徑進行勸導的效果會更好。

人們對資訊進行中心加工的動機受到兩個因素的影響。第一是問題與個人的相關性與重要性。問題對人們的影響越直接、越重要，他們就越願意對問題進行仔細思考。第二是對任何問題都仔細思考的傾向性，即認知需求。高認知需求的個體即使對一些與自身個人無關的問題也會深入思考。

設想一下大學生購買一臺筆記型電腦的情形。對於大多數大學生來講，購買筆記型電腦需要花費人民幣好幾千元，是一筆不菲的費用，因此，購買筆記型電腦的問題對大學生而言很重要，他們在購買時的動機會很高。然後就會盡量多的收集筆記型電腦的具體資訊並且進行精細加工。我們假設有兩個學生需要購買筆記型電腦，一個學生對電腦很熟悉，那麼上述關於筆記型電腦的資訊對他來講就很有用。最後他是否購買這樣的一臺筆記型電腦，是他對這臺電腦的購買資訊本身進行精細加工的結果。所以，當人們採用中央途徑的時候，他們的態度主要是受到論據強度的影響。強的論據會使人們的態度發生改變，而弱的論據則不會。另一個學生對電腦所知甚少，除了螢幕大小和價格等少數資訊可以理解之外，不明白其他的關鍵資訊。這樣的話，儘管他在購買筆記型電腦時的動機也很強，但他卻不能對上述筆記型電腦本

身的資訊進行精細的加工，也就是說，這些資訊對勸導他沒什麼用。那麼，對廣告商來講，這樣的顧客不適合採用中央途徑去勸導。

2. 邊緣途徑（peripheral route）

邊緣途徑是指資訊接受者缺乏資訊加工的能力或動機，他們對勸說資訊不做精細的認知加工，他們在形成或改變態度時依賴於與勸說資訊相配合的「邊緣途徑」。

繼續以購買筆記型電腦為例。設想一下，廣告商替這款電腦製作了電視廣告，不僅呈現了電腦參數資訊，還請了一位明星當廣告代言人，配有簡短的廣告歌曲。因為這些並不是筆記型電腦本身就有的，這就屬於所謂的「邊緣途徑」。那麼，對第一個學生來講，他依然採用的是中央途徑，這些「邊緣途徑」即廣告明星和廣告歌曲的作用不大。但對於第二個學生而言，既然他不能精細的加工那些筆記型電腦的參數資訊，即「中央資訊（線索）」，那麼，他對筆記型電腦的態度就會主要依賴於這些「邊緣途徑」。具體來講，如果其中的明星具有吸引力，或者是覺得廣告歌曲動聽，他對筆記型電腦的態度也就會變得積極。但如果他覺得這位明星不討喜，或廣告歌曲難聽，則會對這款筆記型電腦產生消極的態度。

另外須注意的是，人們是採用中央途徑還是邊緣途徑，並不必然會導致積極或消極的態度改變。也就是說，並不是採用中央途徑就會產生積極的態度變化，也不是採用邊緣途徑會導致消極的態度改變。在上述的例子中，第一個學生如果覺得這款筆記型電腦 CP 值高，他的態度就會是積極的，最終購買它的可能性也會很高。而如果他覺得 CP 值低，則會形成消極的態度。第二個學生的情況在前面已經說得很具體了，不再贅述。這個道理在生活中的其他方面也是一樣的。比如演員，就有所謂實力派演員和偶像派演員的區別。人們把實力派演員稱為老戲精，其表演實力公認強大，他們得到觀眾的喜愛靠的是中央途徑。偶像派演員的表演實力客觀的說與老戲精們差距甚大，但他們勝在年輕漂亮，他們一樣也能受到觀眾的認可，有著龐大的市場，偶像派演員受歡迎靠的是邊緣途徑。現在把 ELM 進行總結，如圖 6-9 所示。

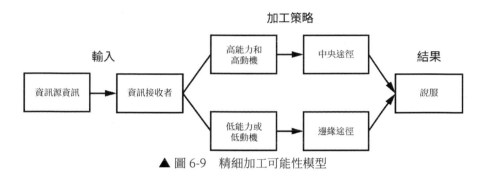

▲ 圖 6-9　精細加工可能性模型

研究發現（Petty et al.，1995 年，2009 年），說服的中心路徑引起的態度與行為變化比外周路徑更持久。當人們對問題仔細思考時，他們決策的依據不僅有資訊自身，而且有自己對此的思考。不如此引人思考就沒有強大的說服力。按照前述凱爾曼關於態度改變過程的觀點，那些在認知上經過人們深思熟慮而非草率決斷之後的態度會更加持久，更能抵抗誘惑，更能影響行為。外周路徑的說服則通常只能導致膚淺而短暫的態度改變，因為這種改變還處在態度改變的第二階段，即只是在情感層面上發生了變化，而沒有在認知上覺得這樣的改變有什麼意義和價值。

回想一下早期霍夫蘭德的「耶魯傳播模式」，勸導的過程就是要使資訊接受者首先注意到勸導的資訊，接著要對資訊的內容加以理解，最後要接受勸導者傳遞給自己的觀點並保存在記憶中，在特定的情境下人們就會按此觀點行動。這個過程很明顯就是人們對資訊進行控制加工的過程，也是 ELM 中的中央途徑。因此，霍夫蘭德的模式有一定的局限性。而 ELM 則告訴我們，除此之外，態度改變也可以是在人們沒有什麼防備的情況下，無須付出多大認知努力，然後依據一些邊緣線索不知不覺就發生了。故 ELM 是對早期「耶魯傳播模式」的一個有力補充。

（二）傳播者（The Communicator）的特徵

耶魯傳播模式認為，在面對相同的受眾時，同樣的話從不同人的口中說出來，其勸導效果是不一樣的。也就是說，具有不同特徵的資訊源，其改變

他人態度的能力是不同的。

1. 傳播者的可信性（Communicator Credibility）

從受眾的角度來看，傳播者試圖用勸導性的資訊去說服他們改變態度，受眾首先想的是傳播者這個人及其所說的話是不是值得信賴，只有得到了肯定的回答，勸導過程才能往下走，否則，勸導過程就到此結束了。因此，具備高可信性的傳播者有著強大的勸導能力。而影響傳播者可信性的因素是專長性和可靠性。

（1）專長性（Expertise）。傳播者在傳播資訊時，如果傳播者本人是這個資訊領域的專家，那傳播者就容易讓人信服。如果傳播者本人不是此方面的專家，但是轉引自權威部門或權威人士的話，也具有一定的可信度。如果以上兩者都不具備，自然在受眾看來是信口雌黃，很難使受眾相信的。

蓬皮太潘（Pornpitakpan，2004 年）做過一個實驗。他讓參與者閱讀名為〈醫生發現愛滋病可以治療〉的文章，同樣的文章分別印製在超市 DM 型錄（非專長性資訊源）和《新英格蘭醫學期刊》（專長性資訊源）上面，讓兩組不同的參與者閱讀。第二組參與者要比第一組參與者更加同意文中的觀點。

真正的專家以其強有力的論據透過中央途徑去勸導受眾，而僅有專家的外表透過邊緣途徑也可以有效的勸導受眾。例如，很多商業廣告推銷一些藥物或保健品時，是一個身穿白袍，脖子上掛著聽診器的代言人在做廣告，觀眾以為他是醫學專家，而對廣告產生了很高的信任，使得這些產品大行其道。實際上，這位代言人只是一個普通的演員。確實，傳播者要想使受眾覺得可信，進而增加其勸導效果，僅僅是透過信心十足的演講、引用統計資料，甚至是快速的說話，就能夠達到目的——以上這些手段中沒有一項是需要專業知識的！

（2）可靠性（Trustworthiness）。可靠性是指傳播者以公正客觀的方式去傳播資訊，來獲取受眾的信任。因為一些人想要人們改變態度和行為，是想要從人們身上謀取利益，所以人們就會經常懷疑勸導者是否說謊了沒有。

那麼，在受眾普遍具有防備心態的情況下，又如何增加傳播者的可信性呢？

其中一種方法就是設法使受眾不覺得自己是被勸導的對象。假設一個股票經紀人打電話向你提供某支股票的最新消息，你會去購買嗎？很難確定。從一個方面看，或許這個經紀人是位行家，這樣便有可能影響你去購買。從另一方面看，或許這個經紀人提供給你這個消息是為了從中獲利（受人僱傭），這樣便會降低他的效力。但假如你是無意中聽到他在告訴他的一位好友某支股票價格將會上漲，由於他並未試圖對你施加影響，你便可能會更容易接受他的影響。沃爾斯特和費斯廷格（Walster and Festinger，1962 年）做了一項實驗，在實驗中，他們設計了兩個研究生之間的一場談話，其中一位研究生談了自己關於某個問題的很內行的意見。他們讓大學生參與者聽到了他們的談話（實際上參與者聽到的是錄音）。在一種實驗條件下，告訴大學生參與者這兩個研究生知道他在隔壁房間，因而參與者清楚他們所說的每一句話都確定無疑是指向他的，旨在影響他對問題的意見。在另一種條件下，實驗情境設計成參與者相信他是偷聽到兩個研究生的談話的。在第二種條件下，參與者認為對話中的意見更可靠。

廣告商一直在運用偷聽的威力。你想像一下這兩種情景：一種是廣告商直白的訴說「某某牌空調製冷效果好。」另一種是你在路上無意中聽到了如下對話——「你家的空調製冷效果真好，溫度很快就降下來了，是什麼牌子的啊？」「是某某牌。」在哪一種情況下你更容易對這個牌子的空調產生好感？顯然是第二種。因此，現在許多廠家會僱人在網路上以第三者的口吻推薦某些產品，使消費者誤以為這些產品資訊是自己無意中得來的，從而增加了對這些產品資訊的信任。耶魯傳播模式中關於勸導過程的一個步驟是接受，同樣的論據，如果廣告商強行推薦，消費者出於自尊的動機不容易去接受。而無意中得來的同樣資訊，沒有了廣告商那居高臨下般的硬塞，會使自己感覺平等，加上意外收穫這一刺激，消費者會對資訊更加珍惜，也就更容易接受了。

另一種增加傳播者可信性的方法，就是使人覺得其傳播的資訊內容違背

了傳播者自身的利益。當你聽到一個罪犯陳說在對犯人量刑時應該寬大一些，即使他的論據很充分，你可能也不會被他打動，原因是他的陳述明顯能夠使其從中獲益。但如果這個人說應該在對犯人量刑時要更加嚴厲，你恐怕就願意支持他的觀點了，原因是他不能從他的觀點中獲益，甚至還會受到損失。沃爾斯特（Walster）和他的同事 1966 年做了一個相關的實驗，在實驗中，研究者先向參與者出示了一份新聞記者對「肩膀」喬·納波利塔諾（Joe "The Shoulder" Napolitano）訪談的剪報，用來說明「肩膀」喬是一名慣犯、販毒者。然後在一種實驗條件下，「肩膀」喬主張法庭應當更嚴厲且判決應該更重。在另一種實驗條件下，他主張法庭應當更加寬大且判決應當稍輕。同時研究者還設計了一套平行的條件，在這類條件下由一位受尊敬的公職人員講出同樣的看法。當「肩膀」喬主張法庭應當更為寬大時，他幾乎沒有任何效力；實際上，他只能使被試者的意見向相反的方向做少許改變。但當他提出法庭應當更加嚴厲時，他變得非常有效力——就像那位受尊敬的公職人員發表同樣的觀點一樣有效。這個研究顯示了即使傳播者不是什麼專家，或者社會地位不高，但是憑著公正客觀的陳述，就可以增加他的可靠性，進而增加了他的可信性。

傳播者的可信性，無論在最初是高還是低，隨著時間的推移，傳播者的可信性都會發生變化。霍夫蘭德發現，傳播者可信性的影響在其資訊剛剛傳遞後的效果最大，時間一久，原本高可信性傳播者的傳播效果就逐漸變小，而原本低可信性的傳達者的效果卻隨時間的推移而上升。這被稱之為「睡眠者效應」（sleeper effect）。霍夫蘭德和魏斯（Hovland and Weiss）早在 1951 年的一個實驗中就發現了這個現象，他們向參與者提出當時引起很大爭議的四個問題。這四個問題是：沒有醫生的處方箋是否可以出售抗組織胺藥物，美國建造核潛艇的可行性，當代鋼鐵的緊缺是否應由鋼鐵公司承擔責任，家庭電視對電影工業的影響。有關這四個問題的傳播來源分為高可信性和低可信性兩種。這兩種傳播的內容都是一樣的，只是傳播來源的可信性不同。例如，把購買抗組織胺藥物可以不用處方箋的資訊放在《新英格蘭生物

學和醫學雜誌》的權威雜誌上來傳播（高可信性），或者透過一位專欄作家進行傳播（低可信性）。就即時效果來說，高可信性與低可信性的溝通者相比，前者對態度的改變明顯有更好的效果。如果考慮實驗前一星期所測得被試者的態度，並與即時的態度進行比較的話，高可信性的溝通者對態度改變的影響是十分明顯的。

　　隨著時間的推移，傳播者的可信性所導致的態度即時效應並沒有長期維持下去。四個星期後，重新詢問被試者關於這幾個問題的態度時，情況有了變化。變化發生在兩方面：經由高度可信的溝通者說服而產生的態度改變隨著時間的推移而減少，而低可信性的溝通者所傳遞的資訊所產生的態度改變，其程度實際上增加了，如圖 6-10 所示。

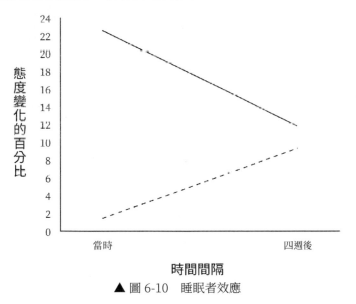

▲ 圖 6-10　睡眠者效應

　　睡眠者效應發生的原因是什麼呢？霍夫蘭德提出了「折扣線索分離假說」（dissociation discounting cue hypothesis）來解釋。意思是當傳播者對受眾進行勸說時，傳播者這個人和他所傳播的內容是混在一起的，其即時效果無論是高還是低，都由於這兩者之間沒有分離而有些虛高或虛低。比如，當傳播者是個專家或者地位很高時，受眾就會因其身分的緣故而對傳播者有

仰慕之情，抬高了傳播者所傳播資訊本身的價值。同樣，由於傳播者不是專家或者其地位不高的話，受眾就會對其產生鄙視之情而低估了傳播者所傳播資訊本身的價值。換言之，傳播的即時效果無論高低，都因為傳播者本身的緣故其實是要打折扣的，傳播者就是一個要打折扣的線索。過了一段時間之後，受眾就會把傳播者與其傳播的資訊進行分離，這個時候的受眾只記得資訊而不記得傳播者了，那麼資訊本身的價值就得以回歸，不再被人為扭曲了，睡眠者效應就這樣出現了。從某種程度上說，睡眠者效應是一個剝離傳播者情感效應的過程。

2. 傳播者的可愛性（Communicator Likeability）

做廣告請代言人是十分普遍的事情，代言人一般可以分為專家、明星和普通消費者三種。如果要問現在哪一種代言人在廣告中出現最多，相信大家都會回答是各式各樣的明星最多。比如，手機市場競爭極為激烈，幾乎沒有任何特點的手機，在劉德華為其代言之後，其市場表現竟然也很不錯。而為 NIKE 運動鞋代言的體育明星有喬丹（Michael Jordan）、羅納度（Ronaldo）、羅納迪諾（Ronaldinho）、菲戈（Luís Figo）、朴智星、納達爾（Nadal）、莎拉波娃（Sharapova）、阿格西（Agassi）等，總共有近200 位！

很顯然，他們在試圖影響我們。而且，他們這樣做是出於個人利益。當我們對事情進行仔細考察的時候，便會清楚的發現，手機公司和 NIKE 為這些明星和運動員支付了鉅額費用。我們知道這些運動員來推薦這些產品的目的，我們也清楚這些運動員希望我們收看他們的廣告。這些因素使得他們的可信性降低，但是這些能否導致他們的影響力降低呢？

未必。儘管大多數人可能不相信做廣告者的真誠，但這並不意味著人們不去購買他們發表廣告的產品。那麼，明星有什麼呢？當然是有魅力。他們受到了許多人的喜愛。因此，另外一個決定宣傳者效力的重要因素是他們的吸引力大小或者說他們討人喜愛的程度——這與他們的專業知識和可信性無關。如果說傳播者的可信性是在認知層面透過中央途徑來勸導人們，那傳播

者的喜愛性就是在情感層面透過邊緣途徑來影響人們。我們被自己所喜愛的人所影響。只要我們喜愛某個宣傳者（而不是看重他或她的專業知識），我們做出某種行為就好像為了取悅我們所喜歡的人。

　　有兩個因素影響了傳播者受人們喜愛的程度：吸引力與相似性。首先是吸引力。社會認知一章中的「光圈效應」告訴我們，我們對長得好看的人有著良好的第一印象，但我們還會繼續以此來推斷有吸引力的人的其他方面，認為此人各方面都不錯。因此，漂亮的人也會比不漂亮的人更具有說服性。柴肯（Shelly Chaiken，1979 年）在一項研究中讓男女大學生接近大學校園中的一些人，他們稱自己是某個組織的人，想要求大學在早餐和中餐的時候停止供應肉類食品。這些學生助手向他們接觸到的每一個人都為此觀點陳述理由，然後請這些人在請願書上簽名。結果是：外表吸引力高的學生助手能使 41% 的勸導對象簽名，而外表吸引力低的學生助手使勸導對象簽名的比例是 32%。

　　明星具備的是吸引力。如果傳播者不是明星，但他與受眾非常相似，也能夠得到受眾的喜愛。麥凱（Diane Mackie，1990 年）等做了一個實驗，檢驗了傳播者相似性的傳播效果。研究者讓加州大學聖巴巴拉分校的大學生閱讀一份關於在大學錄取新生時建議採用「學術評量測驗（Scholastic Assessment Test，SAT）」分數的文章，文章的論據分為強與弱兩種情況。當學生得知強論據文章的作者就是加州大學聖巴巴拉分校的大學生時，其勸導效果要比得知作者是新罕布夏大學的好（弱論據的文章無論誰寫，其勸導效果都不好）。所以，與受眾相似性高的傳播者要比相似性低的傳播者勸導效果好。

（三）資訊的特徵

　　態度不僅可以被資訊源影響，也可以被傳播者訴說資訊內容的方式來影響。態度的主要成分包括了認知和情感，從訴求方式來看，主要可以分成兩種：理性訴求和感性訴求。前者作用於受眾的認知，透過改變受眾對問題的

認知來改變態度；後者則作用於受眾的感受，透過受眾在勸導過程中情感的變化來改變態度。

1. 理性訴求：改變我們的思想

理性訴求也是在勸導時採用中央途徑，此時的受眾所看重的就好比是科學家的假說能否被資料支持，或者是公司到底有沒有生產出好產品來。勸導者訴說的資訊品質如何，以及有沒有因受眾的差異而在訴說時有所不同，對勸導效果影響很大。

（1）論據的強度

如果受眾看重問題本身的話，那傳播者能否提供強有力的論據就很關鍵。什麼因素影響了論據的強與弱呢？

首先，強的論據應該是很好理解的。伊格利（Eagly，1974 年）的研究顯示，同樣的論據，如果邏輯性強、井井有條的呈現出來，要比亂七八糟的呈現更令參與者信服。

其次，得看論據的數量。你想要有效的勸導人們，是準備長長的論據好，還是短一點的論據好呢？這得視情況而定。如果受眾採用的是中央途徑，資訊的長度既能增加也能減少勸導的效果。一方面，如果論據中有許多對你的觀點產生支持作用的資訊，要比只有少許這樣的資訊的勸導效果好（Calder et al.，1974 年）。另一方面，如果你只是堆砌了許多弱的論據，或者是把同樣的論據翻來覆去的進行重複，一個認真的受眾就會被這樣的論據激怒，進而拒絕它（Cacioppo and Petty，1979 年）。而且，按照認知省力的原則，在一定的時間內，人們能加工和記住的資訊只有那麼多，你呈現的資訊越多，對每則資訊進行認真思考和記住的可能性也就越少。結果是，更長的、品質各異的論據要比短一點卻品質高的論據具有更少的勸服性。有的時候，少即是好。

如果受眾採用的是邊緣途徑，更長的論據要比短的論據有更好的勸導效果。這是由於此時的受眾根本沒有對論據中的資訊進行有效的加工，他們僅僅是因你的誇誇其談而覺得你很厲害了，然後發生態度的改變；或者你雖然

說到了重點上，但是因為你少言寡語，所以他們就認為你不過如此，態度也不會有什麼變化。

（2）對資訊進行思考

在採用中央途徑的時候，受眾並不只是消極被動的接受勸導資訊，而是積極主動的對資訊進行精細的加工，仔細的思考勸導者提出的主張，與他們之前在這個問題上的知識經驗比對。按照安東尼・格林沃德（Anthony Greenwald，1968 年） 提出的認知反應模型（cognitive response model），他認為資訊溝通效果的最佳指標並不在於資訊傳遞者對說服目標說了些什麼，而在於說服目標接收資訊後對自己說了些什麼。具體來講，人們透過把說服性資訊與自己對相關問題的已有態度、知識和情感相聯結從而對說服性資訊做出反應。在這個過程中，人們形成了對說服性資訊的思想或者「認知反應」，這種思想或「認知反應」既可能與該資訊所倡導的觀點相一致，也可能不一致。重要的是該認知反應中所包含的評價的性質（「嘿，那太好了！」、「啊，那太愚蠢了」）。當資訊所引發的認知反應與資訊所倡導的觀點相一致時，我們就會改變態度以符合資訊的立場。但是如果認知反應支持「另一方」——資訊所引發的認知反應與資訊所倡導的觀點相悖——那麼我們的態度將保持不變，甚至「反彈」，即背離資訊所倡導的觀點。

人們會不時的返回去思考自己的想法——後設認知的過程。在這個過程中，人們會考慮對自己想法正確性的信心有多大，對自己思考問題正確性的信心越大，這個思考就越能夠引導自己的態度。影響此種思考信心有一些奇妙的因素，其中很簡單的一個就是在思考問題時，人們的身體是如何擺動的。試想一下人們是如何擺動頭部的，如果你在演講的時候，受眾在點頭，這意味著他們是贊同你的，而這又會促進你演講的信心。因此，我們在日常生活中經常發現一些人或組織發表演說時，要求受眾身體動起來、呼喊口號等，就是想用這種方式增加受眾對勸導資訊的正向反應，而且實際效果還不錯。

（3）普遍資料與個人案例

假設你要到市場購買一輛新車，你最為看重的兩個方面是可靠性與使用

壽命。你並不在意車的外觀、款式，或運行費用，你真正關心的是維修率。作為一個理性的明智的消費者，你查閱了美國的《消費者報告》或者是美國的君迪（J. D. Power），它們每年都會發表汽車可靠性的排行榜。尤其是你還知道美國的君迪是保險公司營運的，不接受汽車廠商投資，其公正性、準確性較高。假設你查了君迪發表的 2017 年汽車可靠性排行榜後了解到凌志斬獲六連冠，是可靠性最佳的汽車。你打算購買一輛凌志汽車。就在要去購買的前一天晚上，你去參加一個晚宴，在宴會上把你的計畫告訴了一位朋友。結果他說：「你不會是認真的吧？」他繼續對你說：「我的一個表弟去年買了一輛凌志，從那以後就麻煩不斷。先是燃料噴射裝置壞了；接著，變速器不聽使喚；後來，引擎開始發出找不到原因的怪叫，而且很難把車剎住；到最後，不知從什麼地方滴油。因為擔心會再發生些什麼，所以我那可憐的表弟已經不敢開車了。」

　　君迪調查了 35,186 位美國車主，給出了車輛品質報告。車輛品質情況由每 100 輛車出現的問題數量決定，也就是說問題越少，車輛越可靠，行業水準為每 100 輛車中有 156 個問題，而凌志每 100 輛車只有 110 個問題，遠低於行業水準，也就是說，此份可靠性報告有資料支持。而你朋友的情況只是一個個案，從邏輯上講，這並不影響你的決定。但尼斯貝特（Richard Nisbett）和他的同事們所進行的系列研究顯示，因為事例更加生動具體，所以相比邏輯統計資料所隱含的資訊，事例更具勸導效果。因此，你會將朋友表弟的遭遇牢記在心，也就很難匆忙決定去購買一輛凌志汽車了。生動的案例會使受眾把這些資訊與自己的體驗和情緒相連起來（Strange and Leung，1999 年），在上述的例子中，你朋友表弟的遭遇猶如發生在自己身上一般，按照前述的認知反應模型的觀點來講，你對此資訊的認知反應實在是很糟糕。

　　另外，事例越是生動具體，它們所產生的說服力越大。比如自 1978 年以來，美國的公用事業公司為美國使用者提供免費的家庭審計以幫助他們提高能源的使用效率。儘管這些審計確實向使用者提供了有價值的資訊，但是

僅僅有 15％ 的使用者在實際生活中採納了審計人員給他們的建議。為什麼提供這些證據資訊沒有說服人們行動呢？為了回答這個問題，瑪蒂‧岡薩雷斯（Marti Gonzales）和她的同事們（1988 年）訪問了一些屋主，結果發現絕大部分人難以相信諸如房門下面的狹小裂縫會降低能源的使用效率這樣的一些資訊。在這些調查的基礎上，研究人員與房屋審計員們一起進行這項工作，並教他們在向人們提出房屋改造建議時採用生動的事例。例如讓他們告訴屋主如果將所有門周圍的裂縫加在一起，就等於在他們的住宅裡開了一個籃球大小的洞。「如果在你家的牆上有一個這樣大的洞，你不想將它補上嗎？擋風雨條就是用來補洞的。」結果頗令人震驚。接受這種具體的語言培訓的審計員，其效力增加了 4 倍──此前接受建議的屋主只有 15％，但是在審計員們開始採用更為具體的宣傳時，這個數字增加到了 61％。因此，與大量的統計資料相比，大多數人更容易受到清晰、具體的個別事例的影響。

（4）差異的程度

既然是要對受眾進行勸導，這意味著在某個問題上雙方的觀點是不一致的。你作為一個勸導者，會想到這個問題：主動權是在自己手上的，那我在規勸對方時訴說出去的資訊要與對方現有觀點存在多大程度的差異才比較合適？才能使對方有較大程度的態度改變呢？

在一般情況下，差異越大，按照認知失調理論的觀點，接受者就越不舒服，引起的壓力也就越大，態度的改變也會越多。隨著差異變大，會有更多的壓力，但它不總是產生更多的態度變化，過大的差異帶來的態度改變反而要少些。這是因為差異太大，按照耶魯傳播模型的觀點，這種極端的差異陳述會離受眾已有的知識經驗太遠，使受眾難以理解和接受，而且會使受眾懷疑它們來源的可靠性，最終使傳播者的可信性降低，以致容易使受眾產生抵制。同時，差異太大，個體會發現即使改變自己的態度也難以消除這種差異，還不如不去改變它。而且差異太大所造成的不安並不一定意味著受眾非要改變他們的看法，受眾至少可以採取四種方式來減少心中的不安：① 他們可以改變自己的看法。② 他們可以勸說宣傳者改變看法。③ 他們可以尋找

那些與自己觀點相同的人，以支持自己最初的看法，對宣傳者的說法置之不理。④ 他們可以貶低宣傳者，讓自己相信宣傳者是愚蠢的、不道德的，從而使宣傳者的看法無效。

另外，當宣傳者信譽很高時，他所贊成的觀點與接受者的觀點差異越大，接受者越容易被說服；當宣傳者的信譽較低時，中度程度的差異會使接受者的觀點發生最大的改變。

對此，謝里夫與霍夫蘭德等（Sherif and Hovland，1961 年；Sherif and Nebergall，1965 年）提出了社會判斷理論（social judgment theory）來進行解釋。社會判斷理論認為，受眾要在某個問題上對傳播者的觀點與自己現有態度之間的差異進行社會判斷，而個人對此問題的介入程度決定了受眾如何去評價勸導。謝里夫認為，個體對勸導的資訊感知後，會形成三種判斷範圍：一是接受的範圍，在這個區間個體會加以接受。二是拒絕的範圍，在這個區間個體會加以拒絕。三是不承諾的範圍，在這個區間個體會保持中立，既不接受也不拒絕，但是會加以考慮。這三個範圍會依個體對所涉問題介入的程度而發生變動。介入程度增加，接受與中立的範圍縮小，拒絕的範圍則擴大。換言之，個體面對的問題越重要，就越不可能接受勸導資訊，除非它與個體的現有觀點相似。因此，只有當勸導資訊落入接受者的接受範圍，或至少要落入接受者的不做承諾的範圍，才有可能使接受者的態度發生改變。而當涉及的問題對接受者很重要的時候，他接受勸導論據的可能性會變低（如圖 6-11 所示）。

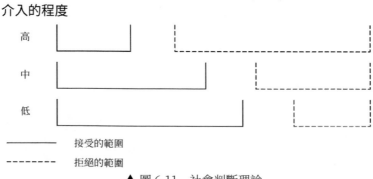

▲ 圖 6-11　社會判斷理論

（5）單面資訊與雙面資訊

影響勸導效果的一個重要因素是如何訴說資訊：是只訴說對自己觀點有利的單面資訊，還是同時訴說對自己觀點有利和不利的雙面資訊？這個問題霍夫蘭德和他的同事們早在「二戰」末期的時候就進行了研究。霍夫蘭德的目標是要使在太平洋作戰的美軍士兵相信戰爭還遠沒有結束，與日本的戰爭至少還會持續兩年。一部分美軍士兵聽到的是單面資訊，即日軍有利、**美軍不利**的資訊，比如日軍有著凶悍的武士道精神，太平洋的島嶼離日本近等。另一部分美軍士兵聽到的則是雙面資訊，其中有一些美軍有利的資訊，如美國工業實力遠比日本強大，美軍是正義的等，同時對日軍的優勢進行了反駁。結果顯示，勸導的有效性取決於接受者。單面資訊的勸導效果在那些一開始就認為戰爭還會持續很長時間的士兵中最好，而雙面資訊的勸導效果在那些一開始就認為戰爭很快就要結束的士兵中更好。

結合其他的研究，可以發現原因是，如果一個宣傳者提及反對者的觀點，可以表示他（她）是一個客觀的、公正的人，這有可能增加勸導者的可信性，從而提高勸導的效力。但如果一個宣傳者過多的提及相關問題的相反觀點，就有可能暗示接受者該問題存在爭議，這樣便可能令接受者們感到困惑，會使他們猶豫不決，並最終降低勸導的說服力。了解了這些可能性之後，我們便不會對此感到驚訝。單面資訊還是雙面資訊與勸導效果之間並不存在簡單的關係。二者之間的關係一定程度上取決於受眾的見識——接受者受教育的程度越高，越見多識廣，他們也越不容易被單方面的觀點所說服，而被那種先提出重要的相反觀點然後予以駁斥的論證方式說服的可能性越大。由此便可以理解，一個見多識廣的人更希望了解一些相反的觀點。宣傳者如果不提這些觀點，那些見多識廣的人就可能會認為宣傳者不公正，或者認為他不能反駁這些觀點，而且見多識廣的人還喜歡自己去得出結論，很討厭別人替自己下結論。反之，一個見識不多的人不太容易了解相反的觀點。如果不談相反的觀點，那些見識不多的接受者能夠被說服；如果提出了相反的觀點，反而會引起他們的困惑。面對見識不多的人，勸導者最好直接告訴

他們結論。

　　總之，在勸導時到底是採用單面資訊還是雙面資訊來訴說，要同時結合受眾的受教育程度和他們的初始態度。如果受眾受過良好的教育，他們一般見多識廣，無論其初始態度是什麼，雙面資訊的勸導效果會更好；如果受眾的受教育程度不高，而且他們已準備同意你的觀點了，那單面資訊的勸導效果就更好。

2. 情感訴求：引發我們的情感反應

　　在一般情況下，情感的力量要比理性的力量大很多。因此，在勸導的過程中，傳播者要充分好好利用情感這個影響因素：設法使受眾在某個問題上與積極的感受相連起來，並避免受眾產生消極的感受。這也是採用了邊緣途徑的勸導，此種方式的勸導不必使受眾對所涉問題進行審慎認真的思考，甚至還要干擾受眾的這種思考。具體的方法有以下幾種。

　　（1）重複與熟悉

　　一些廣告的成功有社會心理學方面的原因，其中一個重要原因就是廣告商勇於花高價以很高的頻率播放廣告作品，也就是曝光率相對來講很高。那麼，高頻率的重複能形成什麼樣的作用呢？

　　第一，重複勸導資訊有助於受眾對一些比較複雜的資訊內容進行理解。第二，即使資訊不難理解，資訊一遍又一遍的重複可以使某個產品或觀點讓受眾記住，增加了態度的可及性。第三，一個驚人的研究結果是阿克斯等（Arkes et al.，1991 年）發現的，對一個陳述進行簡單的重複，會使人們覺得它更加真實。「謊言重複一千遍，就會變成真理」是有一定道理。第四，資訊的重複可以增加受眾對產品或觀點的熟悉感，而熟悉感就增加人們對這個對象的喜愛，這就是「曝光效應」（詳見第七章）。這就意味著一些廣告，一開始人們可能討厭它，但是隨著它不斷的重複，人們就沒有最初的時候那麼討厭它了，甚至這種討厭感消失了。其他的刺激也是一樣，隨著不斷的重複，人們對它的好感是會增加的。也就是說，重複能夠導致人們情感的改變，而且是朝積極的方面變化。有許多研究支持了這一點，比如雅可比等

的研究（Jacoby et al.，1989 年）發現對一個名字進行重複，這個名字就會變得著名了。那這種重複—熟悉—好感的原因是什麼？切尼爾和溫克爾曼（Chenier and Winkielman，2007 年）解釋說，首先，一個新的刺激變得熟悉後，人們會覺得它沒有那麼陌生了，從而增加了人們的安全感；其次，熟悉的刺激更易於被人們注意和感知到，也就是說，增加了感知的流暢性，從內隱社會認知的角度來看，流暢性的增加會導致人們對這個刺激形成積極的內隱態度。

　　因此，現在一些明星要想方設法去製造一些噱頭，使自己可以在媒體上曝光，這樣不僅可以引起人們的注意，更重要的是，還會增加人們對他（她）的好感。

　　（2）恐懼喚起

　　喚起受眾的恐懼感是勸導過程中常用且有效的一招。例如，宣傳環保的著名廣告語「如果不節約用水，地球上的最後一滴水，將是人類的眼淚」；家長勸導小孩要努力讀書，否則「少壯不努力，老大徒傷悲」等。但是，要喚起受眾多大程度的恐懼感才是有效的呢？有很多勸導者透過使人極度害怕的方式來進行勸導，比如，我們見過國外香菸的包裝，不僅有勸導語「吸菸導致肺癌」等，還配有極為恐怖的得了肺癌的圖片；交通警察則會安排違規者觀看發生嚴重車禍的影片或圖片（如圖 6-12 所示）等。這樣做的效果如何？答案是複雜的。

▲ 圖 6-12　恐懼訴求圖片

　　在早期的一個實驗中，詹尼斯和費希巴赫（Janis and Feshbach，1953年）勸導參與者要關心自己的牙齒健康，一共分為三個實驗條件。第一個是低害怕組，參與者被告知有病的牙齒和牙齦會使人痛苦，並向他們提供如何保持良好口腔健康的建議。第二組是中等害怕組，告知參與者更加明顯的口腔疾病。第三組為高害怕組，參與者被告知口腔疾病會蔓延到身體的其他部位，並配以讓人不舒服的齲齒和患病牙齦的圖片。研究者要參與者報告他們現在的口腔衛生習慣，一週之後再報告一次。詹尼斯和費希巴赫發現，恐懼的喚起程度與口腔衛生行為改變成反比的關係：低害怕組的參與者一週之後口腔衛生習慣改變最多，中等害怕組其次，而高害怕組的口腔衛生習慣改變最少。

　　利文撒爾等（Leventhal et al.，1967年）做的一個勸參與者戒菸的實驗卻得出了相反的結論。參與者自願戒菸，在實驗中把這些參與者分為兩組。對中等恐懼喚起組的參與者配以因肺癌死亡與吸菸率之間聯結的圖片來進行勸導，對高恐懼喚起組的參與者則用肺癌患者動手術的影片來進行勸導。高恐懼喚起組的參與者表達出了更強的戒菸意願。

　　如何解釋不同研究結果之間的差異呢？詹尼斯和麥奎爾都提出了一個在恐懼喚起與態度改變之間呈倒 U 型關係的曲線圖（如圖 6-13 所示），用於解釋衝突的結果。麥奎爾的分析區分了人們面對勸導資訊時可以進行控制的兩個方面，一個是對問題的認知，一個是屈服於改變的程度。我們對問題認知越清楚，又能設想到可以為之努力，那我們就越有可能做出態度甚至行為的改變。也就是說，勸導資訊能否奏效在很大程度上取決於人們對危險的知覺（恐懼喚起）與相信自己能否採取正確行動（應對喚起）之間的權衡。故勸導者不僅要喚起受眾的恐懼感，還要指出解決之道，勸導才會有效果。

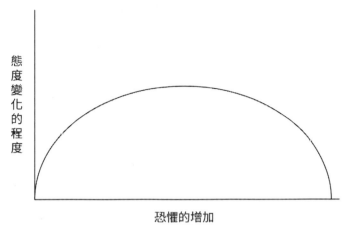

態度變化的程度

恐懼的增加

▲ 圖 6-13　恐懼與態度改變的倒 U 型關係

　　總而言之，在多數情況下，恐懼喚起提高了資訊的影響力。但喚起太大的恐懼會適得其反，這使得一個人很害怕或者為之一驚，以至於他不能對勸導資訊進行有效的加工而不得其意，不能設想出有效的行動；或者使他很害怕，而拒絕相信這種危險，抵制這種資訊。研究還顯示，如果需要人們立即採取行動轉變態度的話，喚起較強烈的恐懼的效果較好。在一般的情況下，可採用中等強度的恐懼喚起。

　　（3）心情

　　使勸導效果好的一種普遍做法，就是在受眾在心情好的情況下去呈現勸導資訊。詹尼斯和他的同事 1965 年做了一個經典的實驗，讓參與者閱讀一系列諸如關於軍隊和 3D 電影之類話題的勸導資訊，一半的參與者在閱讀時讓他們享用花生、汽水這樣的零食，另一半參與者在閱讀時則不提供零食，結果前者更容易被資訊勸服。自此之後，不少實驗證明了當人們體驗到了成功、聽了悅耳的音樂或觀看了美麗的風景之後，會更容易贊同資訊中的觀點。好心情對勸導的影響效果在人們的社會生活中更是司空見慣：商人欲與客戶做生意時，先在餐館裡推杯換盞；演講者在向公眾演講之前先插科打諢帶動起氣氛。你在接收資訊時有個好心情，你會更有可能贊同其中的觀點，即使是讓你心情好的原因與資訊內容毫不相干時也是如此。

好心情有好的勸導效果的機制是，當受眾採用的是中央途徑的時候，好心情會使受眾對問題有積極的思考，這種積極的認知使他們的態度發生改變；而當受眾採用的是邊緣途徑的時候，他們會略過思考，好心情直接就影響了態度的改變（如圖 6-14 所示）。

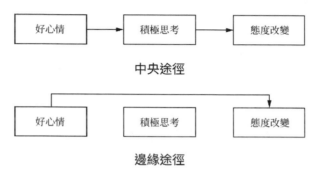

▲ 圖 6-14　好心情對勸導效果的影響機制

（四）受眾的特徵

受眾在年齡、性別、人格、社會經濟地位、教育程度、生活習慣與經驗等方面各不相同，因此面對不同的受眾，即使同樣的話從同一個人的口中說出來，其勸導效果也是不一樣的。例如，前述關於單面資訊與雙面資訊的勸導效果，取決於受眾的知識水準和他們的初始態度；對受眾適合採用中央途徑還是邊緣途徑進行勸導，也取決於其動機和能力。因此，勸導者應該考慮受眾在他們利益、價值觀、先前知識等方面的差異，以決定用什麼樣的資訊和方式來進行勸導。以下是在勸導過程中須注意的受眾特徵的差異。

1. 聽從性

人們在整體的聽從性（persuasibility），或對勸導的敏感性方面是有差異的。高聽從性的人們更易於服從勸導資訊，而低聽從性的人們則很難受勸導資訊的影響。影響受眾的聽從性有三個主要因素。

（1）年齡

年齡在 18 ～ 25 歲的人，正處於各種態度形成的時期，容易受到勸導資訊的影響。過了這一階段，人們的態度就基本上固化了。我們知道，態度一

旦形成，就具有很強的穩定性。所以，到了二十七、八歲以後，人們的態度就難以改變了（Koenig et al.，2008 年；Krosnick and Alwin，1989 年）。

（2）自尊

許多研究顯示，低自尊的人比高自尊的人更易於接受勸導而改變態度（Wood and Stagner，1994 年； Zellner，1970 年）。這是因為低自尊的人信心不足，自認為缺乏能力，所以他們對自己形成的態度沒有什麼把握，結果就是當自己的想法遇到挑戰時，他們便可能自願放棄這些想法，而聽從了勸導資訊的影響。畢竟，人們總是希望自己是正確的。而高自尊的人則是普遍看重自己，對自己形成的態度更有信心，因而不容易受到外來資訊的影響。

（3）教育程度與智力

整體而言，受教育程度高和智力高的人要比普通人和低教育程度、低智力的人更不容易受到勸導資訊的影響（McGuire，1968 年）。理由與上述高自尊的人一樣，他們對自己嚴謹思考的能力和所形成的態度頗有信心。此外，智力較高的人很少受到不一致和無邏輯的論點的影響，智力較低的人則很少受到複雜而困難的論點的影響。

2. 認知需求與自我監控

有些人比其他人更喜歡透澈的思考問題，進而去解決問題，這種人擁有高度的認知需求（need for cognition）（Cacioppo et al.，1996 年； Petty et al.，2009 年）。這一人格變量反映的是一個人從事和喜歡認知活動的程度。認知需求高的人，更可能透過關注相關論據（即透過中央路徑）而形成他們的態度；認知需求低的人則更可能依賴邊緣途徑，如演講者的吸引力或可信度。

就像一些人喜歡深入思考問題一樣，有些人則喜歡讓他人留下一個好印象，呈現出一個他們想要的社會形象，這些人就是高自我監控（self-monitoring）的人。他們就是社會的變色龍，非常喜歡也擅長在正確的時間、正確的地點呈現出正確的自己來。情境需要他們活潑外向，他們就善於交際；情境需要安靜，他們就像學者般鑽研思索。史奈德和德波諾（Mark Snyder and Kenneth DeBono，1985 年）推斷說，因為高自我監控者關注

的是正確的形象，他們可能特別容易受到那些含有特定可愛形象的廣告的影響。換句話說，他們應該對邊緣途徑更加敏感。

　　為了驗證這個自我監控的假設，他們設計了形象導向和資訊導向的兩種廣告，將它們呈現給高自我監控的參與者與低自我監控的參考者。例如，在一則愛爾蘭薄荷穆哈咖啡的廣告裡，一對男女端著熱氣騰騰的咖啡在燭光房間裡輕鬆交談。形象導向版本的廣告詞是「讓淒冷的夜晚變成溫馨的黎明」，資訊導向版本的廣告詞則是「三種極棒味道混合而成的美味——咖啡、巧克力、薄荷」。結果是，高自我監控的參與者願意為形象廣告的產品付更高的價錢，而低自我監控的參與者更容易受到資訊導向廣告的影響。

3. 調節定向

　　個體為達到特定目標會努力改變或控制自己的思想、反應，這一過程被稱為自我調節。個體在實現目標的自我調節過程中會表現出特定的方式或傾向，即調節定向（regulatory focus）。調節定向理論根據所服務的需求類型區分了兩種不同的調節定向——與提高需求（growth，即成長、發展和培養等）相關的促進定向（promotion focus）、與安全需求（security，即保護、免受傷害等）相關的預防定向（prevention focus）。兩種調節定向在目標實現過程中的表徵和體驗模式完全不同：促進定向將期望的目標狀態（desired end-states）表徵為抱負和完成，在目標追求過程中更關注有沒有積極結果，更多的體驗到與喜悅—沮喪相關的情緒；而預防定向將期望的目標狀態表徵為責任和安全，在目標追求過程中更關注有沒有消極結果，更多的體驗到與放鬆—憤怒相關的情緒。例如，對於改善人際關係這一目標，促進定向的個體會將其表徵為加強社交聯結和避免失去社交機會，而預防定向的個體會將其表徵為消除不利於社交聯結的隱患和避免社會排斥。

　　這與勸導有什麼關係呢？因為不同的資訊對這兩種不同個體的影響力是不一樣的。約瑟夫·切薩里奧（Joseph Cesario，2004 年）等做了一個實驗，他們向參與者呈現了兩個版本的倡議一個新的兒童課外項目的文章。他們發現，促進定向的參與者更容易被含有促進詞語論據的文章所勸服（「因為它將提升孩

子的教育，支持更多的孩子成功」），而預防定向的參與者則相反，更容易被含有防禦性詞彙的文章勸服（「因為它將保護孩子的教育，避免孩子的失敗」）。

（五）抗拒勸導

社會心理學的大量研究顯示，人們在接觸資訊時，是有動機的策略家，而不是客觀的資訊消費者。我們的先前概念和偏見會過濾這些資訊，有選擇性的去加工資訊。因此，當人們的態度或價值觀受到攻擊，人們可能屈服於這個挑戰，然後態度發生了改變；也有可能對這個挑戰進行抗拒，維持原來的態度。也就是說，勸導不總是有效果的，有時甚至會適得其反，人們有很多抗拒勸導的不同的方式。傑克斯和卡梅隆（Julia Jacks and Kimberly Cameron，2003 年）向人們詢問他們在關於墮胎或死刑態度上是如何抗拒勸導的，結果他們發現了 7 種策略，如對自己原有態度極力支持的策略（我對自己所作所為的所有理由都考慮到了），對勸導者極力貶低策略（我找出了挑戰我信念的那個人的好多錯誤）等（如表 6-1 所示）。

表 6-1　抗拒勸導的策略

策略	例子
態度支持	「許多事實證明我的信念是對的，我可以放心了。」
抗辯	「我會自言自語的唱反調。」
社會確認	「我也依靠那些和我有同樣觀點的人。」
負性情感	「有人試圖改變我的信念，我會很生氣。」
自信斷言	「沒有誰可以改變我的觀點。」
選擇性暴露	「大多數時候我都無視它。」
毀損資訊源	「我發現挑戰我信念的那個人的許多錯誤。」

是什麼原因使得人們產生抗拒勸導的機制？如果存在預先警告，即告訴人們有人要來對他們進行勸導，將會怎麼樣？恐怕最難勸導的就是這些知道有人要來勸導他們的受眾了。當人們知道有人要來改變他們態度的時候，人們多半會抗拒，他們所要做的就是準備好思路進行防禦。弗里德曼和西爾斯（Jonathan Freedman and David Sears，1965 年）最先發現了這一點，他們在一項實驗中為高中畢業生準備了一個關於青少年不准駕駛的演講，一些學生在演講前 10 分鐘或 2 分鐘就被告知有這項演講，一些學生則沒有被預先告知有此項演講。結果是未被預告的學生最容易被勸導，而 10 分鐘前就被預先告知的學生最難被勸導。

至少有兩個方面的原因。為了搞清楚它們，我們再仔細的看看預先警告都做了些什麼。在上述弗里德曼和西爾斯的實驗中，第一，參與者被告知了演講者的立場；第二，參與者被告知演講者要打算改變他們的立場。預先警告的這兩個方面在心理學上有著不同的效果。第一個效果是純認知的，事先就知道演講者的立場會促使我們想出反駁的論據，結果就是我們的態度更難改變了。為了解釋這一點，威廉‧麥奎爾（William McGuire，1964 年）在建構對說服的心理防禦與預防病原體所攜帶的疾病時涉及的生理過程之間進行了類推。人們透過兩種方法使自己免受疾病的感染。第一種方法，透過攝入營養和進行鍛鍊來維持健康，它可以加強和支持人們的免疫系統；然而第二種方法是，當面臨一次病菌的強烈攻擊時，例如在一次嚴重的流行性感冒蔓延時，人們進行疫苗接種。打預防針時，藥水裡包含了少量導致疾病的細菌，這些細菌刺激人們的身體產生抗體從而避免未來細菌的強有力攻擊。按照這個接種假說（inoculation hypothesis），人們的態度也可以同樣的方式獲得免疫，如果事先我們就受到微弱攻擊的挑戰，我們就會對這個問題產生認知抗體，獲得免疫能力。當演講者正式呈現他們的大規模觀點及其論據的時候，我們的防禦力量就會大大的增強，我們的態度就很難改變了。

另外，當人們認為有人試圖去改變他們的態度或想要去操縱他們的時候，一盞紅燈就會亮起，這盞紅燈叫作心理抗拒（psychological reactance），第二個效果就出現了，這個效果是動機性的。按照傑克‧布雷姆（Jack Brehm，1966 年）的心理抗拒理論（也可以簡稱為抗拒理論，psychological reactance theory，或 reactance theory），人們不喜歡他們行動和思想自由選擇的權利受到威脅。當他們感到自由受到了威脅，一種不愉快的抗拒心態被激發，然後就會努力的試圖去恢復它。事實上，人們想要恢復自由的動機是如此強烈，以至於經常會對威脅他們自由感的人產生攻擊性的行為（如圖 6-15 所示）。

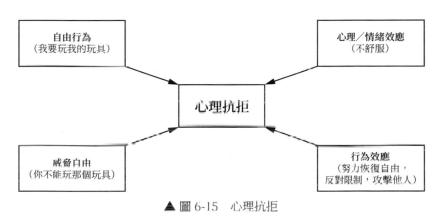

▲ 圖 6-15　心理抗拒

　　心理抗拒理論被認為是基本的社會心理學理論之一，許多社會心理學家都注意到了人們對失去所有物有強烈的厭惡感，無論是對物品還是權利都是如此。人們對自由感極為重視，在西方更是有「不自由，毋寧死」一說。人們為了維護自己的自由經常不顧一切，哪怕爭取過來的物品價值遠低於自己的付出也在所不惜。一個關於抗拒理論最初的精妙研究可以說明這一點。布雷姆和他的同事（1966 年）要求參與者對許多錄音帶進行評價，然後列出三盒他們最想要的錄音帶，研究者許諾參與者可以帶走其中一盒錄音帶。在參與者評選出最想要的三盒錄音帶之後，研究者卻說排名第三的錄音帶不能夠被帶走。當要求參與者對所有的這些錄音帶再進行一次評估之後，研究者發現不能被帶走的那盒錄音帶（即排名第三的磁帶）會比原來的評價更高。僅僅是因為它不可得，人們就對它更重視了。

　　心理抗拒和人們常說的「反抗心理」非常相似：你要我做什麼，我就不做什麼；你要我不能做什麼，我偏要做什麼。例如，一部文學或電影作品被禁，結果有更多人想方設法去尋找來看；年輕男女在談戀愛時，如果受到了家長的反對，這對男女反而會更加相愛了，這就是我們熟知的「羅密歐與茱麗葉效應」。同樣，如果說服宣傳過於明顯或者帶有強迫性，也可能被認為侵犯了一個人選擇的自由，會激起他對資訊的抵制，他的態度會變得更加難以改變了。

第三節　態度的測量

　　態度的測量非常普遍。首先，社會心理學家在研究態度的起因、態度的改變、態度對人們認知與行為的影響時會測量態度；此外，政治學家、經濟學家、社會學家和其他學者也經常做態度測量的工作；商業行銷的研究者更是不斷的去測量消費者對產品或品牌的態度。比如，現在網路發達，我們經常會看見媒體請受眾從對某一社會事件的若干評價中進行選擇，或者是在對某幾個產品或品牌的購買意向中做出選擇，這其實就是態度的測量。

　　態度不是行為，態度是一個人內隱的反應傾向，它是私下的，不能直接被觀察得到，我們只能透過人們對態度對象的反應來推斷他們的態度。這些反應可以是明顯的行為（例如趨近或避免某個對象）。明確的言語陳述（如對一個態度問題的回答），以及一些隱蔽的反應都有，這些隱蔽的反應是個人自己意識不到的（例如微表情或者一些具有特殊意義語句在語速語調上的改變）。因此，社會心理學家使用多種技術來發現和測量人們的態度，其中的一些技術依賴於人們直接的反應，而另外一些技術靠的是更加間接的方式，其中一些測量人們內隱態度的方法已在本章的前面進行了介紹，這也是態度測量最新的方法，下面介紹的是相對比較傳統的態度測量的方法。

一、態度調查法

　　態度測量最常用的方法是態度調查法（attitude survey）。在一項態度調查中，研究者把態度問卷郵寄或 email 給調查對象，或進行面對面訪問，以及透過電話向調查對象問一系列問題。在這個過程中，調查對象匯報他們自己的態度，態度調查屬於自我報告的測量，調查對象透過回答一系列問題來表達自己的態度。

　　調查問卷中的問題可以是多種類型的。開放式的問卷調查允許回答者自由的回答問題。例如，問被調查對象「你認為成為執業的諮商心理師需要具備什麼條件？」這樣的問題，他們可以暢所欲言。雖然這種問題類型可以產生豐富而有深度的資訊，但是答案卻很難進行分析。因此，大多數的態度問卷的問題都是封閉式的，或者是有限制的。例如，問被調查對象：「本身有嚴重心理問題的人可以是諮商心理師嗎？」回答者需要在「可以」、「不可以」、「我不知道」三個選項中進行選擇。這種問題類型就要強迫回答者在有限的選項中選擇其中一項。

　　另外一種調查問卷是評定量表，回答者需要回答對態度問題的陳述句的贊同或反對的評定程度，這是最為廣泛運用的態度調查問卷了，依其形式又有以下幾種類型。

（一）瑟斯通等距量表

　　1928 年，瑟斯通（Louis Thurstone）發表了他那關於「態度可以被測量」的里程碑式的論文，象徵著態度測量時代的到來。瑟斯通把態度看成是心理上的連續量，對同一個問題的不同態度可以透過同等的距離加以劃分，製作成等距量表（Thurstone's Equal-Appearing intervals Method）。此種量表的編制過程極為複雜，以測量人的自我概念（自我概念可以被看作是對自己持有的態度）為例，編制過程如下：

　　第一，從與別人的互動中，或者是從書籍、媒體上收集大量關於自我評

價的評語，至少 500 句，以供後續的評定與挑選。如「在我的內心，我時時覺得能力比別人高」、「我感覺我的能力絕不比一般人差」、「一旦我全力以赴，一定可以達成預定目標」、「我覺得許多事我都可以勝任」等。以上的語句都是屬於積極自我概念的，還必須收集消極自我概念的語句，如「我認為我是一無所能，一無所取的人」、「我時時感到不自在」、「我對自己每個方面都不滿意」、「我覺得我不是一個好人」。

第二，對以上評語進行初步篩選，看評語是否簡單明瞭，語無二意。如有意義相似的評語，則刪除重複者。留下100～150句評語。留下的評語中，從最積極的到最消極的自我評價的一系列評語都應該有。

第三，邀請200～300位評判員，最好是社會心理學的專家教授，至少受過大學教育，對自我概念有所了解的人士。他們評判每一評語（也稱項目）所表現自我評價的強度。強度共分11個等級，第11級為最消極的自我評價（打10分），第1級為最積極的自我評價（打0分）。對同一評語不同的評判者所給的等級很有可能是不同的，計算出每一項目的平均數和標準差。

第四，分析每一項目的一致性，用 Q 值表示。計算方法是：打最高分的四分之一的評判員有一個平均分 Q1，打最低分的四分之一的評判員有一個平均分 Q2，Q ＝ Q1 － Q2。Q 值越大，一致性越低。超過 2 分的項目，其一致性就被認為低。

第五，根據項目的一致性，同時根據項目在等級上的平均分配，最後選擇 20 項左右最佳項目，按項目的分數從大到小排列，就組成了「自我概念測量表」（注：前面數字為自我評價值，後面為 Q 值）。

1．我認為自己是愚蠢醜惡的，我恨我自己。（9.76　0.5）

2．我對自己感到痛惡，真想打自己。（9.43　0.6）

3．我認為我的所作所為都是錯的。（9.16　0.7）

4．我感到內心混亂、無生氣，似乎別人都棄我而去。（8.96　0.9）

5．我常感到自卑、內疚、心情不愉快且過分敏感。（8.61　1）

6・我對自己感到憤怒且失望。(8.39　0.9)

7・我覺得我欺騙了自己及關心我的人，原因是我的所作所為不夠理想。
　　(8.21　0.49)

8・我感到孤單、不滿且對於事情毫無頭緒。(7.82　0.66)

9・我對自己感到不滿。(7.40　0.59)

10・我認為自己是一個虛偽做作的人。(6.72　0.64)

11・我有時感到緊張不安，不愉快及憤怒。(6.14　0.66)

12・我有時對別人的稱許感到不安，受之有愧。(5.89　0.91)

13・我感到寧靜安詳。(3.99　1.02)

14・我認為我值得活下去。(3.57　1.08)

15・我愉快且自足。(3.26　0.64)

16・我對自己感到安心且自認頭腦清晰。(3.02　0.61)

17・我認為自己是有價值的人且有能力完成一些事情。(2.69　0.59)

18・我為我的工作成就感到興奮，自認略有所成。(2.32　0.67)

19・我感到驕傲且快樂，好像我真的有一些重要性。(2.07　0.66)

20・我認為我的一生都很有成就。(1.68　0.98)

21・我對自己感到滿足且驕傲。(1.36　1)

22・我很有自信從事一切工作。(1.04　0.94)

23・我認為自己是一個善良且有能力的人。(0.76　0.74)

24・我對自己有極高的稱許。(0.38　0.54)

　　以上的「自我概念測量表」沿著由最不贊同到最贊同的連續分布開來。
要求參加態度測量的人在這些陳述中標注他所同意的陳述，在理想的情況
下，每個受測者只會贊同其中 2～3 個陳述，所標注的陳述的平均量表值就
是他在這一問題上的態度分數。瑟斯通量表法提出了在贊同或不贊同的頻率
次數上測量態度的方法，這個做法至今仍是多數量表的基本特點。但是由於
這個方法複雜、費時和不方便，今天已很少使用了。

（二）利克特累加量表

　　1932 年李克特（Rensis Likert）提出了一個簡化的測量方法，稱之為累加法（Likert' s Method of Summated Ratings）。李克特式量表也由關於態度對象的若干陳述句（20 句左右）組成，起初，這些陳述句的選擇也類似於瑟斯通式量表的篩選過程，但李克特式量表需要的是等值的陳述句，而非瑟斯通式的在 11 個等級上連續分布的陳述句。現在，許多研究人員實際上已經使製作過程更加簡化。他們完全不用評判者，而只是對有效陳述做推測。被試者在每個陳述句的 5 個或 7 個等級中表達他們的態度，然後把每個項目的評定相加而得出一個總分數。5 點量表是從強烈贊同、贊同、中立、不贊同到強烈不贊同；7 點量表則分為強烈贊同、中等贊同、輕微贊同、中立、輕微不贊同、中等不贊同、強烈不贊同。這兩種量表是使用得最廣的。李克特量表的一種改進形式是強迫選擇法，為了使被試者一定做出選擇而排除了中立點，如把 7 點量表改為 6 點量表。李克特累加量表法大大簡化了量表的編制過程，而且它與瑟斯通量表法的相關係數很高，約為 0.80。所以，現在已經基本上用李克特累加量表取代了瑟斯通等距量表。如消費者品牌態度的一些題目。

1. A 品牌是個好品牌。
2. 我喜歡 A 品牌。
3. A 品牌很吸引我。
4. 我信賴 A 品牌。
5. A 品牌的產品是安全的。
6. A 品牌是誠實的。
7. 我願意試用 A 品牌。
8. 我有可能購買 A 品牌。
……

消費者可以從（A）強烈贊同、（B）中等贊同、（C）中立、（D）中等反對、（E）強烈反對中選出對 A 品牌的看法和感受。若是五個等級，則強烈贊成的為 5 分，中等贊成為 4 分，中立為 3 分，中等反對為 2 分，強烈反對為 1 分。最後，將消費者在 20 個陳述句上所得分數累加在一起，即是消費者對 A 品牌的態度，分數越高表示態度越肯定。

（三）語義差異量表

奧斯古德等（Osgood, Suci and Tannenbaum，1957 年）創建的語義差異量表（semantic differential scale）是最簡單、最容易實施的態度測量技術，此種量表不用編制陳述句，而是用一些成對的形容詞來表示對對象的態度，這些成對的形容詞包括好—壞、有價值—無價值、聰明—愚蠢、愉快—討厭等，在這些形容詞之間設有 7 級的評定，被試者就在這些成對形容詞之間的等級中做出選擇，所得總分即為對此對象的態度。比如，對影視演員中「小鮮肉」的態度。

對「小鮮肉」的態度

好	1	2	3	4	5	6	7	壞
有吸引力	1	2	3	4	5	6	7	無吸引力
有價值	1	2	3	4	5	6	7	無價值
美	1	2	3	4	5	6	7	醜
公平	1	2	3	4	5	6	7	不公平
聰明	1	2	3	4	5	6	7	愚蠢
愉快	1	2	3	4	5	6	7	討厭
有演技	1	2	3	4	5	6	7	無演技

儘管態度調查法的問卷中包含有許多問題，也非常流行，但是它固有的一些問題使它的信度和效度面臨著一些挑戰。影響人們對問卷中問題的反應

有很多因素，其中包括問題的用詞，問題的形式以及問題的背景等。

　　例如，美國的「民意研究中心（National Opinion Research Center）」在一項調查中問了數百名美國人美國政府是不是在「援助窮人」上花錢太少，65% 的被調查者說「是」。然而將「援助窮人」換成「福利」來問時，卻只有 20% 的被調查者認為美國政府在這方面花錢太少（Schneiderman，2008 年）。

　　調查問卷中問題的用詞很重要，如何去問問題就更重要了。例如，1993 年 3 月，美國的總統候選人佩羅（Ross Perot）委託的一項調查中包含以下問題：「是否應該通過一項法律，以消除讓總統候選人鉅額捐助者獲取特殊利益的可能性？」99% 的被調查者的回答都是「是」。而由一家獨立的投票公司把同樣的問題用不同的方式提出來：「團體有向他們支持的總統候選人進行捐助的權利嗎？」結果只有 40% 的被調查者贊成要對捐助進行限制。

　　最後需要注意的是，人們有時是會撒謊的，或者換個說法就使人們不記得他們實際上做了什麼、想過什麼。威廉斯（Williams，1994 年）和他的學生問選民是否在最近的選舉中投過票，幾乎所有的被調查者都回答投過。威廉斯經過檢查後卻發現，只有 65% 的被調查者實際上投過票。這其中的原因可能是，一部分人忘記了自己是否投過票，但更多的人則是他們不願意承認自己沒有去做投票這樣社會讚許性的事情。

二、生理測量法

　　人的態度，尤其是對態度對象有著很強的評價或情感成分的話，也可以透過對人的肌電、心率和瞳孔擴張等生理指標來進行測量。比如，當某一個特定的人每次靠近你的時候，你是不是心跳加速了？如果是的話，就可以推測你對他（她）有著強烈的態度。

　　相對於自我報告法，生理測量法有一個很大的優勢：人們沒有意識到他們的態度正在被測量，即使他們知道了這一點，也不能改變他們的生理反應，這也是測謊儀有時被用在犯罪調查上的原因。然而，生理測量法也有它的缺點，即大多數人對測量本身要比對態度更敏感，也就是說，當測量這些

生理指標的電極等感測器加在你的身上時，你的肌電、心率等都會改變，而與態度無關。每當體檢測量血壓的時候，平常血壓是不高的，穿著白袍的醫生一用儀器測量血壓就高了。另外，生理測量法能夠提供的資訊也很少：它能告訴我們情感的強度，卻不能告訴我們情感的方向，兩個態度完全相反的人有著同樣強度的生理指標，我們是沒法進行區分的。

　　能夠對積極態度和消極態度進行區分的一種測量方法是臉部表情，建立在達爾文關於不同的臉部表情傳達了不同情緒假說的基礎之上，卡喬波和他的同事（Cacioppo and Petty，1979 年； Cacioppo and Tassinary，1990 年）把人的臉部肌肉運動和基本態度相連在一起，他們推測人們對聽到的話贊同時和不贊同時的臉部肌肉運動是不一樣的。在一個實驗中，蓋瑞‧威爾斯和理查‧配第（Gary Wells and Richard Petty，1980 年）將大學生聽一段演講時的臉部表情祕密的進行了錄影，發現大學生贊同演講者的觀點的時候（學費應該降低），大多數大學生是點頭的；而大學生反對演講者的觀點的時候（學費應該提高），大多數大學生則會搖頭。在沒有意識到的情況下，學生們透過點頭或搖頭表達了他們的態度。

　　如果作為內部狀態的態度可以用心率和臉部表情等外部的生理指標進行推測，那何不更進一步去測量大腦中的電活動呢？沒錯，現在的社會神經科學（social neuroscience）已經這樣去做了，發生在大腦中電活動的形式及其強度可以被當作是某種態度的指標。例如，列文（Levin，2000 年）透過測量人們的事件相關電位（ERPs）來調查他們的種族態度。ERP 的波形有若干成分，每種成分都提供了不同加工類型的證據。在列文的實驗中，當白人參與者觀看一系列白人和黑人的面孔時，一種 ERP 的成分表示白人面孔引起了他們更多的注意——這意味著這些參與者對他們的種族內群體成員有著更深的加工，而對他們的種族外群體成員的加工程度更加膚淺。這與其他的證據是相一致的，比如人們會對內群體成員的感知有更多的細微區別，而對外群體成員的感知則有更多的趨同性，也就是有更多的模糊性，這叫作相對同類效應（relative homogeneity effect）。在現實生活中，我們會覺得外國人

長得都差不多，而對亞洲人則能夠區分得很清楚；同樣，外國人在面對亞洲人時就會患了臉盲症，認為亞洲人長得基本上是同一個樣子，對他們本國人則能夠進行很好的區分。

　　現在，社會心理學家已經開始使用腦成像的新技術來測量態度了。在一項研究中，研究者讀著名人物和不著名人物的名字給參與者聽，比如阿道夫·希特勒（Adolf Hitler）和比爾·寇司比（Bill Cosby）之類的，然後使用 fMRI 來記錄參與者的腦活動情況。當讀到著名人物的名字時，不管是否要參與者對此人進行評價，參與者大腦中與情緒相連的杏仁核部位都有著更強的活動（Cunningham et al.，2003 年）。這方面的研究認為人們會對積極的或消極的態度對象自動的進行反應，雖然還有更多的工作要做，但顯示出可以透過大腦的電活動來測量人們的態度。

三、行為測量法

　　我們還可以透過人們做了什麼來測量和推斷他們的態度，有時，人們實際上做了什麼和他們說自己要做什麼是不一致的，例如，人們口頭上說要戒菸、要減肥、要健身，可是實際上並沒有這麼做。因此，如果我們不僅看人們表面上說了什麼，還去考慮從他們行為上進行的推論，就能更好的測量人們的態度。

　　其中一種做法是進行無干擾測量（unobtrusive measure），這是一種間接的方式，可以在個體不知情的情況下對他們的態度進行測量。比如，想要知道鄰居對飲酒的態度，我們可以去翻看他們垃圾箱空酒瓶的數量；藥房裡的處方箋紀錄可以告訴我們哪個醫生喜歡開新藥；圖書館的借書量可以讓我們知道學生對學習是什麼樣的態度。

　　另一個無干擾測量人們態度的技術是米爾格蘭等人（Milgram et al.，1965 年）創建的「丟信（lost-letter technique）」技術。如果研究者想要知道某個社區的人們對外國居留者的態度，基於社會讚許性的原因，他很難從李克特式的調查問卷中獲得誠實的答案。但是，如果他弄一些信封和郵票，

就可以試試這個「丟信」技術。研究者是這樣做的：準備一封信，信封上有當地收件人的地址，這個收件人的名字看上去好像是一個外國人，貼上郵票，然後把它丟在郵局附近熱鬧的大街上，以使這封信可以輕易的被發現和郵寄。為了進行比較，還準備了另一種信，其差別是收件人的名字看上去不像是外國人的。研究者重複這個行為以獲得大樣本的資料。接下來就是等著收信了，然後計算哪一種信收到的多一些，這就可以測量出這個社區對外國人的態度了。

---

[1] 菲利普・津巴多等．態度改變與社會影響［M］．鄧羽，等譯．北京：人民郵電出版社，2007：27.

[2] Saul Kassin, Steven Fein, and Hazel Rose Markus. Social Psychology［M］. Eighth Edition. Belmont: Wadsworth, Cengage Learning, 2011: 203.

[3] Gary R. Vanden Bos. APA dictionary of psychology［M］. Second Edition. Washington: American Psychological Association, 2015. 88.

社會心理學（總論與個體）：

由簡史理論至研究方法，再從自我認識到態度改變，一本書反映當代社會心理學的輪廓

主　　編：鍾毅平

副 主 編：楊碧漪，譚千保

發 行 人：黃振庭

出 版 者：崧燁文化事業有限公司

發 行 者：崧燁文化事業有限公司

E-mail：sonbookservice@gmail.com

粉 絲 頁：https://www.facebook.com/
　　　　　sonbookss/

網　　址：https://sonbook.net/

地　　址：台北市中正區重慶南路一段六十一號八
　　　　　樓 815 室

Rm. 815, 8F., No.61, Sec. 1, Chongqing S. Rd.,
Zhongzheng Dist., Taipei City 100, Taiwan

電　　話：(02)2370-3310

傳　　真：(02)2388-1990

印　　刷：京峯數位服務有限公司

律師顧問：廣華律師事務所 張珮琦律師

-版權聲明

定　　價：480 元

發行日期：2023 年 10 月第一版

◎本書以 POD 印製

國家圖書館出版品預行編目資料

社會心理學（總論與個體）：由簡
史理論至研究方法，再從自我認識
到態度改變，一本書反映當代社會
心理學的輪廓 / 鍾毅平 主編楊碧
漪，譚千保 副主編 . -- 第一版 . --
臺北市：崧燁文化事業有限公司，
2023.10
面；　公分
POD 版
ISBN 978-626-357-666-7(平裝)
1.CST: 社會心理學
541.7　　112014959

電子書購買

臉書

爽讀 APP